AXEL MEYER

DAS LEXIKON DER VOLLWERT ERNÄHRUNG

Goldmann Verlag

Der Goldmann Verlag ist ein Unternehmen der
Verlagsgruppe Bertelsmann

Made in Germany · 6/91 · 1. Auflage

Umschlaggestaltung: Design Team München
Satz: IBV Satz- und Datentechnik GmbH, Berlin
Druck: May + Co., Darmstadt
Verlagsnummer: 13569
Redaktion: Gundel Ruschill
JJ · Herstellung: Gisela Rudolph
ISBN 3-442-13569-9

Dein Essen sollte deine Medizin sein.
Deine Medizin sollte dein Essen sein.

Hippokrates

Inhalt

Einleitung 9

Vollwertkost –
Von einer ursprünglichen Ernährungsweise
zur neuen Eßkultur 10
Die alte Ernährungslehre 13
Die neue Ernährungslehre 14
Was bedeutet vitalstoffreiche Vollwertkost? 16
Muß Vollwertkost vegetarisch sein? 20

Von Aceto Balsamico bis Zwiebel 23

Anhang 241

E-Nummern-Liste der Lebensmittelzusatzstoffe 243

Literaturhinweise 250

Einleitung

Im Bereich der Ernährung sind gegenwärtig zwei diametrale Strömungen zu beobachten, die auch für andere Lebensbereiche kennzeichnend sind und in gewisser Weise aktuelle globale Prozesse schlechthin symbolisieren: Überfluß, Vergeudung und Naturentfremdung, die sich in dem zunehmenden Trend zur Fast-Food-Kost widerspiegeln, stehen einem wachsenden Natur- und Körperbewußtsein, einer Rückbesinnung auf das Wesentliche gegenüber, welche in der raschen Verbreitung einer naturgemäßen, vollwertigen Ernährungsweise ihren Ausdruck findet. Letzteres wird besonders an der steten Entwicklung der noch vor wenigen Jahren als »Vogelfutter« belächelten Naturkost zur anerkannt »salonfähigen« Vollwertkost deutlich.

Eine zunehmend breitere Öffentlichkeit ist durch zahlreiche Veröffentlichungen auf die nicht mehr zu leugnenden Zusammenhänge von Ernährungsweise und exponentiellem Anstieg der sogenannten Zivilisationskrankheiten aufmerksam geworden. Doch kaum ist der Begriff »Vollwertkost« zum Bestandteil des allgemeinen Wortschatzes geworden, tritt die Industrie an, um das, was er bezeichnet, künstlich zum Trend zu stilisieren und mit subtilen Werbekampagnen und einer unüberschaubaren Produktpalette flächendeckend zu vermarkten.

Wenngleich die Verbreitung natürlicher, vollwertiger Lebensmittel zweifellos erfreulich und ermutigend und von Anfang an auch Ziel der Naturkost-Bewegung gewesen ist, so weckt die zunehmende Verwässerung des Begriffs »Vollwertkost« doch bereits Skepsis und auch Unmut darüber, daß sich die natürlichen Originale von ihren »naturidentischen« Duplikaten kaum noch unterscheiden lassen.

Immer mehr gesundheitsorientierte Menschen sehen sich angesichts der mittlerweile unüberschaubaren Angebotspalette überfordert, »naturechten« *Biolan*-Honig von naturbelassenem *Bioland*-Honig zu unterscheiden. Das ist nur ein Beispiel dafür, wie durch subtile Vermarktung ein konventionell produziertes *Nahrungsmittel* von einem kontrolliert biologisch hergestellten *Lebensmittel* unter Umständen nur noch durch einen einzigen Buchstaben zu differenzieren bzw. nicht mehr zu differenzieren ist. Mit gezielt auf Verwechslung angelegten Deklarationen, die sich teilweise am Rande der Legalität bewegen, versuchen zunehmend mehr Anbieter ihre minderwertigen Produkte aufzuwerten. Doch ein zuckergesüßter Müsliriegel hat mit Vollwertkost genauso wenig zu tun wie ein mit Zukkercouleur braungefärbtes und mit Sesamkörnchen bestreutes Weißmehlbrötchen. Um nicht Opfer solcher »Verwechslungen« zu werden und das »Naturidentische« vom Natürlichen klar differenzieren zu können, ist es erforderlich, sich sowohl über die einzelnen Lebensmittel Kenntnis zu verschaffen als auch bei den unterschiedlichen Anbietern genau hinzusehen.

Das vorliegende Lexikon soll also einerseits dazu dienen, sich in dem Dschungel der angebotenen Nahrungsmittel zurechtzufinden und andererseits jedem die Möglichkeit bieten, durch Kenntnis der verschiedenen Inhaltstoffe und Bearbeitungsverfahren selbst beurteilen zu können, ob man es mit einem denaturierten Nahrungsmittel oder einem vollwertigen Lebensmittel zu tun hat.

Vollwertkost – Von einer ursprünglichen Ernährungsweise zur neuen Eßkultur

Als Mitte der siebziger Jahre die ersten Naturkostläden ihre Pforten öffneten und sich ganz allmählich ein neues Ernährungsbewußtsein entwikkelte, geschah dies aus Einsicht und Verständnis um die Ganzheit aller Dinge. »Dein Körper ist dein Tempel« ist ein Leitsatz, der viele Menschen auf dem Weg zu geistiger und körperlicher Reinigung und Harmonisierung begleitet hat (und begleitet).

Dieser Entwicklungsprozeß symbolisiert die Rückbesinnung auf alles Ursprüngliche und umfaßt neben der Ernährung auch die verschiedensten Methoden der Körperarbeit sowie die Auseinandersetzung mit vergessenen Religionen, fremden Kulturen und Weltanschauungen. Getragen von dem Gedanken »Alles ist eins« entwickelte sich ein Körperbewußtsein, das die Erfahrung einer neuen, bisher nicht gekannten Lebensqualität ermöglichte. Auf den eigenen Körper hören und seine Signale verstehen zu lernen, wurde als kreativer Prozeß und eigentliche Lebensaufgabe betrachtet.

Während zu den Anfängen dieser Bewegung die Motivation für eine Ernährungsumstellung also meist dem Bedürfnis nach einer ganzheitlichen, meditativen Lebensweise entsprang, so wollen heute viele Menschen aus existentieller Notwendigkeit heraus ihre Ernährungsweise ändern. Sie reagieren auf die zunehmend schlechter werdenden Umweltbedingungen und die damit einhergehende exponentielle Zunahme verschiedenster Krankheiten. Solange es uns gut geht, möchten wir alles beim alten lassen. Erst wenn wir zu leiden beginnen und auch die schulmedizinischen »Wundermittel« nicht mehr helfen, sorgen wir uns um unseren Körper und sind bereit, unsere alltäglichen Gewohnheiten kritischer zu betrachten und unseren Lebenswandel in Frage zu stellen.
Was liegt da näher, als bei unseren Ernährungsgewohnheiten zu beginnen? »Du bist, was du ißt« mag zwar eine etwas zu krasse Vereinfachung sein, dennoch trifft sie das Wesentliche – das bereits dann spürbar wird, wenn man sich an einem Festtag zu allerlei ungesunder Schlemmerei hat hinreißen lassen... Um einen etwas technizistischen Vergleich zu gebrauchen: So wie ein Dieselmotor nicht mit Benzin läuft, so kann auch der menschliche Organismus nicht reibungslos funktionieren, wenn die ihm zugeführte Nahrung nicht richtig zusammengesetzt und mit unverträglichen Zusatzstoffen versetzt ist. Obwohl sich die Ernährungsexperten über die »richtige« Zusammensetzung immer noch nicht einig sind, dürfte doch bereits klar sein, daß es für den Menschen eine ideale, von der Natur »vorgesehene« Nahrung gibt (in Art und Zusammensetzung) – und zwar deshalb ideal, weil sie sich durch Jahrtausende bewährt, das heißt zum Erhalt der Spezies beigetragen hat.
Angesichts der sich häufenden Schreckensmeldungen über die Folgeschäden der besonders in den letzten Jahrzehnten überwiegend praktizierten Ernährungsweise fragen sich jedoch mehr und mehr Menschen, was von dieser ihrer Natur entsprechenden Nahrung denn noch übriggeblieben ist, was sie überhaupt noch guten Gewissens essen können.
Der Blick in einschlägige Bücher und Zeitschriften oder auf das Angebot der Reformhäuser läßt auf eine verwirrende Vielfalt von Ernährungsweisen schließen, die sich zudem häufig zu widersprechen scheinen und bei dem Ratsuchenden den Eindruck erwecken, gesunde Ernährung sei ein einziges Problem, mit dem sich zu beschäftigen – hat man sich erst einmal darauf eingelassen – mit Sicherheit den ganzen Tag ausfülle. Und auch die gängigen Zählverfahren, mittels derer einzelne Nahrungsbestandteile wie Eiweiß, Fett und Vitamine in ihren täglich notwendigen Mengen aufgelistet und nach geschlechts-, alters- und berufsspezifischen Faktoren diffe-

renziert werden, scheinen uns keinen wirklichen Ausweg aus unseren festgefahrenen Eßgewohnheiten zu eröffnen.
Um dieses Bedürfnis des Menschen zu verstehen, sollten wir zunächst einmal zur Kenntnis nehmen bzw. uns in Erinnerung rufen, daß sich Nahrung und Ernährungsverhalten der Menschen seit etwa 50 000 Jahren kaum oder nur unwesentlich verändert haben. Wir können also davon ausgehen, daß unsere Verdauungsorgane in Aufbau und Funktion unserer über Jahrtausende dominierenden Ernährungsweise (s. u.) optimal entsprachen, bis wir uns von diesen alten Gewohnheiten zu lösen begannen. Unter dem Einfluß der zivilisatorischen Prozesse besonders unseres Jahrhunderts tauchten dann viele, bis dahin unbekannte Krankheiten auf.

In allen Kulturen war Getreide das Hauptnahrungsmittel; in Europa zunächst der Roggen, später Hafer und Weizen, im Mittleren Osten Gerste und Weizen, im Fernen Osten Reis, in Afrika Hirse und auf dem amerikanischen Kontinent Mais. Dazu gab es, je nach Wohlstand des einzelnen, Hülsenfrüchte und rohes Gemüse bzw. Obst. Nur hin und wieder konnte man sich tierische oder fermentierte Nahrungsmittel leisten. In den heißen Regionen dominierte notwendigerweise eine rein vegetarische Ernährung, da Fleisch in der Hitze schnell verdarb, aber auch in kälteren Gegenden wurde Fleisch nur selten gegessen. Erst mit dem sich durch geografische Zentralisierung und durch Industrialisierung vollziehenden Wandel in ihrer Lebensweise trat auch eine allmähliche Veränderung in der Nahrungsmittelgewinnung und den Verzehrgewohnheiten der Menschen ein.
In den letzten vierzig Jahren unseres Jahrhunderts wurde dieser Prozeß besonders an den immer denaturierter werdenden Nahrungsmitteln deutlich. Heute findet man auf den meisten bundesdeutschen Tischen zwar kaum noch Lebensmittel, die auch zur Kost unserer Vorväter gehört haben, dafür ist seit etwa fünfzehn Jahren wieder ein verstärktes und breiteres Interesse an natürlicher Nahrung zu beobachten.
In Anbetracht der sich zunehmend verschlechternden Umweltbedingungen und der damit einhergehenden Einschränkung der Lebensqualität scheint immer mehr Menschen bewußt zu werden, daß eine gesunde, natürliche Ernährungsweise zu keiner Zeit so notwendig war wie heute.
Die Entwicklung auf dem Ernährungssektor stellt zwar eine Rückbesinnung auf ursprüngliche Ernährungsgewohnheiten dar, aber sie ist keineswegs ein Geistesprodukt nur unserer Tage. Neben anderen Denkern war es der Arzt und Ernährungsforscher Werner Kollath, der bereits in den vierziger Jahren durch seine Schrift »Die natürliche Ordnung unserer

Nahrung« diesen Gesinnungswandel entscheidend beeinflußte. Auch die neuesten wissenschaftlichen Laboruntersuchungen haben keine wirklich neuen Erkenntnisse hervorbringen können, sondern sie bestätigen im wesentlichen jenes Wissen, das Kollath schon damals mit dem (Grund)Satz »Laßt unsere Nahrung so natürlich wie möglich« umschrieb.
Daß dieses neue Ernährungsbewußtsein – zunächst manifestiert in der Reform-, später in der Naturkostbewegung – im Denken der Bevölkerung bis heute so relativ wenig Platz gefunden hat, ist zu großen Teilen auf den Einfluß der immer noch vorherrschenden alten Ernährungslehre zurückzuführen, repräsentiert durch die Deutsche Gesellschaft für Ernährung (DGE). Die Basis dieser Lehre, auf die unten noch näher eingegangen werden wird, besteht in einer nicht an gesundheitlichen, sondern an wirtschaftlichen bzw. gewinnoptimierenden Kriterien ausgerichteten Sicht von Nahrungsmittelprodukten und Ernährungsgewohnheiten.
So ist es nicht weiter verwunderlich, daß die Nahrungsmittel immer »technik-freundlicher« werden in Farbe, Form und Geschmack, immer mehr den Verwertungsinteressen ihrer Produzenten angepaßt werden und immer weniger den ursprünglichen Bedürfnissen ihrer Verbraucher. Der mindere ernährungsphysiologische »Wert« dieser Industrieprodukte erfordert dann nur noch den Aufwand subtil vertuschender Werbekampagnen.

Die alte Ernährungslehre

Erstaunlich viele Menschen schätzen sich als ernährungsbewußt ein. Dazu legitimiert sehen sie sich in erster Linie durch ihr tagtäglich praktiziertes (in der Regel vor jeder Mahlzeit) Kalorienzählen. Mittels dieser Prozedur wird die Zusammensetzung des Speiseplans nach feststehenden Kalorientabellen bestimmt und sich das Gefühl verschafft, ernährungsbewußt zu leben. Liegt die Summe der am Tag aufgenommenen Kalorien in der abendlichen Endabrechnung unter dem festgesetzten Grenzwert, kommt Freude auf. Ist das Limit überschritten worden, weil etwa am Nachmittag ein Stück Sahnetorte dazwischenkam, meldet sich sofort das schlechte Gewissen. Reue stellt sich ein und bewirkt die feste Absicht, die zuviel genossenen Kalorien am nächsten Tag wieder abzuhungern.
Indem es unbemerkt zum Stimmungsbarometer für Wohlbefinden bzw. Unbehagen wird, kann dieses Zählen von Kalorien zu einer chronischen Abhängigkeit von gelegentlich krankhaften Ausmaßen führen. Gesund-

heit und körperlich-geistiges Wohlbefinden sind jedoch nicht so sehr vom kalorischen Wert der aufgenommenen Nahrung abhängig als vielmehr von ihrem biologischen Wert. Dieser bleibt in der ganzen »Kalorientheorie« völlig unbeachtet. Zudem gilt die einfache schematische Bewertung der Nahrung nach den Grundnährstoffen Eiweiß, Fett und Kohlehydrate schon längst als überholt.

Diese eng naturwissenschaftlich orientierte, isolierende Betrachtung der Nahrungsbestandteile stellt das Gerüst der alten Ernährungslehre dar. Beispielsweise werden bei der durch die DGE für Frauen mit 2100 kcal und für Männer mit 2500 kcal empfohlenen täglichen Nährstoffzufuhr nur die sogenannten Grundnährstoffe erfaßt. Alle übrigen Vital- und Wirkstoffe, zu denen auch die lebenswichtigen Vitamine, Mineralien und Ballaststoffe sowie Enzyme und Fruchtsäuren zählen, bleiben bei dieser Betrachtungsweise außen vor. Und so führt dann die mechanistische Einseitigkeit dieser alten Lehre u. a. zwangsläufig dazu, daß sie sich genau in den ihr so wichtigen Eckdaten (durchschnittlicher Kalorienbedarf, Anteil der Nährstoffe usw.) rasch selbst überlebt.

Die neue Ernährungslehre

Die Vertreter dieser Richtung haben, im Gegensatz zum *Nährwert* der Kalorienlehre, den *biologischen Wert* eines Lebensmittels zur Zentralkategorie ihrer Lehre gemacht.

Professor Werner Kollath, der als Begründer der modernen Vollwertkost gilt, hat, um diesen Begriff zu veranschaulichen, eine Tabelle erstellt (siehe weiter unten), in der die einzelnen Nahrungsmittel entsprechend dem Grad ihrer »Naturbelassenheit« bzw. Veränderung in sechs Gruppen unterteilt werden.

1. Spalte (vertikal): alle naturbelassenen, unveränderten, frischen Lebensmittel.

2. und 3. Spalte: frische, unerhitzte Lebensmittel, lediglich mechanisch oder fermentativ verändert; alle Vitalstoffe noch weitgehend in harmonischem Verhältnis und in der von der Natur vorgesehenen Menge enthalten.

Diese lebendige Nahrung, die zur Erhaltung der Gesundheit unerläßlich ist, wird zurecht als Lebensmittel bezeichnet.

4., 5. und 6. Spalte: erhitzte, konservierte und präparierte Nahrungsmittel.

Diese Nahrung ist, im Gegensatz zu den vitalstoffreichen Lebensmitteln, denaturiert und besitzt keine belebende Wirkung mehr. Als »tote Nahrung« ist sie lediglich Träger von Nährstoffen, reicht aber für die Erhaltung der Gesundheit nicht mehr aus.

Die Ordnung unserer Nahrung

	Lebensmittel			Nahrungsmittel		
	a) natürlich	b) mechanisch	c) fermentativ	d) erhitzt	e) konserviert	f) präpariert
		verändert				
Pflanzenreich	1a) Samen I Nüsse Mandeln	1b) Öle	1c) Eigenfermente: Hefe Bakterien	1d) Gebäcke I Brot aus Vollmehl bis Feinmehl	1e) Gebäcke II Konditorwaren Kuchen	1–2f) Pflanzliche Präparate Kunstfette, Stärke, Eiweiß, Zucker, Auszugsmehl, Grieß, Makkaroni, Nudeln
Pflanzenreich	2a) Samen II Getreide	2b) Mahlprodukte Vollmehl Schrote	Breie 2c) ungekocht Vollkorn Vollschrot Vollmehl	2d) gekocht	2e) Dauerbackwaren Konfekt Schokolade	
Pflanzenreich	3a) Früchte	3b) Salate I Naturtrübe Säfte	3c) Gärsäfte	3d) Gemüse II	3e) Fruchtkonserven Marmeladen	3–4f) Aromastoffe Fruchtzucker Vitamine Wuchsstoffe Fermente Nährsalze
Pflanzenreich	4a) Gemüse I	4b) Salate II	4c) Gärgemüse Sauerkraut	4d) Gemüse III	4e) Gemüsekonserven	
Tierreich	5a) Eier	5b) Blut	Fleisch 5c) Schabefleisch	5d) erhitztes	5e) Tierkonserven	5f) Tierpräparate
Tierreich	6a) Milch	6b) Milchprodukte	6c) Gärmilch	6d) gekochte Milch	6e) Milchkonserven	6f) Milchpräparate
Getränke	7a) Quellwasser	7b) Leitungswasser	7c) Gärgetränke Wein, Bier	7d) Extrakte Teearten Brühe	7e) Gemische Kunstwein Liköre	7f) Destillate künstl. Mineralwasser Branntwein

Aus: Bruker, Schicksal aus der Küche, Emu Verlag

Die Kollath-Tabelle gilt zwar nach wie vor als eine der wichtigsten Orientierungshilfen bei der Zusammenstellung eines gesunden, vollwertigen Speiseplans, meines Erachtens birgt sie aber – wie jede andere Auflistung auch – die Gefahr in sich, mißverstanden zu werden und die weitverbreitete Einstellung, bald gar nichts mehr ohne schlechtes Gewissen essen zu können, unbeabsichtigt zu unterstützen. So könnte beim Laien leicht der

Eindruck entstehen, daß beispielsweise rohe Eier oder gar Muscheln aufgrund ihrer Naturbelassenheit gesünder seien als gekochte Hülsenfrüchte oder Vollkornbrot, was vermutlich nicht vom Erfinder beabsichtigt war.
Da diese Tabelle mittlerweile fast fünfzig Jahre alt ist und viele »moderne« Nahrungsmittel gar nicht enthalten kann, habe ich mich nach langem Überlegen dazu entschlossen, sie zu überarbeiten (s. S. 18/19).
Ich bin mir bewußt, daß auch die modifizierte Tabelle u. U. Mißverständnisse hervorrufen kann, jede Schematisierung immer auch eine gewisse Einseitigkeit bedeutet – ähnlich wie Landkarten die wirkliche Landschaft niemals vollständig wiedergeben können.
Mit der »Natürlichen Ordnung unserer Nahrung« hat Kollath jedoch, um es noch einmal zu würdigen, eine Systematik entwickelt, die nicht nur die fatalen Fehler der alten Ernährungslehre deutlich werden läßt, sondern zugleich auch wegbereitend war für ein neues, ganzheitliches Ernährungsdenken, in dessen Zentrum der Mensch mit seinen wahren, seinen natürlichen Bedürfnissen steht.

Was bedeutet vitalstoffreiche Vollwertkost?

Unsere Nahrung ist nicht nur dazu da, uns den Magen zu füllen, sondern sie ist und bleibt neben der Atemluft unsere wichtigste Energiequelle, die uns durch die verschiedensten Vitalstoffe unmittelbar mit frischer Lebenskraft versorgt und somit unser körperlich-seelisches Wohlbefinden entscheidend beeinflußt.
Es scheint nicht schwer verständlich, daß ein so sensibler Organismus wie der menschliche Körper nicht gesund und vital bleiben kann, wenn ihm täglich ungesunde, artfremde und vitalstoffarme Nahrungsmittel zugeführt werden. Immer häufiger werden Krankheiten, deren Ursache lange Zeit unbekannt oder umstritten waren, als Folge einer mangelnden Ernährung erkannt. Beispielsweise wird bei Neurodermitis, Psoriasis, Rheuma, Allergien, Herz-Kreislauf-Erkrankungen oder Krebs der Zusammenhang zur Ernährung, mit der wir bekanntlich die Abwehrkräfte unseres Körpers stark beeinflussen, auch von der Schulmedizin nur noch selten geleugnet.
Wie bereits erwähnt, zählen für die alte Ernährungswissenschaft in erster Linie die Grundnährstoffe Eiweiß, Fett und Kohlenhydrate. Da auch der Herstellung des weitaus größten Teils unserer heute üblichen Nahrungsmittel dieses vereinfachende Schema zugrunde liegt, ist es ohne erheblichen Kapitaleinsatz nicht möglich, auf den in diesem Sinn veralteten Anla-

gen Lebensmittel herzustellen, die neben den Grundnährstoffen auch noch die lebenswichtigen Vitalstoffe in ausreichender Menge und Qualität enthalten. Schon dieser Sachverhalt erklärt, warum der überwiegende Teil unserer Nahrung noch immer aus denaturierten Produkten besteht, die nicht einmal mehr dem neuesten Stand der offiziellen Ernährungswissenschaft entsprechen.

Um die neuen Erkenntnisse über die Bedeutung und das Zusammenwirken der verschiedenen Inhaltsstoffe unserer Nahrung nicht unverzüglich in die Tat umsetzen zu müssen, werden immense Summen ausgegeben, um sie zu vertuschen. Hat sich dann jedoch eine Gegenbewegung organisiert und die Aufklärung ein Ausmaß angenommen, daß Veränderungen unvermeidbar werden, vermarktet die Nahrungsmittelindustrie »portionsweise« die längst entdeckten Inhaltsstoffe, indem diese – isoliert oder synthetisiert – den denaturierten Nahrungsmitteln wieder zugesetzt werden.

Besonders deutlich wird dies an den Vorgängen um unser täglich Brot. Erst als die Industrie die Tatsache nicht länger ignorieren konnte, daß es neben den Grundnährstoffen Eiweiß, Fett und Kohlenhydrate auch Ballaststoffe gibt, die eine entscheidende Rolle bei unserer Verdauung spielen, wurden auch diese Markierungsbestandteile werbewirksam vermarktet und »salonfähig« gemacht. Nach dem Motto, »Die Leute wollen Ballaststoffe, also sollen sie diese auch bekommen«, backte man dann aber die Brote nicht etwa aus dem ganzen, vermahlenen Korn, sondern setzte den Auszugsmehl-Backmischungen einfach etwas Kleie zu. Damit nun die neuen, ballaststoffreichen Brote am Ende wenigstens aussehen wie echte Vollkornbrote, werden sie noch heute mit Zuckercouleur schön braun gefärbt.

Auf ähnliche Weise rückt man neuerdings auch Vitaminen und Spurenelementen zu Leibe. Da wird Orangensaft mit »wertvollem Calcium und Magnesium« angepriesen und Müttern suggeriert, in dieser Form seien diese Spurenelemente für den Knochenaufbau ihrer Sprößlinge besonders wichtig. Wenn Sie sich noch nie mit Vollwerternährung beschäftigt haben, werden Sie als verantwortungsvolle Mutter unter Umständen auch zu diesen Flaschen greifen, in der Überzeugung, Ihrem Kind damit etwas Gutes zu tun. Doch auch die Sache mit den Spurenelementen ist nur ein verkaufsfördernder Werbegag, denn dieses Calcium und Magnesium werden synthetisch hergestellt und sind als solche genauso wertlos wie der erhitzte, zuckersüße Saft, dem sie beigemischt wurden. Auch bei ihnen handelt es sich also keineswegs um lebenserhaltende Vitalstoffe.

Um diesen subtilen Verkaufsmethoden nicht zu erliegen, ist es wichtig, die

Modifizierte Tabelle zur biologischen Wertigkeit von Lebens- bzw. Nahrungsmitteln

	Lebensmittel			Nahrungsmittel		
	natürlich	mechanisch verändert	fermentativ verändert	erhitzt	konserviert	präpariert
Pflanzliche Nahrung	**1. Samen, Kerne, Ölfrüchte** Sesam, Mohn, Leinsamen, Haselnüsse, Walnüsse, Cashewnüsse, Mandeln, Sonnenblumenkerne, Kürbiskerne usw.	Zerkleinerte Nüsse, Mandeln usw.	Kaltgepreßte, unraffinierte Öle*	Erhitzte Muse wie Haselnußmus, Mandelmus; unraffinierte, aber beim Braten erhitzte Öle	Heißgepreßte, raffinierte Öle	Kunstfette wie Margarine, extrahierte Öle, mehrfach erhitzte Öle; Nuß-Nougat-Produkte
	2. Getreide Weizen, Roggen, Hafer, Gerste, Hirse, Reis, Buchweizen, Dinkel, Quinoa usw. Getreidesprossen	Unerhitztes, gemahlenes, geschrotetes Getreide aller Art, frisch gequetschte Getreideflocken	(Durch Mitwirken der Eigenfermente, Hefen, Bakterien) unerhitzte Getreide, Müslis (Frischkorn) aus Vollkorn, Vollkornschrot, Vollkornmehl	Gebäck aus Vollkorn, Vollkornbrot, -brötchen, -kuchen; erhitzte (Korn-)Breie, gekochte Breie aller Art, Vollkorn-Getreideflocken	Auszugsmehl-Produkte (Brot, Brötchen, Kuchen, Dauerbackwaren; Getreideflocken ohne Keime, Cornflakes, Kleie, getrocknete Weizenkeime	Isolierte Produkte aus Getreide wie alle Zuckerarten, Stärke, Alkohol, Schlankheitspräparate
	3. Früchte Frische rohe Früchte; Kernobst, Steinobst		Unerhitzte, luftgetrocknete Trockenfrüchte, unerhitzte Gärsäfte wie Apfel-, Birnen- oder Traubenmost; naturtrübe Preßsäfte*	Erhitztes Obst aller Art ohne Zuckerzusatz (wie Kompott), Trockenobst	Pasteurisierte, sterilisierte Fruchtsäfte, Obstkonserven, Fruchtnektar, Marmeladen, Konfitüren	Aus Früchten gewonnene Produkte wie Aromastoffe, Pektin, Enzyme, Alkohol
	4. Frisches, rohes Gemüse Blattgemüse, Wurzelgemüse, Fruchtgemüse, Blütengemüse, Zwiebelgemüse, gekeimte Hülsenfrüchte; frische Kräuter aller Art, auch Gewürze und Wildkräuter	Zerkleinertes Gemüse, Gemüsesalat Zerkleinerte Kräuter	Gärgemüse wie Sauerkraut, milchsauer eingelegtes Gemüse; Unerhitzte Kräuterextrakte	Erhitzte Gemüse aller Art, gekochte Kartoffeln, gedünstete Möhren usw. gekochte Hülsenfrüchte; bei der Zubereitung erhitzte Kräuter	Gemüsekonserven aller Art, pasteurisierte, sterilisierte Gemüsesäfte, Baby- und Kleinkindkost, konservierte Fertigsalate, unraffinierte Sojaprodukte wie Tofu, Tamari, Miso; Kräuterextrakte	Fermente, Nährsalze; aus Gemüsen gewonnene Produkte wie Zucker, Stärke, Alkohol, Aromastoffe, Ballaststoffe; Fertigprodukte, Sojafleisch (TVP); künstliche Aromastoffe, Instant-Suppen

	5. Salz		Meersalz*		Kochsalz	
	6. Süßungsmittel Frisches, süßes, saftiges Obst, vorzugsweise heimische Sorten	Frischer Obstsalat	Unerhitzter Honig, rückverdünnte Dicksäfte, eingeweichtes Trockenobst	Erhitzter Honig	Konservierte Dicksäfte, Ahornsirup, Melasse, unraffinierter Rohrzukker	Isolierte Zucker (weiße und braune), Zuckeraustauschstoffe, künstliche Süßstoffe
Getränke	**7. Quellwasser**	Heilwasser, kohlensäurefreies Mineralwasser	Kohlensäurehaltiges Tafelwasser	Leitungswasser, Früchte- und Kräutertees, Früchte- und Getreidekaffees	Gechlortes Leitungswasser, Mate-Tee, grüner Tee, Wein, Bier (unpasteurisiert)	Bohnenkaffee, schwarzer Tee, Limonaden, Brausen, Spirituosen, Instant-Getränke
	8. Milch Rohmilch	Milchprodukte: aus Rohmilch hergestellte Butter, Sahne, Dickmilch	Aus Rohmilch hergestellte Sauermilchprodukte: Joghurt, Kefir, Dickmilch, Rohmilchkäse	Pasteurisierte Milch und Milchprodukte; Käse, Butter usw.	H-Milch, Kondensmilch, Trockenmilch, H-Sahne, Butterschmalz	Sterilmilch, aus Milch gewonnene isolierte Produkte wie Milchzucker, Kasein, Vitamine, Milchspeise-Eis
Tierische Nahrung	**9. Eier**			Gekochte und gebratene Eier, Eierspeisen	Konservierte Eier	Aus Eiern, Fisch und Fleisch hergestellte isolierte Produkte wie Proteine, Fette usw.
	10. Fleisch und Fisch	(Schabefleisch)	Unerhitztes, luftgetrocknetes Fleisch und Fisch	Erhitztes Fleisch und Fisch	Fleisch- und Fischkonserven, Wurstwaren	

* Bei kaltgepreßten, unraffinierten Ölen und naturtrüben Preßsäften handelt es sich zwar um keine fermentativ veränderte Lebensmittel, aber um natürliche Extrakte. Da die Schalenanteile bzw. der Preßkuchen sowohl in den Ölen als auch in den Säften nicht mehr enthalten ist, sind sie anders zu bewerten als zerkleinerte Früchte. Auch Meersalz ist nicht fermentativ verändert, zählt jedoch gleichwohl zu den natürlichen Extrakten.

Zusammenhänge und Kriterien einer natürlichen und gesunden Ernährungsweise zu verstehen.
Jede Nahrung ist um so vitalstoffreicher und energetischer, je naturbelassener sie ist. Dieser Grundsatz bedeutet, daß Sie mit dem Verzehr von möglichst biologisch angebautem, frischem Obst, Gemüse und Getreide Ihrem Körper alle lebenswichtigen Vitalstoffe zuführen und keinen Mangel kennen werden. Zu diesen Vitalstoffen zählen nicht nur die Vitamine, Mineralstoffe, Ballaststoffe und Enzyme, sondern auch andere, noch nicht genau klassifizierte Wirkstoffe. Das Besondere an diesen Vitalstoffen ist, daß sie für uns wertlos sind, wenn wir sie nicht in ihrer natürlich vorkommenden Zusammensetzung zu uns nehmen, also nicht über naturbelassene Lebensmittel, sondern über industriell bearbeitete und mit synthetischen Zusätzen angereicherte Nahrungsmittel. Ob Sie nun einen mit Vitamin C oder einen mit Calcium und Magnesium versetzten Orangensaft trinken, Sie werden einen Vitalstoffmangel damit nicht ausgleichen können.
Jede Pflanze ist einmalig. Von einigen essen wir nur die Früchte, von anderen die Wurzel und von wieder anderen die Blätter oder Blüten. So sieht eine Möhre nicht nur anders aus als eine Banane, sondern sie enthält auch völlig andere Wirkstoffe, was Sie schon mit Ihrer Nase leicht überprüfen können. Die Duft- und Aromastoffe in den einzelnen Lebensmitteln zum Beispiel sind erst so wenig erforscht, daß konkrete wissenschaftliche Aussagen über deren Wirkung auf den menschlichen Organismus noch nicht einmal in Sicht sind. Vielleicht stellt sich in fünf Jahren heraus, daß die unterschiedlichen Duft- und Aromastoffe in unserer Nahrung einen entscheidenden Einfluß auf unseren Gemütszustand haben.
Unabhängig davon, welche Heilwirkungen dieser Stoffe einmal entdeckt werden, mit einer vitalstoffreichen Vollwertkost können Sie schon heute von ihnen profitieren.

Muß Vollwertkost vegetarisch sein?

In den letzten fünf Jahren sind wir von einer Flut von Vollwertkost-Büchern überrollt worden, die unterschiedliche Schwerpunkte bezüglich der Nahrungszusammenstellung setzen und zum Teil gegensätzliche Richtungen vertreten. In diesem Zusammenhang taucht immer wieder die Frage auf, ob Vollwertkost unbedingt vegetarisch sein muß.
Zunächst einmal muß klargestellt werden, daß es keine festen Regeln oder gar Verbote gibt, die jedem einzelnen vorschreiben, was er essen darf und

was nicht. Wenngleich man ursprünglich davon ausging, daß der Verzehr von Fleisch, Fisch und Wurstwaren in der Vollwertkost nichts zu suchen hat, so gibt es heute doch verschiedene Richtungen, die einen mäßigen Fleisch- und Fischverzehr »erlauben« und auch entsprechende Rezepte für deren Zubereitung anbieten. Die Entscheidung, sich mit oder ohne Fleischprodukte vollwertig zu ernähren, bleibt jedem selbst überlassen. Ebenso kann die Frage, ob tierisches Eiweiß überhaupt auf dem persönlichen Speiseplan stehen sollte, nur jeder für sich beantworten.

An dieser Stelle soll nur noch einmal hervorgehoben werden, daß *bei einer vitalstoffreichen Vollwertkost (mit einem Rohkostanteil von mindestens einem Drittel) weder Fleisch noch Fisch noch irgendwelche anderen tierischen Produkte zur Deckung des täglichen Eiweißbedarfs erforderlich sind.* Alle anderslautenden Behauptungen sind entweder Resultate veralteten Denkens oder sie haben wirtschaftliche Hintergründe. Um das zu verstehen, brauchen wir nur einmal einen Blick auf die von der Natur für den Menschen prädestinierte Nahrung zu werfen – die Muttermilch, jene erste Nahrung, die das neugeborene Menschenkind aufnimmt. Es ist heute unumstritten, daß die in der Muttermilch enthaltenen Nähr- und Vitalstoffe sowohl in ihrer Art als auch in ihrer Zusammensetzung für den heranwachsenden Menschen optimal sind. Dies wird u. a. schon dadurch bestätigt, daß ein Säugling in weniger als einem Jahr sein Körpergewicht verdoppelt.

Da die Muttermilch nur etwa 1,5 Prozent Eiweiß enthält, kann man davon ausgehen, daß bereits diese relativ geringe Menge ausreicht, um in diesem Alter den täglichen Eiweißbedarf für eine gesunde Entwicklung des Körpers zu decken. Wird das Neugeborene jedoch nach dem Abstillen oder auch gleich nach der Geburt mit Kuhmilch »versorgt« (was heute, zumindest in unseren Breiten, aus gutem Grund kaum noch praktiziert wird), können sich die verschiedensten Krankheiten wie Ausschlag, Neurodermitis, Psoriasis oder gefährliches Erbrechen entwickeln. Die Kuhmilch hat nicht nur einen Eiweißgehalt, der mit 3,5 Prozent mehr als doppelt so hoch ist wie der der Muttermilch, sondern sie ist zudem für den Menschen ein artfremdes Eiweiß, das von Natur aus für das Kalb bestimmt ist.

Ein weiterer Blick in die Natur zeigt, daß der Mensch das einzige Wesen ist, das regelmäßig artfremde Milch trinkt und das auch noch im erwachsenen Alter, denn das Stillen mit Muttermilch ist ja naturgemäß nur für den kurzen Zeitraum vorgesehen, in dem der Säugling oder das junge Tier noch nicht kauen bzw. sich noch nicht selbständig ernähren kann.

Die Frage nach der Natürlichkeit oder gar Notwendigkeit von Kuhmilch und ihrer Produkte für die menschliche Ernährung ist anhand dieses Beispiels nicht schwer zu beantworten: Kuhmilch ist für den Menschen genauso natürlich wie Tigermilch für Affen oder Giraffenmilch für Zebras. Vielleicht stellt sich Ihnen vor dem Hintergrund unseres kleinen Exkurses in die »Natur der Ernährung« die Eingangsfrage in ganz anderer Form, nämlich: Müssen es unbedingt tierische Produkte sein?

Von
Aceto Balsamico
bis
Zwiebel

A

Aceto Balsamico ist ein Balsamessig, der ausschließlich in der Provinz Modena in Norditalien hergestellt wird. Aceto Balsamico ist eine weltweit einmalige Spezialität. Er wird nach überlieferten Rezepten in einem besonderen Verfahren aus Weinen und Mosten der Gegend gewonnen und muß in alten Fässern aus bestimmten wertvollen Hölzern, die ihm sein ausgeprägtes Aroma und Bukett verleihen, mehrere Jahre lang reifen. Salatsaucen und Dips bekommen durch Aceto Balsamico einen ganz besonderen, unvergleichlichen Geschmack.

Adzuki oder auch Aduki genannt ist eine ursprünglich aus Japan kommende Bohnenart, die zu den Hülsenfrüchten zählt. Die rotbräunlichen Früchte der Adzukipflanze werden besonders in der makrobiotischen Kochkunst wegen ihrer nierenstärkenden Wirkung geschätzt. Adzukis enthalten viel Eiweiß, Vitamine und Mineralstoffe. Die bei uns im Handel erhältlichen Adzukis werden hauptsächlich im Mittelmeerraum von Bio-Bauern kultiviert. Da der Anbau von Adzukis recht mühsam ist und nur geringe Erträge bringt, ist ihr Preis im Vergleich zu anderen Bohnen entsprechend höher.

Adzuki-Bohnen können als Beilage serviert oder püriert zu Bratlingen verarbeitet werden und sind eine schmackhafte Ergänzung des vollwertigen Speiseplans.

Agar Agar: Ein aus Rotalgen hergestelltes Geliermittel. Die besondere Bedeutung des Agar Agar besteht in seiner Fähigkeit, schon in geringsten Konzentrationen Wasser und andere Flüssigkeiten zu binden. Es eignet sich daher hervorragend zum Andicken von Saucen, Puddings, Eiscremes und Tortengüssen. In der vegetarischen Küche dient es als Ersatz für die aus Knochen hergestellte Gelatine.

Ahornsirup wird aus dem Saft der in Kanada und den USA beheimateten Zucker-Ahornbäume gewonnen. Um den beliebten Sirup zu erhalten, müssen die Bäume im Frühjahr angezapft und der helle, klare Saft auf ein Bruchteil seines ursprünglichen Volumens eingekocht werden, wodurch er eine bräunliche Farbe bekommt. Ahornsirup ist wegen seines caramelartigen Geschmacks sehr beliebt. Sein relativ hoher Preis zwingt zu sparsamem Gebrauch, der auch aus ernährungsphysiologischer Hinsicht empfehlenswert ist, da durch das Erhitzen die meisten Vitamine zerstört worden sind.

Alfalfa: Kleine Samen, die fast ausschließlich als Sprossen Verwendung finden. Alfalfa-Sprossen, auch Luzerne-Sprossen genannt, entfalten während ihrer vier- bis fünftägigen Keimdauer eine Vielzahl an Vitalstoffen, welche die kleinen Samen zu wahren Wunderkörnern werden lassen. Zu den wichtigsten zählen die Vitamine C und E sowie die Mineralstoffe Eisen, Kalzium, Magnesium, Kalium und Phosphor. Alfalfa-Sprossen haben einen leicht nußartigen Geschmack und sind sowohl für das morgendliche Frischkornmüsli als auch für alle Rohkostsalate eine vitalstoffreiche und schmackhafte Ergänzung (Zubereitung siehe Sprossen).

Algen: Weltweit gibt es über 40 000 verschiedene Algenarten, die sich in Größe, Gewicht und Farbe beträchtlich voneinander unterscheiden. Je nach Anteil der Farbpigmente werden die Algen in Grün-, Braun- oder Rotalgen unterteilt. Von den etwa 100 Algenarten, die sich für die Zubereitung von Speisen eignen, ist ein knappes Dutzend bei uns im Handel erhältlich. Zu den bedeutendsten zählen die Braunalgen Kombu, Wakame und Arame, die Rotalgen Dulse und Nori sowie das schwarze Seegras Hijiki.

Während diese wichtigen Eiweißspender in China, Japan und Korea seit Jahrtausenden zu den traditionellen Grundnahrungsmitteln zählen, sind sie in Europa immer noch nahezu unbedeutend. Erst durch die zunehmende Verbreitung der makrobiotischen Lebensweise wird dieses außergewöhnliche Meeresgemüse auch bei uns allmählich salonfähig. Die in Naturkostläden erhältlichen Algen sind auch schon auf den Speisekarten einiger vegetarischer Restaurants zu finden.

Der Verzehr von Algen, die in der Makrobiotik von jeher wegen ihrer entgiftenden Eigenschaft geschätzt wurden, ist aber durch die zunehmende Verschmutzung der Meere ins Zwielicht geraten. Nach neuesten wissenschaftlichen Erkenntnissen soll die in ihnen enthaltene Alginsäure jedoch bewirken, daß Schwermetalle im Zellgewebe gebunden werden. Ferner gilt als bewiesen, daß die Alginsäure in der Lage ist, radioaktives Strontium aus dem Körper ausscheiden zu helfen. In jedem Fall sollten Algen aber nur in kleinen Mengen genossen werden (siehe auch Arame/Dulse/Hijiki/Kombu/Wakame).

Amaranth: Früher ein Grundnahrungsmittel der Indios in Mittel- und Südamerika. Seit einigen Jahren sind die winzigen Körnchen, die Sesamsamen ähneln, auch bei uns im Naturkostladen und Reformhaus erhältlich. Amaranth gibt es als ganze Samen, Flocken oder Pop-Amaranth. Letzteres kann aus den ganzen Samen leicht selbst hergestellt werden, indem die Körnchen einfach in der Pfanne erhitzt werden, wodurch sie aufplatzen und leichter bekömmlich sind. Amaranth enthält etwa 15 Prozent hochwertiges Eiweiß und ist somit eine vitalstoffreiche, schmackhafte Ergänzung vollwertiger Speisen. Es eignet sich sowohl fürs Müsli als auch für Süßspeisen und Gebäck.

Ananas: Die Frucht der Ananasstaude wird vorwiegend in Ostasien, Amerika und Hawaii kultiviert. Die frische Frucht enthält viele Vitamine und Fruchtsäuren sowie das Enzym Bromelin, dem die Fähigkeit nachgesagt wird, bei Verdauungsstörungen lindernd zu wirken. Wie Bananen so werden Ananas für den Export grün geerntet und mehrfach begast.

Anis: Ein aus dem Mittelmeerraum stammendes einjähriges Gewürz- und Heilkraut mit krampf- und schleimlösender Wirkung, auch Pimpinelle oder Brotsamen genannt. Als Aufguß ist es besonders wegen seiner verdauungsfördernden Eigenschaft sehr beliebt. Anis hat einen kräftigen Geruch und einen würzig süßlichen Geschmack.

Apfel: Die wohl bekannteste und bedeutendste einheimische Frucht. Ihre starke Verbreitung geht auf Karl den Großen zurück, der um das Jahr 800 die Pflanzung von Apfelbäumen anordnete. Von Mitte bis Ende dieses Jahrhunderts haben sich die unterschiedlichen Sorten verzehnfacht. So gibt es heute über 2000 verschiedene Apfelsorten.

Äpfel sind reich an Vitamin A, B und C und enthalten je nach Sorte neben Mineralien und Spurenelementen auch den Fruchtstoff Pektin, der wegen seiner eindickenden Eigenschaft zur Herstellung von Marmelade geschätzt wird. Der Apfel ist jedoch weit mehr als nur eine köstliche Frucht. Seine Heilwirkungen waren schon im Altertum bekannt und haben sich bis heute als einfaches Hausmittel bewährt: Geriebene saure Äpfel wirken heilend bei Durchfallerkrankungen; der ganze Apfel, mit Schale und Gehäuse genossen, hat eine verdauungsregulierende Wirkung; dem Pektin wird ein positiver Einfluß auf die Haut nachgesagt.

Der Großteil der heute im Handel angebotenen Äpfel wird in Monokulturen mit massivem Einsatz von Pflanzenschutzmitteln erzeugt. Diese industriell kultivierten

»Plantagen-Äpfel« erhalten bis zur Reife über 20 chemische Spritzungen. Nachweisbare Rückstände sind daher bei Äpfeln nichts Außergewöhnliches mehr. Ausländische Importware wird zudem oft noch bestrahlt.

Bei einem täglichen Verzehr von Äpfeln sollten möglichst nur solche aus kontrolliert biologischem Anbau verwendet werden, da bei ihrer Produktion weder chemisch gedüngt, gespritzt noch begast wurde. Die bereits als »natürlich« geltende Belastung durch Luft, Wasser und Boden macht allerdings auch vor dem ökologischen Anbau nicht Halt.

Apfeldicksaft ist ein unter Vakuum eingedickter, konzentrierter Apfelsaft. Das Vakuumverfahren ermöglicht eine relativ schonende Herstellung bei 50 bis 60 Grad.

Apfeldicksaft ist zwar ein erhitztes Konzentrat, enthält aber keine Zusatzstoffe und eignet sich rückverdünnt gut als Süßungsmittel für ohnehin erhitztes Gebäck, gekochte Breie und Cremes.

Apfelessig: Ein aus Apfelwein hergestellter, meist milder Essig. Der im Naturkosthandel angebotene Apfelessig stammt in der Regel aus Frankreich, wo er durch eine mehrwöchige Lagerung in Eichenfässern vergoren wird. Bei diesem Verfahren wird der im Apfelsaft enthaltene Zucker mit Hefepilzen zunächst zu Alkohol vergoren, der dann durch Essigsäurebakterien zu Essig umgewandelt wird.

Für den im Naturkosthandel erhältlichen Apfelessig werden zwar nur Äpfel aus biologischem Anbau verwendet, dennoch ist der Gebrauch von Essig – besonders innerhalb einer vollwertigen Ernährung – umstrittten. Wenn überhaupt, sollte er bewußt sparsam benutzt werden. Für die Zubereitung von Salatsaucen, Dips und Dressings eignet sich ebensogut der Saft frisch gepreßter Zitronen oder Bioghurt (siehe auch Essig).

Apfelkraut: Eine durch Einkochen von Äpfeln gewonnene streichfähige braune Masse mit leicht karameligem Geschmack. Apfelkraut kann man leicht selbst herstellen, indem man die Äpfel unter ständigem Rühren solange erhitzt, bis sie karamelisieren. Im Naturkostladen wird Apfelkraut im Glas als Brotaufstrich und Marmeladenersatz angeboten. Es ist bei Kindern sehr beliebt, aufgrund seines Herstellungsverfahrens ernährungsphysiologisch jedoch unbedeutend, da die Vitalstoffe zum größten Teil zerstört sind.

Apfelsaft → Fruchtsäfte

Apfelwein: Aus Äpfeln hergestellter Wein, dem gewisse Heilwirkungen bei Magenbeschwerden und allgemeinem Unwohlsein nachgesagt werden. In der vollwertigen Ernährung ist Apfelwein unbedeutend.

Apfelsinen → Orangen

Aprikosen: Die Früchte des ursprünglich aus China stammenden Aprikosenbaums werden vorwiegend im Mittelmeerraum kultiviert und zählen zum Steinobst. Ihr Vitamingehalt ist im Vergleich zu Zitrusfrüchten unbedeutend. Wegen ihrer kurzen Haltbarkeit müssen Aprikosen im Erzeugerland unreif geerntet werden; zur Reife gelangen sie erst während des Transports.

In der vollwertigen Ernährung haben getrocknete Aprikosen aus biologischem Anbau eine gewisse Bedeutung, da sie fast ganzjährig erhältlich sind und sich nach kurzer Quellzeit in Wasser hervorragend fürs Müsli eignen, zu köstlichen Torten verarbeiten lassen oder für Desserts verwendet werden können (siehe auch Trockenobst).

Arame: Eine Braunalge mit mildem Geschmack. Dieses Meeresgemüse eignet sich in dünne Streifen geschnitten für diverse Gemüsegerichte. Nach etwa zehnminütiger Einweichzeit beträgt die Garzeit 20 Minuten. Arame ist im Naturkosthandel erhältlich (siehe auch Algen).

Aromastoffe: Meist aus komplizierten Verbindungen bestehende Substanzen, die den einzelnen Lebensmitteln einen charakteristischen Geschmack bzw. Geruch verleihen. Aromastoffe werden jedoch zunehmend synthetisch hergestellt und zur Aufwertung von Industrie-Nahrungsmitteln verwendet.

Es gibt drei Gruppen von Aromastoffen:

1. Natürliche Aromastoffe
sind in naturbelassenen Lebensmitteln in ihrem natürlichen, das heißt unveränderten Zustand enthalten. Sie können den einzelnen Lebensmitteln durch fermentative oder physikalische Verfahren entzogen und anderen wieder zugesetzt werden.

2. Naturidentische Aromastoffe
werden natürlichen Aromastoffen synthetisch nachgebildet. Sie verfügen über die gleiche Struktur. Eine Gesundheitsgefährdung konnte bisher nicht nachgewiesen werden.

3. Künstliche Aromastoffe
werden für industriell gefertigte Nahrungsmittel am häufigsten verwendet. Nach dem Lebensmittelgesetz sind knapp 20 künstliche Aromastoffe zugelassen, deren Anwendung durch die Aromenverordnung auf folgende Nahrungsmittel begrenzt ist: Creme- und Geleespeisen, Pudding, Grütze, Saucen, Kunstspeiseeis, Back- und Zuckerwaren, Teigmassen, Füllungen von Schokoladenwaren, Tee, künstliche Getränke, Brausepulver und Kaugummi.

Obwohl künstliche Aromastoffe bis zu zwei Prozent (des Gewichts) den Nahrungsmitteln zugesetzt werden dürfen, konnte bisher noch keine Beeinträchtigung der Gesundheit festgestellt werden.

Es liegt auf der Hand, daß künstliche und naturidentische Aromastoffe von der Industrie dazu benutzt werden, den Verbraucher an der Nase bzw. am Gaumen herumzuführen, denn durch sie lassen sich industriell denaturierte und qualitativ minderwertige Nahrungsmittel geschmacklich so manipulieren, daß ihr Verlust an natürlichen Vital- und Aromastoffen kaum noch spürbar ist.

Ferner will die Industrie durch den Zusatz von Aromastoffen einen gleichbleibenden Geschmack und Geruch ihrer Produkte erreichen und somit eine zunehmende Standardisierung der Nahrungsmittel bewirken, die sich so rationeller herstellen lassen.

Arrowroot: Eine tropische Pflanze, die vorwiegend auf der kleinen Antilleninsel St. Vincent ganzjährig angebaut wird. Verwendung finden in erster Linie die stärkehaltigen Wurzeln. Durch Zermahlen der Wurzeln kann die Stärke herausgetrennt und getrocknet werden. Arrowroot wird wie Kartoffelstärke als Bindemittel benutzt.

Artischocken: Ein vorwiegend in südlichen Ländern kultiviertes Staudengewächs. Für den Verzehr eignen sich hauptsächlich die Blütenköpfe sowie die grünvioletten Blütenböden. Artischocken enthalten den Bitterstoff Cynarin, der für die positive Wirkung der Artischocke bei Gallenleiden mitverantwortlich sein soll. Neuerliche Untersuchungen haben u. a. bestätigt, daß die Artischocke auch prophylaktisch gegen Arteriosklerose wirkt.

Artischocken sind ein ausgesprochenes Delikatessgemüse, da von den etwa faustgroßen Blütenköpfen nur ein relativ kleiner Teil genießbar ist. Artischocken enthalten neben Vitamin A, B und C auch Mineralstoffe.

Aubergine oder auch »Eierfrucht« genannt, ist eine dunkelviolette glänzende Frucht aus der Familie der Nachtschattengewächse. Die ursprünglich aus Indien stammende Frucht wird auch im Mittelmeerraum und in Nordafrika angebaut. Da Auberginen nur gekocht bzw. gedünstet oder gebraten genießbar sind, wodurch die meisten Vitalstoffe zerstört werden, sind sie unter dem Aspekt einer gesunden, vollwertigen Ernährung unbedeutend.

Avocados: Steinfrüchte mit einer birnenähnlichen Form und einer dunkelgrünen dicken Schale. Die in Mittelamerika beheimatete Pflanze wird heute auch im Mittelmeerraum, besonders in Israel, angebaut. Avocados haben im Vergleich zu anderen Früchten einen sehr hohen Fettgehalt und enthalten neben

Eisen auch Vitamin C. Das weiche Fruchtfleisch der Avocado läßt sich mühelos mit der Gabel zerdrücken und im Nu zu pikanten Brotaufstrichen verarbeiten.
Avocados sind auch aus kontrolliert biologischem Anbau erhältlich.

Auszugsmehl sind helle Mehle, die je nach Type einen mehr oder weniger großen Auszug des ganzen Getreidekorns darstellen. Beim Mahlen des Getreides werden der vitaminreiche Keimling und die mineralstoffhaltigen Randschichten der einzelnen Körner ausgetrennt, wodurch sich – je nach Ausmahlungsgrad – die unterschiedlichen Mehlsorten-Typen ergeben. Die Typenbezeichnung gibt Auskunft darüber, wieviel Mineralstoffe in dem Mehl noch enthalten sind, das heißt wie vollwertig bzw. minderwertig das entsprechende Mehl ist. Je niedriger die Mehltype (Ziffer), desto größer ist der Vitalstoffverlust. Mehle mit hohen Typenziffern verfügen über einen hohen Anteil an Mineralstoffen und Vitaminen. Aus dem ganzen vermahlenen Korn sind Mehle nur dann, wenn sie sie Typenbezeichnung 1700 (bei Weizen) und 1800 (bei Roggen) tragen.

B

Backferment: Ein unter der Bezeichnung »Sekowa-Spezial-Backferment« erhältliches Teiglockerungsmittel, das aus Bienenhonig und Demeter-Weizen hergestellt wird. Das von Hugo Erbe entwikkelte Backferment basiert auf dem Gärungseffekt, der eintritt, wenn Honig und Wasser vermischt und anschließend sich selbst überlassen bleiben. Backferment ist ein einzigartiges Treibmittel, das ohne den Zusatz von Hefe und Sauerteig verwendet wird und dennoch deren Vorteile in sich vereint. Mit Backferment gebackene Brote sind ähnlich locker wie Hefebrote und verfügen über den würzigen, leicht säuerlichen Geschmack eines Sauerteigbrots. Im Gegensatz zu Hefe und Sauerteig kann mit Backferment jede Getreidesorte verbacken werden, also neben Weizen und Roggen auch Hafer, Gerste, sogar Reis, Mais und Buchweizen. Mit Backferment können auch Brötchen, Fladen und Kuchen gebacken werden. Dieses Gebäck bleibt in der Regel länger haltbar und frisch als beispielsweise Hefegebäck. Bei sachgemäßer Lagerung tritt auch die bekannte Schimmelbildung nicht ein.

Die Teigführung mit Sekowa-Spezial-Backferment ist relativ einfach, allerdings wegen mehrerer Ruhephasen etwas zeitaufwendiger. Die Teigansätze sind im Vergleich zu den üblichen Sauerteigen auch relativ unempfindlich, so daß die Weiterführung ohne Schaden auch um Stunden hinausgeschoben werden kann.

Aus dem Spezial-Backferment-Granulat wird nach einer bestimmten Rezeptur zunächst ein gärender Teig – eine Art Sauerteig – bereitet. Dieser Grundansatz bildet dann die Basis für den Brotteig. Die Zusatzmengen zur Brot- und Gebäckherstellung betragen ein Prozent Grundansatz und 0,1 bis 0,3 Prozent Backferment-Granulat, das heißt, auf ein Kilogramm zu verbackendes Mehl oder Schrot kommen zehn Gramm Grundansatz und ein bis drei Gramm Spezial-Backferment-Granulat.

In Naturkostladen und Reformhaus sind sowohl das Trockengranulat als auch der fertige Grundansatz erhältlich. Da das Backergebnis jedoch entscheidend von dem vorschriftsmäßig zubereiteten Grundansatz abhängig ist, empfiehlt es sich besonders zu Anfang, mit dem fertigen Grundansatz zu beginnen. Der Grundansatz, der durch regelmäßiges Backen immer wieder aufgefrischt wird, kann in einem Schraubglas im Kühlschrank mehrere Monate aufbewahrt werden.

Backpflaumen → Pflaumen

Backpulver zählt zu den Backtreibmitteln, die zur Lockerung von Brot- und Kuchenteigen verwendet werden. Backpulver besteht meist aus dem kohlensäurehaltigen Natriumcarbonat sowie aus kohlensäureaustreibenden Chemikalien. Hierfür werden neben Weinsäure und Weinstein auch Natrium- und Calciumsalze sowie Phosphorsäure verwendet.

Ferner sind sogenannte Trennmittel wie Bienenwachs und unbehandeltes Holzstreumehl erlaubt, die bewirken, daß sich die Backwaren problemlos vom Blech lösen lassen.

In der Vollwertküche wird neuerdings zunehmend mehr Backpulver eingesetzt. Zur Herstellung vollwertiger Kuchen und Kleingebäck wird es besonders in der Umstellungsphase gern zur Lockerung der ohnehin schwereren, ballaststoffreichen Vollkornteige verwandt. Vollkornkuchen und -kleingebäck, die mit frisch gemahlenem Mehl und Schrot gebacken werden, weisen jedoch auch ohne Backpulver eine gute Lockerung auf.

Backtreibmittel werden in Form von Hefe, Weinstein und Backpulver auch zunehmend in der Vollwertküche zur Lockerung von Vollkornbrot, -kuchen und -kleingebäck eingesetzt. In der klassischen Vollwertküche aber werden die landläufigen, synthetisch hergestellten Backtreibmittel, zu denen auch Hirschhornsalz und Pottasche zählen, mit Ausnahme von Hefen gar nicht oder nur sehr selten verwandt.

Der Einzug von Backtreibmitteln in die Vollwertküche hat etwas mit der zunehmenden Verbreitung der vollwertigen Ernährungsweise zu tun. Auf die sogenannten »Umsteiger«, die bisher immer luftig-leichtes Weißmehlgebäck gewöhnt waren, wirken die schweren, ballaststoffreichen Vollkornprodukte oft eher abschreckend als motivierend. Durch die Verwendung herkömmlicher Backtreibmittel werden die Vollkornbackwaren als bekömmlicher empfunden. Während aber von einem honigsüßen Vollkornkuchen ohne Backtreibmittel, der natürlich kompakter ist als ein mit Backpulver aufgeblähter Teig, bereits ein Stück zur Sättigung genügt, können bzw. müssen von dem »getriebenen« Kuchen problemlos zwei bis drei Stücke verzehrt werden, bis eine vergleichbare Sättigung erreicht wird.

Backtreibmittel machen ein Brot oder einen Kuchen also nicht bekömmlicher, sondern täuschen vielmehr eine Bekömmlichkeit vor, die als solche nur so empfunden wird, weil von dem Gebäck eine (optisch) größere Menge verzehrt werden kann.

Bei verpackten Nahrungsmitteln müssen die verwendeten Backtreibmittel immer als Zusatzstoffe gekennzeichnet werden (siehe auch Backferment/Hefe/Sauerteig/Weinstein).

Baguette ist ein bis zu einem Meter langes, stangenförmiges Weißbrot, das ursprünglich aus Frankreich kommt, wo es auch zu den Hauptmahlzeiten zu Salat und Käse gereicht wird.

Baguette läßt sich auch aus frisch gemahlenem Weizen, Dinkel oder einer Mischung aus beidem vollwertig herstellen.

Ballaststoffe sind nicht verdauliche, aber oder gerade deshalb für das körperliche Wohlbefinden unentbehrliche Nahrungsbestandteile. Zu den wichtigen Ballaststoffen zählt das Kohlenhydrat Zellulose, das den Pflanzen als Gerüstsubstanz dient. Da der menschliche Körper weder im Magen noch im Darm Verdauungsenzyme besitzt, welche die Ballaststoffe abbauen, werden diese fast unzerlegt wieder ausgeschieden und sorgen über die Anregung der Darmbewegung (Peristaltik) für eine geregelte Verdauung. Darüber hinaus bilden die Ballaststoffe den Nährboden für eine gesunde Darmflora.

Eine ausgewogene, vollwertige Ernährung, basierend auf verschiedenen Getreidesorten, rohem Obst und Gemüse, enthält so viel Ballaststoffe, daß die Verdauung problemlos funktioniert. Die landläufige Normalkost, bestehend aus denaturierten Industrie-Nahrungsmitteln wie Weißmehlprodukten, Fisch, Fleisch, konservierter Dosen- und Tütennahrung dagegen ist ausgesprochen ballaststoffarm. In Folge kommt es zum bekannten trägen Darm, der sich häufig in Verstopfung äußert und somit den Nährboden für unterschiedliche Krankheiten bildet. Darm-, besonders Dickdarmerkrankungen stehen meist in direktem Zusammenhang mit einer ballaststoffarmen Ernährung.

Für eine natürliche und gesunde Verdauung empfiehlt sogar die Deutsche Gesellschaft für Ernährung den Verzehr von ballaststoffreichen Vollkornbroten. Wichtig ist aber auch, daß die Ballaststoffe nicht isoliert in Form von Kleie oder sogenannten »Spezialbroten« verzehrt werden; ihre volle Wirkung können sie nur dann entfalten, wenn sie mit dem Lebensmittel genossen werden, in dem sie von Natur aus enthalten sind.

Banane: In den alten Bundesländern die beliebteste und am häufigsten verzehrte Südfrucht. Sie wächst an fast fünf Meter hohen Bananenstauden, die vorwiegend in Mittelamerika angebaut werden.

Ihre Beliebtheit hat die Banane allerdings nicht nur ihrem Geschmack zu verdanken, sondern ebenso ihrer einflußreichen Lobby. Sowohl von Ärzten als auch Heilpraktikern und Ernährungsberatern wird immer wieder auf die gute Verträglichkeit der Banane hingewiesen. Sie wird nicht nur als Babykost empfohlen, sondern auch Kranken in der Rekonvaleszenz verordnet. Besonders hervorgehoben wird ihr üppiger Zucker-, Stärke- und Kaliumgehalt sowie die Vitamine der B-Reihe, Vitamin C und Karotin.

Da die alten Bundesländer mit einem Pro-Kopf-Verbrauch von fast 40 Kilogramm Zucker im Jahr einen Spitzenplatz einnehmen, sollte man meinen, daß die Deutschen nicht gerade an Zuckermangel leiden. Dasselbe gilt für die Stärke. (Auch die bei uns ähnlich beliebte Kartoffel besteht bekanntlich zum größten Teil aus Stärke.) Da ein gravierender Kaliummangel ebenfalls eine Ausnahme darstellt, muß die Banane aus diesen Gründen ernährungsphysiologisch als völlig unbedeutend angesehen werden. Im übrigen kann der tägliche Kaliumbedarf mühelos mit frischem einheimischem Obst und Gemüse gedeckt werden, denn Spinat, Rote Beete, Rosenkohl und Tomaten (übrigens auch Aprikosen und Weintrauben) enthalten genausoviel bzw. noch mehr Kalium als Bananen.

Ebenso liegt der Vitamin-B-Gehalt von Bananen nicht höher als der vieler heimischer Obst- und Gemüsesorten; auch in dieser Hinsicht gibt es also keinen Grund, Bananen als gesundheitlich besonders segensreich zu empfehlen.

Wie viele andere Südfrüchte auch werden Bananen fast ausschließlich als Monokultur angebaut und müssen dementsprechend oft mit Pestiziden gespritzt werden. Um diese dann wieder so weit wie möglich zu entfernen, werden die bekanntlich grün geernteten Früchte in einer Natriumhydrogensulfit-Lösung »gewaschen«. Damit sie den langen Transport von Mittelamerika nach Europa überstehen, müssen sie noch prophylaktisch in ein Fungizidbad (Fungizide = pilzvernichtende Chemikalien) getaucht und anschließend gewachst werden. Da die Gifte zum größten Teil in der Schale verbleiben, fielen diese konsequenterweise unter die Kategorie »Sondermüll«, denn die verwendeten Pestizide sind hier längst verboten. Die Bananenschale ist für den

Menschen aber nur indirekt gesundheitsgefährdend.
Wesentlich schwerwiegender sind die Folgen des Bananenanbaus in den Erzeugerländern Ecuador, Costa Rica und Honduras, in denen Bananenanbau und zunehmende Verarmung nicht mehr voneinander zu trennen sind.
Die ehemaligen Kleinbauern dieser Länder wurden enteignet und sind gezwungen, sich als Tagelöhner in den Bananenplantagen zu verdingen. Damit die Bananenpreise auf dem Weltmarkt konkurrenzfähig bleiben (und die Früchte u. a. auch in den heimischen Supermärkten zu Schleuderpreisen angeboten werden können), beziehen die Plantagenarbeiter nur einen Hungerlohn und werden zugleich immer abhängiger von den Großkonzernen).
Der Verzehr von Bananen sollte also schon aus diesen Gründen nicht zur Selbstverständlichkeit werden, sondern eher die Ausnahme bleiben.
Bananenchips sind mit Honig oder Zucker gesüßte und in Kokosfett geröstete Bananenscheiben. In Cellophantüten abgepackt wirken sie wie Trockenfrüchte, sind aber durch die Hitzeeinwirkung wertlos geworden (siehe auch Trockenfrüchte).
Bancha-Tee: Ein aus Japan stammender, coffeinarmer Tee, der aus Blättern und Stengeln des Teestrauchs hergestellt wird. Durch seinen niedrigen Coffeingehalt, der dadurch entsteht, daß der Tee zur kalten Jahreszeit geerntet wird, wirkt Bancha angenehm anregend. Die Zubereitung erfolgt nicht durch einfachen Aufguß, sondern durch kurzes Anrösten und Aufkochen.
Bancha zählt ebenso wie Kukicha (Drei-Jahres-Tee) zu den makrobiotischen Lebensmitteln, die nach und nach auch in unseren »Breitengraden« immer beliebter werden. Der Tee ist in jedem gut sortierten Naturkostladen erhältlich.
Basilikum: Ein einjähriges Gewürz- und Heilkraut, das, ursprünglich in Indien beheimatet, von Mönchen im 12. Jahrhundert nach Europa gebracht wurde, wo es sich schnell akklimatisierte.
Für den häuslichen Bedarf wird Basilikum gern in Kräutergärten, Blumentöpfen und Balkonkästen kultiviert und sowohl frisch als auch getrocknet zum Würzen pikanter Speisen verwendet.
Basilikum enthält ätherische Öle sowie Gerb- und Duftstoffe, wobei viele Inhaltstoffe noch nicht erforscht sind. Es zeigt eine heilende Wirkung bei Magenkrämpfen, Darmentzündung, Blähungen und Verstopfung. Die Anwendung erfolgt als Aufguß, in Form von Salbe oder als homöopathisches Präparat.
Beerenobst: Sammelbezeichnung für genießbare Beerenfrüchte wie

Erdbeere, Himbeere, Brombeere, Stachelbeere, Johannisbeere, Heidelbeere, Preiselbeere, Maulbeere und Weinbeere. Alle zum Beerenobst zählenden Früchte sind ausgesprochen saisonabhängig, da sie in nicht frischem Zustand nicht lagerfähig sind. Zur Erntezeit kann man sie nicht nur auf Märkten und in entsprechenden Geschäften kaufen, sondern oft auch an Plantagen selbst pflücken. Da zur Erntezeit meist ein großer Überschuß an Beeren entsteht, werden sie zu Säften, Kompott, Wein oder Marmelade und Konfitüre weiterverarbeitet oder auch tiefgefroren (siehe auch Konservierung).

Bergkäse ist die Bezeichnung für einen Hartkäse, der nach traditioneller Art von Bergbauern hergestellt wird. Von anderen Käsesorten unterscheidet er sich hauptsächlich dadurch, daß er mindestens sechs Monate natürlich reift, wodurch er seinen würzig pikanten Geschmack erhält. Mit der Verbreitung der Naturkost hat der Bergkäse eine Art Renaissance erfahren. Seit Anfang der 80er Jahre werden im Naturkosthandel vorwiegend die Sorten »Französischer Bergkäse« und »Allgäuer Emmentaler« angeboten, die beide aus der Rohmilch biologisch gehaltener Rinder hergestellt werden. Unter Bergkäse fallen auch die Sorten Appenzeller und Gruyère, auch Greyerzer genannt.

Bier: Vom wohl beliebtesten Getränk der Deutschen trinken die Frauen hierzulande im Schnitt etwa 50 Liter im Jahr, während die Männer auf etwa 180 Liter im Jahr kommen, womit Bier rein mengenmäßig zu den Grundnahrungsmitteln gezählt werden könnte. Nach dem im Jahr 1516 festgelegten bayerischen Reinheitsgebot darf es in Deutschland auch heute noch nur aus Hopfen und Malz, Wasser und Hefe gebraut werden. Seit Anfang der achtziger Jahre werden auch Biere aus kontrolliert biologischem Anbau angeboten. Das sogenannte Hefe-Pils wird aus kontrolliert biologischer Gerste und Hopfen, Tiefbrunnenwasser und brauereieigener Hefe-Reinzucht gebraut. Der Alkoholgehalt liegt bei drei bis vier Prozent und entspricht damit dem eines konventionellen Pilsener Biers.

Da dieses Bio-Bier, nachdem es vier Monate ungefiltert in riesigen Lagertanks gereift ist, ohne Erhitzen in Flaschen abgefüllt wird, bleibt die ganze Bierhefe enthalten, die sich am Flaschenboden absetzen kann. Die Haltbarkeit dieser Biere wird mit zwei bis drei Monaten angegeben.

Im Naturkosthandel ist noch ein weiteres Bier (Vitalis Bier) erhältlich, dessen Grundstoffe, Gerste und Hopfen, aus biologisch-dynamischem Anbau stammen. Es wird in der schwäbischen Alb mit frischem Quellwasser und ohne jegliche chemische Hilfsmittel gebraut. Zur Aromatisierung und längeren Haltbarkeit werden Hopfenblüten zugesetzt, deren Bitterstoffe bakterienhemmende Eigenschaften besitzen. Nach einem natürlichen Klärungsprozess durch Absetzen wird die Bierwürze mit dem brauereieigenen Hefe-Reinzuchtstamm vergoren. Da, wie sonst üblich, keine Filtration vorgenommen wird, gelangen viele junge Hefezellen zur Nachgärung mit in die Flasche. Der Zusatz von L(+)-Milchsäure macht dieses Bier besonders haltbar und bekömmlich, da so bei der Nachgärung in der Flasche ein stabilisierendes Gleichgewicht zwischen Alkohol und Milchsäure entsteht.

Obwohl dieses Bier nicht pasteurisiert wird, ist es auch ungekühlt etwa ein Jahr haltbar.

Biologische Biere sind im Vergleich zu herkömmlichen Bierarten relativ teuer (was zusätzlich zu einem sparsamen Gebrauch motiviert...).

Bierhefe ist eine sogenannte Reinzuchthefe, die der Bierherstellung dient. Im Gegensatz zum biologischen Brauen, bei dem meist die gesamte Bierhefe im Bier enthalten bleibt, fällt beim herkömmlichen Brauprozeß die Bierhefe nach der Filtration als Abfallprodukt an.

Bierhefe zählt jedoch zu den vitalstoffreichen Abfallprodukten, da sie neben Vitaminen auch Proteine und Spurenelemente enthält. Bierhefe ist getrocknet als Hefeflocken oder als pastenartiger Hefeextrakt erhältlich.

Bifun: Aus Japan stammende helle Nudeln, die aus Reismehl unter Zugabe von Kartoffelstärke hergestellt werden. Verwendung: als Suppeneinlage oder zu Gemüse.

Bindemittel werden auch mit der Bezeichnung »Verdickungsmittel« deklariert. Sie werden vorwiegend fertigen und halbfertigen Nahrungsmitteln beigegeben, die dadurch eine bestimmte, meist cremig-sämige Konsistenz erhalten. Bindemittel spielen in der Vollwerternährung eine untergeordnete Rolle. Werden sie dennoch verwendet, so handelt es sich fast ausschließlich um pflanzliche Bindemittel wie Johannisbrotmehl, Agar Agar oder Arrowroot.

bio: Umgangssprachliches Kürzel für »biologisch«. Kaum eine andere Abkürzung hat in den letzten Jahren eine vergleichbare Popularität erlangt. Seit Mitte der 70er Jahre die ersten Naturkostläden eröffneten, hat sich für naturbelassene Lebensmittel, die nach »biologischen« Gesichtspunkten hergestellt wurden, die Abkürzung »bio« durchgesetzt, als klare Abgrenzung und Unterscheidungsmerkmal zu den konventionell (mit chemischen Hilfsmitteln) erzeugten Nahrungsmitteln.

Da das Kürzel »bio« jedoch bis heute rechtlich nicht geschützt ist, die Industrie aber schnell erkannte, daß diese drei Buchstaben als Vorsilbe eine äußerst verkaufsfördernde Wirkung haben, tauchen sie heute nicht nur als Markenzeichen biologisch erzeugter Lebensmittel auf, sondern ebenso auf den Etiketten von Geschirrspülmitteln, Waschpulver und diversen anderen Non-Food-Produkten.

Dies hat nicht nur zu einer Verwässerung der ursprünglichen Bedeutung geführt, sondern auch zu einer allgemeinen Verunsicherung des Verbrauchers. Eine vom Gesetzgeber unmißverständliche Definition wäre daher wünschenswert. »Bio-Produkte«, die im ursprünglichen Sinn des Begriffs biologisch sind, sind mit dem Zusatz »aus kontrolliert biologischem Anbau« gekennzeichnet (siehe auch biologische Lebensmittel).

Biodyn: Vom Demeter-Treuhandverband verliehenes Warenzeichen für Lebensmittel aus Umstellbetrieben, die nach den Richtlinien der biologisch-dynamischen Wirtschaftsweise arbeiten.

Das Biodyn-Warenzeichen signalisiert dem Verbraucher, daß es sich zwar um Lebensmittel handelt, die ohne chemische Hilfsmittel erzeugt werden, die jedoch aufgrund der früheren, konventionellen Anbauweise der Bauern noch nicht rückstandsfrei sind. Da die ehemals mit Pestiziden und anderen chemischen Pflanzenschutzmitteln bewirtschafteten Böden mehrere Jahre benötigen, um sich zu erholen und ihre natürliche Fruchtbarkeit wiederzuerlangen, erhalten Produkte aus Biodyn-Anbau frühestens nach drei Jahren das Demeter-Warenzeichen (siehe auch biologisch-dynamische Lebensmittel/Wirtschaftsweise/Demeter).

Biogarde: Sauermilch-Produkte, die sich, ähnlich wie Bioghurt, von Joghurt dadurch unterscheiden, daß sie vorwiegend rechtsdrehende Milchsäure enthalten, der nachgesagt wird, daß sie vom Körper leichter abgebaut werden kann und somit bekömmlicher ist.

Die Meinungen hierüber gehen jedoch auseinander; es gibt auch die These, daß der Körper die linksdrehende Milchsäure ohnehin in rechtsdrehende umwandelt (siehe auch Milchsäure).

Bioghurt: Ein joghurtähnliches Sauermilch-Produkt, zu dessen Herstellung jedoch andere Milchsäurebakterien verwendet werden. Der Begriff Bioghurt ist unklar und kann zu Mißverständnissen führen, da die hierfür verwendete Milch nicht unbedingt aus biologischer Tierhaltung stammen muß. Das »Bio« bezieht sich hier primär auf die rechtsdrehende L(+)-Milchsäure, die bekömmlicher sein soll.

Die im Naturkosthandel erhältlichen Bioghurts sind zusätzlich mit einem Vermerk gekennzeichnet, der auf die Herkunft der Milch und den Verarbeitungsmodus hinweist. Sie stammen entweder von biologisch-dynamisch arbeitenden Demeter-Betrieben oder von Biodyn-Höfen, die sich in der Umstellungsphase auf die biologisch-dynamische Wirtschaftsweise befinden (siehe auch Biogarde/Joghurt/Milchsäure).

Bioläden → Naturkostläden

Biokreis Ostbayern: Eine 1979 gegründete regionale Vereinigung von Landwirten, die sich zum Ziel gesetzt haben, Lebensmittel nach ökologischen Gesichtspunkten anzubauen. Der Biokreis, der primär den vernachlässigten ostbayerischen Raum erschließen sollte, war gleichzeitig auch als Gegengewicht zu den beiden überregionalen Verbänden Demeter und Bioland gedacht, deren unterschiedliche Konzepte aber vom Biokreis auch aufgegriffen wurden.

Einige Getreideprodukte des Biokreises werden heute durch einen süddeutschen Naturgroßhandel über die Naturkostläden auch bundesweit vertrieben.

Biolan ist ein – fragwürdiges – Markenzeichen für Nahrungsmittel vorwiegend für Getreide, Getreideprodukte und Müslimischungen, und zwar aus konventionellem Anbau. In Anlehnung an den Begriff »Bioland« soll dem Verbraucher suggeriert werden, es handele sich um natürliche und gesunde Lebensmittel. Biolan-Produkte stammen jedoch nicht (!) aus kontrolliert biologischem Anbau. Der Name wurde offensichtlich wegen seiner Nähe zu *Bioland* – aus verkaufsfördernden Gründen gewählt.

Biolan-Produkte werden dementsprechend weder im Reformhaus noch im Naturkostladen geführt.

Bioland ist das Markenzeichen der »Fördergemeinschaft organisch-biologischer Land- und Gartenbau«. Die in den 30er Jahren von Dr. H. Müller und Dr. H. Rusch ins Leben gerufene Vereinigung sieht den direkten, wechselwirkenden Zusammenhang zwischen Mensch und Natur über die Nahrung realisiert. Die Gesundheit des Menschen ist abhängig von gesunden Pflanzen, und diese wiederum können nur auf einem gesunden, natürlich kultivierten Boden gedeihen. Der Mensch, der das Ende dieser Nahrungskette bildet, ist somit zugleich Nutznießer und Erhalter eines gesunden Bodens.

Ziel des organisch-biologischen Landbaus ist daher die Wiederherstellung bzw. die Erhaltung und Steigerung der natürlichen Bodenfruchtbarkeit. Dies geschieht durch eine die einzelnen Kulturen fördernde Fruchtfolge, Mischkultur und die Nutzung rein organischen Düngers wie Gesteinsmehl, Hornmist und Algenkalk. Wichtigste

Hilfsmittel zur Bodenverbesserung stellen jedoch die aus der Tierhaltung anfallende hofeigene Jauche und Stallmist sowie Kompost dar. Die im konventionellen Anbau verwendeten Pestizide, Fungizide und Herbizide sind verboten. Auch der Einsatz von künstlichem Stickstoff, Phosphaten und Kalidünger sowie die Anwendung von chemischen Keimhemmungsmitteln sind nicht erlaubt.

Die in der Fördergemeinschaft zusammengeschlossenen Landwirte haben sich vertraglich verpflichtet, die festgelegten Richtlinien strikt einzuhalten. Ständige Kontrollen und die jährlich vorgeschriebenen mikrobiologischen Bodenproben sollen dem Verbraucher die deklarierte Bioland-Qualität garantieren.

Landwirte, die in die Fördergemeinschaft neu aufgenommen werden, können ihre Produkte im ersten Jahr mit dem Vermerk »Bioland-Erzeugnisse aus dem Umstellbetrieb« verkaufen, woraus für den Verbraucher hervorgeht, daß diese Produkte noch nicht rückstandsfrei sind.

Der Begriff »rückstandsfrei« bezieht sich auch hier jeweils nur auf den Verzicht an chemischen Hilfsmitteln und nicht auf eine Abwesenheit überall verbreiteter Umweltgifte!

biologisch-dynamische Lebensmittel: Lebensmittel, die nach den Richtlinien der biologisch-dynamischen Wirtschaftsweise erzeugt werden. Sie sind mit dem unverwechselbaren Markenzeichen »Demeter« gekennzeichnet und im Reformhaus, im Naturkosthandel sowie in einigen Supermärkten erhältlich.

biologisch-dynamische Wirtschaftsweise: Das dieser Anbaumethode zugrundeliegende Konzept wurde vom Begründer der Anthroposophie, Rudolf Steiner, entwickelt. Ihr Markenzeichen ist der aus dem Griechischen stammende Begriff »Demeter« (Göttin der Fruchtbarkeit und des Ackerbaus).

Im Vordergrund dieser 1924 von Steiner begründeten Anbaumethode steht nicht nur der biologische, sondern gleichermaßen der dynamische Aspekt der Bodenverbesserung, der durch den Einsatz spezieller pflanzlicher Präparate erreicht wird. Hierfür dienen in erster Linie die natürlichen Wirkstoffe von bestimmten Heilkräutern wie Brennessel, Baldrian und Eichenrinde, mit denen der Stallmist in homöopathischen Dosen »geimpft« wird. Zugekaufte Dünger wie Urgesteinsmehl, Hornmist oder andere Präparate dürfen den hofeigenen Dünger anteilmäßig nicht übersteigen und müssen gegebenenfalls auch von kontrolliert biologisch arbeitenden Höfen stammen.

Eine der Grundvoraussetzungen der biologisch-dynamischen Wirtschaftsweise ist eine den Standortbedingungen entsprechende Vielseitigkeit des Anbaus. Diese wird durch ein ausgewogenes Verhältnis von bodenverbessernden und bodenerschöpfenden Kulturen erreicht.

Biologisch-dynamische Betriebe werden so organisiert, daß sie eine ausgewogene biologische Ganzheit (Tierhaltung und Pflanzenkultur) bilden. Die auf diesen Höfen produzierten Demeter-Produkte zählen qualitativ zu den besten Lebensmitteln (siehe auch biodyn).

biologische Lebensmittel: Den Begriff »biologisch« verdient ein Lebensmittel nur dann, wenn es auf der Verpackung mit dem Vermerk »aus kontrolliert biologischem Anbau« oder »aus biologisch-dynamischem Anbau« gekennzeichnet ist.

Da, wie wir bereits andeuteten, weder der Begriff »bio« noch »biologisch« rechtlich geschützt ist, hat die Industrie schnell die »Bio«-Marktlücke entdeckt und innerhalb kürzester Zeit eine schier unüberschaubare Menge von »Bio-Produkten« auf den Markt geworfen. Diese Pseudo-Bio-Produkte haben jedoch in den meisten Fällen nichts mehr mit dem klar definierten Begriff »bio« zu tun (siehe bio).

Mit äußerst subtilen Werbemethoden, die sich zum Teil am Rande der Legalität bewegen, versuchen die großen Nahrungsmittelkonzerne, sich dem veränderten Ernährungsbewußtsein der Bevölkerung anzupassen und ihre – nur variierten – alten Produkte im neuen »Bio-Gewand« besser zu vermarkten.

Da sogar die im Reformhaus erhältlichen Produkte nur zu einem Bruchteil nach den Grundprinzipien des biologischen Anbaus erzeugt wurden, der Rest jedoch aus konventionellem Anbau (mit Selbstkontrolle?!) stammt, sollte der Verbraucher auf seiner Suche nach wirklich gesunden Lebensmitteln äußerst aufmerksam vorgehen.

Als Orientierungshilfe beim Einkauf biologischer Lebensmittel können folgende Merkmale und Kriterien dienen:

- Alle biologischen Lebensmittel sind nach der entsprechenden Anbauweise deklariert, meist mit Demeter (= biologisch-dynamisch) oder Bioland (= organisch-biologisch).
- Falls der Hinweis auf die Anbauweise fehlt, diese – im Zweifelsfall – schriftlich belegen lassen.
- Aufschriften wie »nur mit gesunden Zutaten«, »aus dem Garten der Natur«, »Biovollkorn« und ähnliches besagen gar nichts und sind reine Bauernfängerei.
- Biologisches Frischgemüse und -obst wird weder bestrahlt noch

begast; es sieht dadurch nicht so makellos aus wie künstlich behandeltes.

- Biologische Produkte sind – wenn überhaupt – ohne chemische Hilfsmittel konserviert und verfügen dadurch nur über eine relativ kurze Haltbarkeitsdauer.

Bio-Top: Qualitätszeichen für aus Israel stammende biologische Produkte, vorwiegend Zitrusfrüchte, Bananen, Avocados und Datteln. Erzeugt werden diese Produkte von nach biologischen Richtlinien arbeitenden Kibbuzim. Trotz der extremen klimatischen Verhältnisse (Wüstenrandregionen) sind dort mit biologischem Anbau beachtliche Erfolge erzielt worden.

Birne: Eine Kernobstart, die wie der Apfel zu den ältesten und weitverbreitetsten kultivierten Obstsorten gehört. Der dem Apfelbaum verwandte Birnbaum stammt ursprünglich aus Persien und gelangte über Vorderasien nach Europa. Heute gibt es schätzungsweise 1500 verschiedene Birnensorten.

Die Birne enthält neben Kalium auch die Vitamine A und C. Sie weist weniger Säure als ein Apfel auf und hat einen höheren Zuckergehalt. Da Birnen, auch die sogenannten Lagerbirnen (Wintersorten), nur begrenzt haltbar sind, werden sie meist frisch verzehrt.

Birnen eignen sich hervorragend für das morgendliche Frischkornmüsli. Sie sollten aber nach Möglichkeit immer aus kontrolliert biologischem Anbau stammen, da konventionell angebaute Birnen – ähnlich wie Äpfel – bis zur Reife bis zu 20mal gespritzt werden.

Birnen-Dattel-Kraut ist ein süßer, sirupähnlicher Brotaufstrich ohne Zuckerzusatz. Hergestellt wird das fruchtige »Kraut« aus Birnen, Äpfeln und getrockneten Datteln. Die Früchte werden – wie zu Großmutters Zeiten – gekocht und anschließend gepreßt, der so gewonnene Saft dann eingedickt.

Durch den relativ langen Kochvorgang wird jedoch ein Großteil der Vitalstoffe, besonders die hitzeempfindlichen Vitamine, zerstört. Durch seine ausschließlich natürlichen Fruchtzuckeranteile stellt das Birnen-Dattel-Kraut eine echte Alternative zu herkömmlichen Marmeladen und Konfitüren dar.

Birnen-Dicksaft: Ein unter Vakuum eingedickter, konzentrierter Birnensaft. Das Vakuumverfahren ermöglicht eine relativ schonende Herstellung bei 50 bis 60 Grad.

Birnen-Dicksaft ist zwar ein erhitztes Konzentrat, enthält aber keine Zusatzstoffe und eignet sich rückverdünnt gut als Süßungsmittel für ohnehin erhitztes Gebäck, gekochte Breie und Cremes (siehe auch Apfel-Dicksaft).

Blanchieren entspricht dem umgangssprachlichen Überbrühen von Früchten und Gemüse. Blanchiert werden zum Beispiel Rote

Bete, Sellerie und andere Gemüsesorten, die in rohem Zustand nicht so gut schmecken oder verträglich sind. Blanchieren bringt jedoch immer einen Vitalstoff-Verlust mit sich.

Blattgemüse: Dazu zählen alle Gemüsearten, von denen primär die Blätter genossen werden (alle Blattsalatsorten wie Kopfsalat, Eissalat, Radicchio etc., weiter Chicorée, Kresse, Petersilie, alle Kohlsorten).

Blattgemüse ist reich an Vitaminen und Mineralstoffen; ihm kommt in der Vollwerternährung als Frischkostanteil eine zentrale Bedeutung zu. Es verfügt ähnlich wie andere Gemüsearten auch über einen hohen Ballaststoffgehalt, der sowohl die Darmtätigkeit als auch den Stoffwechsel anregt und somit nicht unerheblich zum körperlichen Wohlbefinden beiträgt.

Da Blattgemüse im konventionellen Anbau intensiv mit chemischen Düngern und Giften behandelt wird, muß man mit entsprechend hohen Rückständen rechnen. Besonders Blattgemüse aus dem Treibhaus, aber auch Freilandgemüse weisen in den meisten Fällen einen hohen Nitratwert auf. Auch hier ist es also empfehlenswert, das Gemüse aus kontrolliert biologischem Anbau zu kaufen (siehe auch Wurzelgemüse/Gemüse).

Blini ist die russische Bezeichnung für Buchweizen-Pfannkuchen; bei uns sind sie auch als Plinsen bekannt.

Blumenkohl: Kohlsorte, die aufgrund ihrer wohlschmeckenden Blüte sehr beliebt ist. Blumenkohl enthält eine Reihe Mineralstoffe wie Kalium, Phosphor und Magnesium sowie die Vitamine A, B_1 und B_2. Mit seinem Gehalt an Vitamin C übertrifft er sogar den von Orangen!

Blumenkohl wird vom Frühsommer bis zum Herbst aus heimischem Anbau angeboten, während er in den Winter- und Frühjahrsmonaten als Importware aus den warmen, südlichen Ländern zu uns auf den Markt kommt.

Blumenkohl erfordert erhebliche Düngergaben, und die Blume wird in den meisten Fällen gebleicht, damit sie »schön weiß« aussieht. Blumenkohl aus biologischem Anbau wirkt dagegen oft blaß und kann auch von der Größe der Blume mit den künstlichen Riesenköpfen nicht mithalten. Doch gerade bei Blumenkohl entpuppt sich bereits beim Kochen das Fiasko: die eingesetzten chemischen Gifte verursachen oft einen unangenehmen, fast ätzenden Geruch, der sich während des Garens mit dem Wasserdampf in der ganzen Küche verbreitet.

Es ist daher empfehlenswert, sich besonders bei Blumenkohl nicht vom makellosen Erscheinungsbild leiten und täuschen zu lassen, sondern der optisch nicht so glanzvollen Ware aus biologischem Anbau den Vorzug zu geben, da diese Köpfe ohne chemische Gifte kultiviert werden und spürbar aromatischer schmecken.

Bockshornklee: Einjährige Pflanze, die zu den Kleearten zählt. Der im Mittelmeerraum wild wachsende Bockshornklee wird bei uns als Heil- und Futterpflanze kultiviert.

Für die Vollwertküche sind nur die Samen des Bockshornklees interessant, da sie sich, ähnlich wie Alfalfa, gut zum Keimen eignen. Die Sprossen haben einen würzig-aromatischen Geschmack und bieten sich vornehmlich für die Zubereitung von Rohkostsalaten an (siehe auch Keime/Sprossen).

Bohnen: Hülsenfrüchte, die einst in Süd- und Mittelamerika, aber auch im asiatischen und afrikanischen Raum zu den Grundnahrungsmitteln zählten und dort noch heute auf dem täglichen Speiseplan stehen.

Es gibt etwa 100 verschiedene Bohnenarten; von manchen können auch die Hülsen gegessen werden. Da Bohnen jedoch eine – in größeren Mengen giftige – Stickstoffverbindung (Phasin) enthalten, werden sie erst durch Kochen genießbar. Phasin wird durch die Hitzeeinwirkung beim Garen zerstört.

Bohnen sind dafür bekannt, daß sie einen hohen Eiweißgehalt (bis zu 30 Prozent) haben. Darüber hinaus enthalten sie – je nach Sorte – reichlich Kohlenhydrate sowie Vitamine und Mineralstoffe. Dicke Bohnen zum Beispiel haben einen doppelt so hohen Vitamin-C-Gehalt wie Pfirsiche.

Die einzelnen Sorten werden unterschieden in grüne Bohnen (Stangen- und Buschbohnen), die auch frisch verzehrt werden, und in ihre (getrockneten) Bohnensamen (Feuerbohnen, weiße Bohnen). Weitere bekannte Sorten sind die roten Kidney-Bohnen, schwarze Bohnen, Lima-Bohnen und die großen Saubohnen.

Besonders getrocknete Bohnen bilden bei einer vollwertigen vegetarischen Ernährung eine schmackhafte Eiweißergänzung. Sie können sowohl als Beilage zu diversen Getreidegerichten als auch als Bestandteil von Rohkostsalaten gereicht werden und lassen sich püriert gut zu Bratlingen verarbeiten (siehe auch Sojabohnen).

Bohnenkraut: Einjähriges Heil- und Gewürzkraut. Die im Mittelmeerraum auf felsigen Hängen wild wachsende Pflanze wird bei uns gern als Gewürzpflanze im häuslichen Kräutergarten kultiviert. Bohnenkraut eignet sich in der Küche als eine Art Pfefferersatz sowohl bei Getreide- als auch bei Gemüsegerichten. In der Kräuterheilkunde ist es wegen seiner krampflösenden und blähungstreibenden Eigenschaft bekannt.

Borretsch auch als Gurkenkraut bekannt, ist eine beliebte Gewürz- und Heilpflanze. Das ursprünglich aus Vorderasien stammende Kraut ist mittlerweile auch bei uns nicht selten auf Brachfeldern oder auch an Schuttplätzen wildwachsend anzutreffen. Aufgrund seines leicht zwiebelähnlichen, würzigen Geschmacks wird es als Küchenkraut gern im häuslichen Kräutergarten oder in Balkonkästen kultiviert.
Als Heilkraut wirkt Borretsch günstig bei nervösen Herzbeschwerden. Aufgrund seiner schweißtreibenden Eigenschaft wird ihm auch eine entgiftende Wirkung nachgesagt.
Brauner Zucker → Zucker
Brennessel: Eine Pflanze, die lange Zeit unbeachtet blieb, mit zunehmender Verbreitung der Naturkost-Bewegung wiederentdeckt wurde und nun als Wildgemüse und Tee eine Art Renaissance erlebt. Die Brennessel ist in ganz Europa verbreitet und vorwiegend an Feldrainen, Bachläufen, Gartenzäunen usw. zu finden. Sie enthält neben Vitamin C, Eisen und Gerbsäure in den Brennhaaren auch das Gewebshormon Histamin und Spuren von Ameisensäure. Sie zählt zu den am vielseitigsten verwendbaren Wildpflanzen und hat aufgrund ihrer Heilwirkungen eine ganz besondere Bedeutung. Die Brennessel wirkt harntreibend, blutreinigend und entschlackend sowie hautreizend und blutzuckersenkend. Als frischer Tee aufgebrüht und über mehrere Tage getrunken, wirkt sie heilungsfördernd bei Rheuma, Gicht und Arthritis sowie bei verschiedenen Hauterkrankungen.
Darüber hinaus kann sie als frischer Preßsaft zur Frühjahrskur getrunken werden, oder als Tinktur zur äußeren Anwendung bei Gliederschmerzen, Haarausfall oder Kopfschuppen eingesetzt werden.
In der Vollwertküche bietet sie sich für die Zubereitung von frischen Rohkost-Salaten an, für Suppen und gedünstet als Brennessel-Spinat zur Füllung von pikanten Teigtaschen, für Aufläufe oder einfach als Wildgemüse-Beilage zu diversen Getreidegerichten.
Broccoli: Dieses Kohlgewächs steht verwandtschaftlich dem Blumenkohl am nächsten, hat jedoch einen grünlich violetten Blütenkopf. Genießbar sind nicht nur die Blüte, sondern auch die zarteren Stengelteile.
Broccoli hat einen doppelt so hohen Vitamin-C-Gehalt wie Grapefruits und enthält neben Vitamin A und B auch noch Beta-Carotin. In Deutschland wird Broccoli fast ausschließlich im privaten Gemüsegarten kultiviert. Die im Handel erhältliche Ware stammt meist aus Italien.
Broccoli läßt sich auf vielfältige Weise zubereiten. Er schmeckt

nicht nur gedünstet als Beilage zu Vollkornnudeln oder Getreidespeisen, sondern ebenso als süßer oder pikanter Rohkostsalat.

Brombeere zählt zur Familie der Rosengewächse. Genießbar sind nicht nur die dunkelvioletten bis schwarzen Beeren, sondern als Teeaufguß auch die getrockneten Blätter des Strauchs. Die Brombeere wächst vorwiegend an Wald- und Wegrändern. Während die Blätter für den Teeaufguß am besten von April bis Mai gepflückt werden, ist die Haupterntezeit für die Beeren je nach Lage von August bis Oktober. Als Kulturpflanze wird die Brombeere auch in Hausgärten angepflanzt.

Sie enthält Vitamin C, Mineralstoffe, Fruchtsäuren und – besonders die Blätter – Gerbstoffe. Frisch gegessen schmeckt sie gut im Müsli, in Kaltschalen oder im Fruchtsalat. Aufgrund ihrer Fruchtsäuren eignet sie sich auch hervorragend für Marmeladen. Diese können im Verhältnis 1:1 mit Honig gesüßt und im Mixer kalt püriert werden, wodurch die Vitalstoffe erhalten bleiben und die Marmelade wunderbar fruchtig und aromatisch schmeckt. Kalt gerührte Marmelade ist bei kühler Lagerung etwa vier Monate haltbar (siehe auch Marmelade).

Brot: Seit Urzeiten eines der wichtigsten Grundnahrungsmittel des Menschen. Jedes Land bzw. Volk hat seine eigene traditionsreiche Art der Brotherstellung. In Asien gibt es die aus Weizenmehl zubereiteten Fladen, die in Indien als Chapatis und in Arabien als Pitta bekannt sind; in Mexiko die aus Maismehl hergestellten, fast schon legendären Tortillas, in Frankreich die knusprigen Baguettes. Wenngleich bei uns keine spezielle Brotsorte als landestypisch bezeichnet werden kann, so heben sich die mit Sauerteig und Roggen gebackenen Grau- und Vollkornbrote doch deutlich von den eher weißen Broten anderer Länder ab.

In unseren Bäckereien werden heute nicht selten 20 bis 25 verschiedene Brotsorten angeboten, was jedoch einen falschen Eindruck vermittelt. Zum einen hat das Brot – bedingt durch veränderte Eßgewohnheiten – nicht mehr die Bedeutung, die es für unsere Vorfahren einmal hatte. Zum anderen verbirgt sich hinter den vielen unterschiedlich bezeichneten Brotsorten, zum Beispiel »Westfälisches Landbrot«, »Heidebrot«, »Krustenbrot« u. a. m., oft dieselbe Fertigbackmischung.

Von einigen Ausnahmen abgesehen, werden auch die nicht aus industrieller Fertigung stammenden Brote keineswegs aus dem vollen Korn gebacken, sondern mit Auszügen des vermahlenen Korns, den sogenannten »Auszugsmehlen«. Beim Mahlen des Getreides werden hier die vitaminreichen Keime und die mineralstoffhaltigen Randschichten der einzelnen Körner ausgetrennt, wodurch sich – je nach Ausmahlungsgrad – jene unterschiedlichen Mehlsorten ergeben. Ihre Typenbezeichnung (Ziffern) gibt Auskunft darüber, wieviel Mineralstoffe in dem Mehl noch enthalten sind, das heißt auch wie vollwertig das damit gebackene Brot ist: Je niedriger die Typenbezifferung, desto größer der Vitalstoffverlust. Mehle mit hohen Typenbezeichnungen haben dagegen einen hohen Anteil an Mineralstoffen und Vitaminen. Aus dem ganzen vermahlenen Korn sind Brote nur dann, wenn sie die Typenbezeichnung 1700 (bei Weizen) bzw. 1800 (bei Roggen) tragen.

In der Regel werden auch die beim Bäcker angepriesenen »Vollkornbrote« mit Auszugsmehlen gebakken. Um dem Brot den gewünschten »Vollkorneffekt« zu verleihen, werden dem Teig einige ganze Körper beigemengt und dieser dann mit Zuckercouleur braun eingefärbt. Die auf diese Weise gebackenen Brote erscheinen dann im gut ausgeleuchteten Verkaufsregal aufgrund ihrer knusprigen Kruste und dunkelbraunen Farbe wie echte Vollkornbrote.

Bei der Teigführung wird ähnlich verfahren. Unterschieden wird hier in erster Linie zwischen den Getreidesorten Weizen und Roggen. Da sich Weizen aufgrund seines höheren Anteils an bindenden Eiweißen, die in der Bäckersprache als »Kleber« bezeichnet werden, am besten und einfachsten verbakken läßt, wird er bei der Herstellung fast aller Brotsorten bevorzugt. Sogar Roggenbrote können bis zu 49 Prozent Weizen enthalten und dürfen dennoch als »Roggenbrot« deklariert werden.

Weizen wird aber auch deshalb am häufigsten verwendet, weil die mit Hefe versetzten Weizenteige sehr gut aufgehen und sich dadurch besonders lockere, voluminöse Backwerke produzieren lassen. Dies wird durch ein pulverfeines, stark ausgesiebtes Mehl, das kaum noch Kleieteile und Ballast- oder andere Vitalstoffe aus den Randschichten des Getreidekorns enthält, noch verstärkt. Solche Weizenbrote haben kaum noch einen Eigengeschmack und zudem nur eine kurze Haltbarkeit.

Bei Roggenbroten erfolgt die Teiglockerung, im Gegensatz zu Weizenbroten, mit Sauerteig. Dieser wird jedoch nur noch in den wenigsten Fällen auf traditionelle Weise aus einem Gemisch von Roggenvollkornschrot und Wasser hergestellt. Meist werden sogenannte »Fertigsauerteige« verwendet, denen synthetische Treibmittel zugesetzt wurden. Roggenbrote verfügen jedoch über einen würzigeren Eigengeschmack als reine Weizen-

brote und sind auch nach mehreren Tagen noch schmackhaft.
Brote sollten also möglichst beim Bio-Bäcker gekauft werden, der für seine Backwaren nur frischgemahlenes Vollkornmehl von Getreide aus kontrolliert biologischem Anbau verwendet. Die echten Vollkornbrote sind zwar etwas teurer, haben aber einen wesentlich höheren Sättigungsgrad, enthalten keinerlei synthetische Zusätze und sind bei kühler, trockener Lagerung bis zu 14 Tagen halt- und genießbar.
Die Bekömmlichkeit von Brot ist recht unterschiedlich. Einige Menschen vertragen nur die leichteren Hefebrote gut, andere hingegen auch die schwereren und sättigenderen Sauerteigbrote. Backferment-Brote, die nach einem besonderen Teiglockerungsverfahren zubereitet werden, gelten allgemein als bekömmlich (siehe auch Backferment).
Brote enthalten je nach Sorte neben den Grundnährstoffen Eiweiß, Fett und Kohlenhydrate auch die Mineralstoffe Natrium, Kalium, Calcium und Phosphor sowie Vitamine der B-Reihe. Bei einer ausgewogenen vollwertigen Ernährung, die mindestens zu einem Drittel aus Frischkost besteht, spielt Brot allerdings nur eine untergeordnete Rolle. Den Tag mit einem Frischkornmüsli zu beginnen ist zweifellos gesünder.

Brotaufstrich: Darunter versteht man in der herkömmlichen Ernährungsweise zum größten Teil Wurstwaren und Käse, ergänzt durch zuckersüße Marmeladen, Nougatcremes u. ä. Das einseitige Angebot, das nur die recht trostlose Wahl zwischen tierischen oder zuckersüßen Produkten zuläßt, hat die Phantasie der Vollwertköstler inspiriert, völlig neue Aufstriche zu kreieren. Unter Berücksichtigung bevorzugt fleischloser Ernährung ist in den letzten Jahren eine ganze Reihe vegetarischer Pasten für den Naturkostmarkt entwickelt worden, die das ganze Spektrum, von süß bis pikant, abdecken. Diese pikanten Aufstriche basieren entweder auf Getreide (Grünkern oder Dinkel) oder auf Tofu. Oft enthalten die Getreidepasten auch frisches Gemüse wie Zwiebeln oder Möhren und werden mit Kräutern gewürzt. Die geschmacklichen Varianten reichen mittlerweile von mild-pikant bis scharf-würzig. Die Zutaten, zu denen auch Hülsenfrüchte zählen können, stammen zunehmend aus kontrolliert biologischem Anbau. Die Konsistenz dieser Getreidepasten ist mittelfest und homogen; sie besitzen gute Streichfähigkeit.
Mit Tofu zubereitete Aufstriche sind von der Konsistenz wesentlich weicher und ähneln mehr einem Kräuterquark-Belag. Sie enthalten oft kleine Gemüsestückchen und

bilden aufgrund ihrer völlig anderen Zusammensetzung eine schmackhafte und abwechslungsreiche Variante zu den Getreidepasten.
Außerdem gibt es im Naturkosthandel noch ganze Paletten an Musen, die ebenfalls zu den Aufstrichen zählen. Muse werden meist aus Ölsaaten wie Sesamsamen, Haselnüsse, Mandeln, Erdnüsse und Cashewnüsse hergestellt. Brotaufstriche können auch vor jeder Mahlzeit leicht selbst frisch zubereitet werden (siehe auch Birnen-Dattel-Kraut/Marmeladen/Muse).
Brötchen: Kleinbackwaren, die vorwiegend aus Weizenmehl hergestellt werden. In geringen Mengen wird auch Roggenmehl verwendet.
Brötchen waren lange Zeit gleichbedeutend mit einem guten deutschen Frühstück. Erst durch die zunehmende Verbreitung der Naturkost-Bewegung haben sie ihren bis dahin fast uneingeschränkt guten Ruf eingebüßt und – auch durch ihre immer schlechtere Qualität – an Beliebtheit verloren.
Das starke Ansteigen ernährungsbedingter Zivilisationskrankheiten hat auch das Ernährungsbewußtsein breiter Bevölkerungsschichten beeinflußt. Zwar hat das Müsli als gesunde Frühstücksvariante das Brötchen bis heute nicht verdrängen können, doch das neue, kritischere Kaufverhalten hat dazu geführt, daß auch konventionelle Bäckereien vollwertigere Brötchen anbieten. Dennoch ist beim Brötchenkauf weiter Vorsicht geboten, denn viele Bäcker backen ihre Brötchen immer noch nach den alten Weißmehl-Rezepten. In den Teig wird oft nur etwas Kleie gemischt oder ein paar Körnchen gestreut und dieser, wie beim Brot, mit Zuckercouleur braungefärbt. Damit es dann fast wie Vollkorn aussieht, wird die Kruste – je nach Sorte – noch mit weiteren Körnchen garniert.
Auch hier gilt: Brötchen möglichst vom Bio-Bäcker kaufen, der biologisch angebautes Getreide verwendet und dieses erst vor dem Backen frisch mahlt (siehe auch Brot).
Broteinheit (BE): Hilfsrechengröße zur Berechnung der Kohlehydratmenge für die Diät bei Zukkerkrankheit (1 BE = 12 g Kohlehydrate).
Brot-Trunk: Fermentiertes, alkoholfreies Getränk, das aus Vollkorn-Sauerteig hergestellt wird. Brot-Trunk ist eine Variante des ursprünglich aus der UdSSR stammenden Getränks »Kwaß«, das traditionell durch milchsaure Vergärung von Brotresten zubereitet wurde.
Dem Getränk wird nachgesagt, daß es Diabetes günstig beeinflußt und die Rekonvaleszenz nach grippalen Infekten unterstützt.
Buchweizen: Ein Knöterich-Ge-

wächs aus der Familie der Gräser. Der Name läßt es zwar irrtümlich vermuten, aber es handelt sich bei Buchweizen um keine Getreidesorte; außer seinem Namen hat er nichts mit Weizen gemeinsam.

Die schwarzen Samen des Buchweizens ähneln mit ihrer eckigen, dreikantigen Form den Buchekkern, auch wenn sie wesentlich kleiner sind. Der ursprünglich aus den Steppen Südrußlands stammende Buchweizen war lange Zeit in Vergessenheit geraten und ist erst durch die Naturkost-Bewegung wiederentdeckt worden. Da Buchweizen auch auf kargen Böden gedeiht, wird er – trotz geringer Ernteerträge – mittlerweile in vielen Ländern kultiviert.

Buchweizen ist reich an Proteinen und enthält neben Lysin Vitamine der B-Reihe sowie Kalium, Calcium und Eisen. Er eignet sich sowohl für die Zubereitung pikanter Suppen und Bratlinge als auch fürs tägliche Frischkornmüsli.

Buchweizen ist roh und geröstet (Kasha) im Reformhaus, Naturkosthandel und in einigen Supermärkten erhältlich.

Bulgur: Ein Weizenprodukt, das vorwiegend im vorderasiatischen, asiatischen und nordafrikanischen Raum gegessen wird. Bei seiner Herstellung wird der Weizen vorgekocht, luftgetrocknet und grob geschrotet. Bulgur bietet sich daher – ähnlich wie Nudeln – besonders für schnelle Gerichte an. Er läßt sich mit Milch und Wasser zubereiten und schmeckt, mit Honig gesüßt, zu frischen Früchten ebenso gut wie – pikant gewürzt – zu Gemüse. Bulgur eignet sich auch hervorragend als Basis für Bratlinge und Aufläufe.

Der im Naturkostladen angebotene Bulgur stammt meist aus Frankreich, wo er aus kontrolliert biologisch angebautem Hartweizen gewonnen wird.

Bundesverband Naturkost e. V.: Der 1982 von Groß- und Einzelhändlern der Naturkostbranche zwecks besserer Markttransparenz gegründete Verband organisiert Naturkostmessen und Fortbildungsveranstaltungen und hat u. a. den Begriff »aus kontrolliert biologischem Anbau« geprägt, um damit eine klare Abgrenzung zu industriellen Pseudo-Bioprodukten zu schaffen. Die gewerbetreibenden Mitglieder des Verbands haben sich verpflichtet, ihre Nahrungsmittel nur dann als »kontrolliert biologisch« zu deklarieren, wenn sie nach den internationalen IFOAM-Richtlinien angebaut und der Anbau von einem unabhängigen, bestellten Sachverständigen kontrolliert wurde.

Butter wird bekanntlich aus süßem oder saurem Rahm gewonnen und zählt somit – im Gegensatz zur Margarine – zu den tierischen Streich- und Speisefetten. In den

vergangenen Jahren ist die Butter wegen des vermuteten Zusammenhangs mit einem erhöhten Cholesterinspiegel in die Schlagzeilen geraten, worauf die Verbraucher vorübergehend mit einem eingeschränkten Konsum reagierten.
Mittlerweile scheint sich die Butter wieder rehabilitiert zu haben, doch nach wie vor gibt es kaum ein Lebensmittel, über dessen gesundheitliche Wirkungen sich die Wissenschaftler mehr streiten. Die Meinungen anerkannter Ernährungsexperten reichen von »uneingeschränkt empfehlenswert« bis »unbedingt zu meiden«. Während die einen Butter als hochwertiges Lebensmittel preisen, das die Menschen schon seit Jahrtausenden essen würden, warnen die anderen vor einem Verbrauch aufgrund tierischer Herkunft. In bezug auf einen erhöhten Blutcholesterinspiegel, der zu Arteriosklerose und dem gefürchteten Herzinfarkt führen kann, scheint es erwiesen, daß dieser keine direkte Folgeerscheinung des Butterverzehrs ist, da andere tierische Produkte zum Teil wesentlich stärkere Cholesterinlieferanten darstellen. Wer zum Beispiel täglich 20 Gramm Butter verzehrt, nimmt weniger als 50 Milligramm Cholesterin zu sich; ein Ei hingegen enthält 300 Milligramm. Zumindest diesbezüglich scheint die Butter entlastet zu sein (siehe auch Cholesterin).

Zur Butterherstellung: Um ein Kilogramm Butter herzustellen, benötigt man 25 Liter Vollmilch, die auf etwa 40 Grad erhitzt werden. Durch Zentrifugieren wird anschließend der Rahm abgetrennt. Dieser wird, um Mikroorganismen abzutöten, auf etwa 95 Grad erhitzt (pasteurisiert) und anschließend verbuttert. Bei der sogenannten »Butterung« in großen Trommeln fällt zunächst die Buttermilch ab. Die Rohbutter wird mehrfach gewaschen und geknetet bzw. geschlagen. Um Sauerrahmbutter zu erhalten, wird sie dann zusätzlich mit Milchsäurebakterien geimpft, was bei Süßrahmbutter entfällt. Da die Qualität der Milch und somit auch des Rahms jahreszeitlichen Schwankungen ausgesetzt ist und durch das frische Weidegras im Sommer natürlich besser ist als im Winter, wenn die Kühe mit Heu und Silage gefüttert werden, wird jeweils ein Teil des besseren »Sommerrahms« eingefroren und in den kalten Monaten mit dem minderwertigeren »Winterrahm« vermengt. Dadurch wird eine gleichbleibende Qualität der Butter gewährleistet.
Die fertige Butter hat einen Fettgehalt von etwa 82 Prozent und einen Wasseranteil von maximal 16 Prozent. Das Fett setzt sich ungefähr zur Hälfte aus gesättigten und einfach ungesättigten Fettsäuren zusammen. Der Anteil an mehrfach

ungesättigten Fettsäuren beträgt etwa fünf Prozent. Darüber hinaus enthält Butter Milcheiweiß (0,5 Prozent), Mineralstoffe, Lecithin, Cholesterin sowie die fettlöslichen Vitamine A, D und E. Als einziger Zusatz bei der Butterherstellung ist das Beta-Carotin (E 1606) zur Gelbfärbung erlaubt.

Obwohl sie damit entscheidenden Prinzipien der Vollwertkost zuwiderhandeln, wird die Butter, die fast nur pasteurisiert im Handel erhältlich ist, auch von konsequentesten Vertretern der vitalstoffreichen Vollwertkost als hochwertiges Lebensmittel gepriesen. Dies scheint zumindest in Anbetracht der Regel unverständlich, daß ein Lebensmittel nur dann als vollwertig betrachtet wird, wenn es naturbelassen auf den Tisch kommt. Dieses Kriterium erfüllt jedoch die handelsübliche Butter eindeutig nicht, da die fettlöslichen, hitzeempfindlichen Vitamine beim Pasteurisieren zu fast hundert Prozent zerstört werden.

Zudem fällt die Butter unter die Rubrik der »Extrakte«, die von strengen Verfechtern der Vollwertkost ebenfalls abgelehnt werden. Da tierische Produkte um so belasteter sind, je fettreicher sie sind, ist Butter besonders betroffen. Mit anderen Worten: Die in der Milch ohnehin enthaltenen Rückstände an Schwermetallen, polychlorierten Biphenylen sowie Pestiziden konzentrieren sich in der Butter und auch in anderen Milchprodukten auf besondere Weise. Somit kann der tägliche Verzehr von Butter nicht ausdrücklich empfohlen werden.

Auch hier trifft der alte Leitsatz zu, »je weniger, desto besser«. Wenn Sie auf Butter nicht ganz verzichten wollen, sollte diese möglichst von Höfen mit biologischer, artgerechter Tierhaltung stammen, da Sie dann in der Regel mit wesentlich weniger Rückständen in der Butter rechnen müssen. Aber auch diese Butter wird aus Kuhmilch gewonnen, und Kuhmilch ist, wie wir wissen, von Natur aus für die heranwachsenden Kälber bestimmt (siehe auch Cholesterin/Margarine/Milchprodukte).

Butterkäse: Ein halbfester Schnittkäse mit vollem Fettgehalt und butterähnlicher Farbe.

Buttermilch: Entsteht als Nebenprodukt bei der Butterherstellung. Im Handel ist sowohl süße als auch saure Buttermilch erhältlich. Letztere fällt bei der Herstellung von Sauerrahmbutter an (siehe auch Butter/Milch).

Buttermilchbrot: Wird zu den Spezialbroten gerechnet. Bei der Teigzubereitung wird dem vorwiegend hellen Weizenmehl außer Wasser auch Buttermilch zugesetzt. Dadurch wird der Teig etwas glatter. Geschmackliche und gesundheitliche Aspekte sind unbedeutend.

C

Calcium zählt zu den wichtigsten Mineralstoffen. Die notwendige tägliche Zufuhr von Calcium wird am besten durch eine vitalstoffreiche Vollwertkost gedeckt. Dennoch sind viele Menschen – u. a. durch einschlägige Werbung – verunsichert und meinen, den von Ernährungswissenschaftlern empfohlenen Richtwert von 800 Milligramm Calcium pro Tag nur durch reichliches Milchtrinken und den Verzehr von Milchprodukten dekken zu können.

Calcium ist als Hauptbestandteil unserer Knochen und Zähne in der Wachstumsphase zwar besonders wichtig, seine Zufuhr ist jedoch nicht so sehr eine Frage der Quantität als vielmehr der Verwertbarkeit. Und diese wird von der übrigen Nahrung beeinflußt, was das Beispiel der in diesem Zusammenhang häufig erwähnten Rachitis besonders verdeutlicht: Rachitis ist durch Calciumzufuhr nur dann zu verhüten oder zu heilen, wenn auch genügend Vitamin D vorhanden ist. Bei einer vitalstoffreichen Vollwertkost ist eine ausreichende Calciumaufnahme auch dann gewährleistet, wenn weder Milch noch andere Milcherzeugnisse verzehrt werden, da frisches Obst und Gemüse genügende Mengen des Mineralstoffs anbieten.

Camembert: Vollfetter Weichkäse, der ursprünglich aus Frankreich stammt und nach dem gleichnamigen Ort in der Normandie benannt ist. Camembert hat – je nach Sorte – einen milden, aromatischen Geschmack. Er wird rund, oval oder als Segmente großer Laibe angeboten und enthält zwischen 30 und 60 Prozent Fett in der Trokkenmasse (i. Tr.) (siehe auch Käse).

Carob: Umgangssprachliche Kurzform für Carobcreme oder -pulver. Letzteres wird aus den Früchten des im Mittelmeerraum beheimateten Johannisbrotbaumes gewonnen, der auch unter dem Namen Affenbrotbaum bekannt ist. Die bis zu 20 Zentimeter langen, schotenähnlichen Früchte haben einen süßlichen Geschmack. Sie werden entkernt, getrocknet, zu Johannisbrotmehl vermahlen und als solches in zunehmendem Maß als Ersatzstoff für Kakao und Kakaoprodukte verwendet.

Carob ist reich an Vitalstoffen, aber frei vom im Kakao vorkommenden Coffein. Im Naturkostladen und Reformhaus gibt es mittlerweile eine ganze Reihe von Carobprodukten. Neben dem Ausgangsstoff Johannisbrotmehl werden verschiedene Carobcremes als Brotaufstrich sowie eine Vielzahl von Frucht-, Schoko- und Müslischnitten mit Carob angeboten.

Da es zur Zeit Carob noch nicht oder nur in unbedeutenden Mengen aus biologischem Anbau gibt, können auch die im Naturkostladen erhältlichen Carobprodukte belastet sein.

Carotin: In Blüten und Früchten natürlich vorkommender, gelb-oranger Farbstoff. Beta-Carotin ist fettlöslich und wird von der Nahrungsmittelindustrie zur Gelbfärbung von Butter und einigen Käsesorten verwendet.

Cashewnuß: Frucht des ursprünglich aus Südamerika stammenden Cashewbaumes. Die heute vorwiegend aus Indien, Afrika und den USA importierten Cashewnüsse sind reich an essentiellen Aminosäuren (Eiweiß). Ferner bieten sie die Vitamine B_1, B_2 und E sowie reichlich Magnesium.

Da die rohen Cashewnüsse ein giftiges Öl enthalten, müssen sie erst geröstet werden, um genießbar zu sein. Die im Handel angebotenen Kerne sind zudem meist noch leicht gesalzen. Cashewnüsse schmecken frisch besonders gut, denn durch lange Transportwege und unsachgemäße Lagerung können sie relativ schnell einen unangenehmen, muffigen Beigeschmack bekommen und ranzig werden. Cashewnüsse werden auch zu Mus weiterverarbeitet (siehe auch Nußmus).

Cayennepfeffer zählt zu den schärfsten Gewürzen. Seinem Ursprung nach gehört er zu den Paprikagewächsen. Die kleinen gelben und roten Früchte werden zerstoßen, getrocknet und anschließend pulverisiert. Cayennepfeffer wird vorwiegend in Süd- und Mittelamerika sowie in Indien angebaut, wo er auch am häufigsten verwendet wird. Seine atemberaubende Schärfe zwingt zu wohlüberlegt dosiertem Verbrauch.

Champignons: Die beliebtesten und meistverzehrten Speisepilze in den alten Bundesländern. Champignons werden ähnlich wie einige andere Pilze jedoch nur noch in unbedeutenden Mengen auf Wiesen und in Wäldern gesammelt, sondern zum weitaus größten Teil in Zuchtfabriken ganzjährig produziert. Der ernährungsphysiologische Wert von Champignons ist bis auf die in ihnen nur in geringen Mengen enthaltenen Vitamine B_1

und B_2 belanglos. Da wildwachsende Pilze bekanntlich Giftstoffe wie Cadmium, Blei und Quecksilber speichern (ganz abgesehen von ihrer seit Jahren unverminderten radioaktiven Belastung), ist es empfehlenswert, sie nur in geringen Mengen zu verzehren. Bei Zuchtchampignons ist die Frischware der Konserve vorzuziehen (siehe auch Pilze).

Chicorée: Stengelgemüse mit bitterem Beigeschmack. Chicorée enthält neben Vitamin A und unbedeutenden Mengen Eiweiß und Mineralstoffen den Bitterstoff Cichorin, der sich hauptsächlich im Strunk konzentriert. Für die Zubereitung von Rohkostsalaten empfiehlt sich daher, den Strunk keilförmig herauszuschneiden. Chicorée kann auch blanchiert und mit Käse überbacken serviert werden.

Chilipulver: Rötliche, scharfe Gewürzmischung aus Cayennepfeffer, Knoblauch- und Zwiebelpulver, Cumin, Oregano, Nelken und Piment. Chilipulver wird hauptsächlich in der mexikanischen und indischen Küche verwendet. Die im Handel angebotenen Chilimischungen sind je nach Cayennepfeffer-Anteil unterschiedlich scharf. Ein vorsichtiger Gebrauch ist daher ratsam!

Chinakohl: Dieses zu den Kohlarten zählende Blattgemüse wird mittlerweile auch in unseren Breitengraden sowohl unter Glas als auch im Freien kultiviert. Obwohl Chinakohl ein Kohlgewächs ist, erinnern seine länglichen, zarten Blätter in Geschmack und Konsistenz eher an Salatgemüse. Der Calciumgehalt von Chinakohl ist jedoch doppelt so hoch wie der von Kopfsalat und der an Vitamin C sogar viermal so hoch. Die übrigen Gehaltsmengen an Vitaminen und Mineralstoffen entsprechen ungefähr denen des Weißkohls und liegen im Vergleich zu anderen Gemüsesorten nicht über dem Durchschnitt.

Chinakohl eignet sich sowohl für süße als auch für pikante Rohkostsalate. Mit frischen Früchten, Rosinen und Nüssen zubereitet, ist er besonders schmackhaft.

Kühl gelagert ist Chinakohl mehrere Tage haltbar.

Cholesterin hat besonders in letzter Zeit durch die Medien für Aufregung und Verunsicherung breiter Bevölkerungsschichten gesorgt. Über seine Bedeutung und Wirkung auf den menschlichen Organismus gehen die Meinungen der Experten auseinander.

Während die Schulmediziner den erhöhten Cholesterinspiegel, der bekanntlich zu Arteriosklerose und dem gefürchteten Herzinfarkt führen kann, in erster Linie auf den übermäßigen Verzehr von tierischen Fetten, insbesondere von Butter, zurückführen, sehen ganzheitlich orientierte Ärzte wie der

Ernährungsexperte Dr. M. O. Bruker keinen Zusammenhang zwischen dem Blutcholesterinspiegel und der durch die Nahrung zugeführten Cholesterinmenge.

Interessant ist in diesem Zusammenhang, daß sich, wie die Statistik zeigt, die Zunahme von Arteriosklerose und Herzinfarkten seit Jahrzehnten parallel zu den ernährungsbedingten Zivilisationskrankheiten entwickelt.

Wenngleich das Cholesterin-Problem noch längst nicht gelöst ist, scheint sich dennoch abzuzeichnen, daß nicht cholesterinhaltige tierische Fette primär dafür verantwortlich sind, sondern vielmehr ein durch langjährige mangelhafte Ernährung geschwächter Organismus, dessen Stoffwechsel nicht mehr imstande ist, die zugeführten Fette richtig zu verarbeiten. Als Hauptursache hierfür kann wiederum der langjährige übermäßige Verbrauch von isolierten Kohlenhydraten (Fabrikzucker und Auszugsmehle) angesehen werden.

Die einfachste und natürlichste Art, Cholesterinablagerungen in den Arterienwänden und der Gefahr von Arteriosklerose und Herzinfarkt vorzubeugen, scheint die Ernährung mit vitalstoffreicher Vollwertkost zu sein, da sie den Körper mit allen notwendigen Vitalstoffen versorgt und somit die besten Voraussetzungen für einen intakten Stoffwechsel schafft.

Clementine: Eine Kreuzung aus Mandarine und Bitterorange (Pomeranze). Zählt zu den Zitrusfrüchten. Die vorwiegend aus Nordafrika importierten Früchte sind häufig kernlos, schmecken allerdings nicht so aromatisch wie Mandarinen. Die Schale ist wie auch bei anderen Zitrusfrüchten oft mit Chemikalien behandelt worden und zum Verzehr ungeeignet.

Coffein: In Kaffee, schwarzem Tee und Kakao enthaltenes Alkaloid. Obwohl der Coffeingehalt von schwarzem Tee (1,5–5,5 Prozent, je nach Sorte) weit über dem von Kaffee (ein bis zwei Prozent) liegt, wird Tee aufgrund der positiven Wirkung seiner Gerbstoffe sowie der hier entfallenden Röststoffe allgemein besser vertragen.

Cornflakes: Aus Maisstärke hergestellte, knusprige Flocken. Sie werden mit Zucker gesüßt und sind kein vollwertiges Lebensmittel.

Couscous: Ein Weizengrießprodukt, das ähnlich wie Bulgur vorwiegend in Nordafrika gegessen wird. Bei der Herstellung wird der Weizen oder auch Hartweizen vorgegart, getrocknet und anschließend grob geschrotet.

Couscous ist leicht bekömmlich und eignet sich aufgrund seiner kurzen Garzeit von nur etwa 15 Minuten besonders für schnelle Gerichte. Getreidebratlinge gelingen mit Couscous ausgezeichnet, da er gut abbindet.

Crunchy: Aus England stammende Variante des Fertigmüslis, das vorwiegend aus gerösteten und gesüßten Haferflocken besteht. Im Naturkostladen werden »Jordan's«- und »Barnhouse«-Crunchy angeboten. Die beiden Sorten unterscheiden sich im wesentlichen darin, daß die Jordan's-Zutaten aus konventionellem Anbau stammen und mit Zucker gesüßt werden, während beim Barnhouse die Hafer- und Weizenflocken sowie einige andere Zutaten aus kontrolliert biologischem Anbau kommen und nur mit Honig und Birnendicksaft gesüßt sind.

Mittlerweile gibt es auch eine »Tropical«-Variante, die neben Weizenkeimen und Sonnenblumenöl auch noch Kokos-Chips, getrocknete Datteln, Bananen, Ananas und Papayas enthält. Konventionellen Knabbermischungen ist das biologische Crunchy zweifellos vorzuziehen. Da die meisten Zutaten jedoch hitzegeschädigt sind, ist es kein Ersatz für das Frischkorn-Müsli.

Cumin: Die Samen des aus der Mittelmeerregion stammenden Kümmelgewächses, auch Kreuzkümmel genannt. Die im Cumin enthaltenen ätherischen Öle verleihen ihm seinen unverwechselbaren, intensiven Duft und Geschmack.

Cumin eignet sich zum Würzen von Getreidegerichten und -pasten ebenso wie für pikante, gedünstete Gemüsebeilagen. Einige Cuminsamen in der Pfanne erhitzt, auf ein Stofftaschentuch gehäuft, eingedreht und durch jedes Nasenloch einzeln inhaliert, ist ein altbewährtes indisches Rezept, das bei Hals- und Nasenentzündungen Wunder wirkt.

Curcuma auch Gelbwurz genannt, ist ein Gewürz und Färbemittel. Es wird aus dem in Asien kultivierten Curcuma-Gewächs gewonnen. Curcuma enthält ätherische Öle und wird wegen seiner leuchtend gelben Farbe als Zusatz für Curry verwendet. In Sri Lanka werden seit Jahrtausenden die Mönchskutten mit Curcuma gefärbt.

Curry zählt zweifellos zu den bekanntesten und beliebtesten Gewürzmischungen. Es enthält neben Curcuma auch Cayennepfeffer, Ingwer, Koriander, Kardamom, Nelken und Zimt.

Cyclamat: Künstlich hergestellter Süßstoff. Das 1937 entdeckte Natriumsalz der Cyclohexylsulfonsäure, heute unter dem Namen Cyclamat bekannt, wurde in den USA bereits 1969 verboten und wegen des Verdachts, krebsfördernd zu sein, aus dem Handel gezogen.

Da man schon in Amerika, das ja in Sachen Gesundheitsrisiken bekanntlich nicht gerade übervorsichtig ist, so reagiert hat, sollte auf jeden Fall vom Verzehr bzw. Gebrauch von Cyclamat Abstand genommen werden.

D

Daikon bedeutet im Japanischen »große Wurzel« und bezeichnet einen langen weißen Rettich, der besonders reich an Vitaminen und Mineralstoffen ist. Wissenschaftliche Untersuchungen haben ergeben, daß im Rettichsaft verdauungsfördernde Enzyme enthalten sind, die jenen im menschlichen Verdauungsapparat ähneln. Diese Eigenschaft trägt dazu bei, daß fettreiche Speisen leichter bekömmlich werden, wenn Daikon dazu serviert wird. Daikon, der – wie auch andere Rettícharten – stark entwässernd wirkt, ist in jedem gut sortierten Naturkostladen erhältlich.

Darren: Ein schonendes Trocknungs- und Röstverfahren, das in der biologischen Lebensmittelherstellung hauptsächlich bei Getreide angewandt wird. Zur Herstellung von Kaffee-Ersatz-Produkten wie Malz-, Früchte- und Getreidekaffee wird das Getreide, meist Gerste, in etwa 70 Grad heißer Luft getrocknet und geröstet, wodurch ein besonderes Aroma des Darrguts erzielt wird.

Datteln: Länglich geformte Beerenfrüchte der vorwiegend in Nordafrika, Iran und Irak beheimateten Dattelpalme.

Die gelborangefarbenen Früchte haben einen außerordentlich hohen Zuckergehalt (60 bis 70 Prozent Fruchtzucker). Während sie – zu Brot verbacken – in den arabischen Anbauländern auf dem täglichen Speiseplan stehen, werden sie für den Export in der Sonne getrocknet. Da manche Datteln auch mit chemischen Mitteln behandelt bzw. begast werden, was nicht deklarationspflichtig ist, empfiehlt es sich, die Früchte möglichst im Naturkostladen zu kaufen. Die dort angebotene Ware ist in der Regel die jeweils beste, die zur Zeit auf dem Markt erhältlich ist.

Delifrut: Geschützte Bezeichnung für eine hauptsächlich im Reformhaus erhältliche Gewürzmischung, mit der Süßspeisen aller Art abgeschmeckt werden können. Delifrut besteht aus Zimt, Sternanis, Koriander, Bourbon-Vanille sowie weiteren Gewürzen, die aus Gründen des Produktschutzes nicht angegeben werden. Delifrut enthält kein Salz.

Demeter: Der Begriff stammt aus dem Griechischen (Göttin der Fruchtbarkeit und des Ackerbaus) und ist sowohl Marken- als auch Erkennungszeichen für Lebensmittel aus biologisch-dynamischem Anbau (siehe auch Biologisch-dynamische Wirtschaftsweise).

Denaturierung: Bezeichnung für unterschiedliche Verfahren der Nahrungsmittelverarbeitung, mit denen die ursprünglich naturbelassenen Lebensmittel mehr oder weniger stark entwertet werden.

Die von Professor Kollath in seiner Tabelle »Die Ordnung unserer Nahrung« (siehe auch Seite 15) gegebene Übersicht veranschaulicht die unterschiedlichen Denaturierungsmethoden und gibt Aufschluß über deren Wirkung und Zerstörungsintensität.

Die erste Spalte führt alle unveränderten, naturbelassenen Lebensmittel auf; die zweite Spalte alle Lebensmittel, die mechanisch verändert wurden, zum Beispiel durch Schneiden, Reiben oder Raspeln; die dritte Spalte fermentativ veränderte Lebensmittel wie Sauerkraut und gequollener Frischkornbrei.

Bei diesen ersten drei Kategorien handelt es sich – nach Kollath – um natürliche Lebensmittel, die entweder gar nicht oder auf nicht denaturierende Weise verändert wurden. In den Spalten vier bis sechs sind die »Nahrungsmittel« (im Gegensatz zu »Lebensmittel«) aufgelistet, die je nach Art der Veränderung mehr oder weniger stark denaturiert wurden. Die vierte Spalte nennt die erhitzten, die fünfte die konservierten und die sechste die päparierten Lebensmittel (nunmehr Nahrungsmittel). Zur letzten Kategorie zählen alle Auszugsmehle, alle Zuckerarten, künstliche Aromen, Vitamine und Fermente sowie alle Produkte, die diese synthetischen Stoffe enthalten. Diese »Präparate«, die über 90 Prozent des bundesdeutschen Supermarktangebots ausmachen, stellen die am meisten denaturierten Produkte dar, von denen sich bedauerlicherweise der weitaus größte Teil der Bevölkerung täglich ernährt.

Die Industrie-Nahrungsmittel sind durch Hitze, giftige Säuren und Laugen und durch eine reichhaltige Palette an synthetischen Farb- und Konservierungsstoffen, Geschmacksverstärkern und Emulgatoren völlig entwertet. Der natürliche Vitalstoffgehalt solcher Industrieprodukte ist gleich null, da sowohl Vitamine als auch Spurenelemente und Mineralstoffe zerstört wurden.

Im Gegensatz zu diesen Produkten basiert die Vollwertkost auf Lebensmitteln, die nicht denaturiert wurden, sondern die ganze Vielfalt an Vitalstoffen in ihrem natürlichen Verhältnis enthalten.

Dickmilch: Sauermilchprodukt, das auf natürliche Weise entsteht, indem Rohmilch stehenbleibt, zu säuern beginnt und »dick« wird. Bei der traditionellen kommerziellen Herstellung in den Molkereien wird dieser Vorgang durch den Einsatz von Milchsäurebakterien technologisch gesteuert. Auf diese Weise wird eine gleichbleibende Konsistenz erreicht. Die Basis bildet hier allerdings nicht mehr die unerhitzte Rohmilch, sondern erhitzte Milch und Sahne, was gegenüber der häuslich hergestellten Dickmilch eine Entwertung darstellt (siehe auch Sauermilchprodukte).

Dill: Einjähriges, bis zu ein Meter hohes Küchenkraut. Der in Südeuropa wild wachsende Dill kommt bei uns nur als Gartenpflanze vor. Dill enthält eine ganze Reihe Heil- und Wirkstoffe wie das ätherische Öl Carvon (50 bis 60 Prozent); andere sind größtenteils noch gar nicht erforscht. Im Milchbildungstee für stillende Mütter sind Dillsamen zu gleichen Teilen mit Anissamen und Majoran enthalten; sie haben eine die Muttermilchproduktion fördernde Wirkung.

In der Vollwertküche bietet sich frischer Dill besonders für die Zubereitung von Kräuterdressings und -saucen an. Getrocknet kann er zum Würzen von Bratlingen und diversen pikanten Getreidegerichten verwendet werden.

Dinkel: Eine alte Kulturform des Weizens. Durch den höheren Eiweißklebergehalt eignet sich Dinkel besonders in der Vollkornbäckerei für Teige, die locker und geschmeidig werden sollen. Für Vollkornbrötchen, Kleingebäck und Kuchen, aber auch für selbst zubereitete Nudeln ist Dinkel ein ideales Getreide.

Dinkelkörner, die etwas länglicher und größer sind als Weizenkörner und auch einen etwas höheren Vitalstoffgehalt haben, sind jedoch aufgrund geringerer Anbau- und Erntemengen im Durchschnitt viermal so teuer wie Weizen.

Distelöl: Aus den Früchten der Färberdistel (Saflor) gewonnenes, hochwertiges Pflanzenöl. Es ist außergewöhnlich reich an mehrfach ungesättigten Fettsäuren und hat den höchsten Linolsäuregehalt (etwa 80 Prozent) von allen Pflanzenölen. Distelöl bietet sich aufgrund seines milden Eigengeschmacks besonders für die Zubereitung von Rohkostsalaten an.

Beim Einkauf sollte unbedingt darauf geachtet werden, daß das Öl kaltgepreßt und unraffiniert ist (siehe auch Öle).

Dost oder wilder Majoran, ist ein altbewährtes Gewürz- und Heilkraut. Dost enthält wie Thymian ein ätherisches Öl, das sich aus Thymol und anderen Stoffen zusammensetzt und besonders bei Keuchhusten eine krampfstillende und beruhigende Wirkung entfaltet. In der Küche ist Dost vielseitig verwendbar. Er eignet sich sowohl zum Würzen von Salaten, Dressings und Saucen als auch für Getreidespeisen, Nudelgerichte und Pizzen.

Dulse: Eine Rotalgenart, die in Europa auch früher schon als Suppeneinlage geschätzt wurde. Heute wird sie wieder verstärkt vor der französischen Atlantikküste geerntet (siehe auch Algen).

Dünsten: Garmethode, bei der vorwiegend Gemüse in heißem Öl gegart wird. Je nach Sorte kann das Gemüse entweder im eigenen Saft oder unter Zugabe von etwas Wasser im Öl gedünstet werden.

Kurzes Dünsten zählt zu den schonendsten Garmethoden, da das Gemüse nicht zerkocht wird und die Vitalstoffe nicht durch den Wasserdampf entweichen. Kurz gedünstetes Gemüse unterscheidet sich auch in seiner Konsistenz von gekochtem: Es bleibt knackig und hat einen guten Biß.

E

Eichblattsalat: Ein Verwandter des Kopfsalats; zählt zum Blattgemüse. Seine Blätter ähneln in der Form Eichenblättern. Sie sind häufig leicht rötlich gefärbt und im Biß fester als die des Kopfsalats.

Eier sind nicht nur die handelsübliche Bezeichnung für Hühnereier, sondern auch das Endprodukt einer Leidenskette und Symbol für Käfighaltung und Medikamentenmißbrauch.

Trotz Fischmehlgeschmack, Lösungsmittelrückständen und Flüssigei-Skandal zählen Eier seit Jahren zu den beliebtesten Nahrungsmitteln. In den alten Bundesländern wird nicht nur sonntags mal ein Ei gegessen, sondern im Durchschnitt ißt jeder Bundesbürger an jedem Wochentag des Jahres ein Ei. Das sind jährlich insgesamt fast 18 Milliarden Eier!

Die Veröffentlichungen über die grausamen Praktiken in der Massentierhaltung scheinen nicht drastisch genug gewesen zu sein, als daß sie die Eier-Nachfrage hätten drosseln und die Erzeuger somit zu einschneidenden Maßnahmen hätten zwingen können. So müssen die Legehennen auch weiterhin ihr trostloses Dasein in DIN A 4-»großen« Käfigen fristen. Zumindest trifft dies noch für den überwiegenden Teil der 70 Millionen Legehennen zu. Doch auch die sogenannte Volieren- und Bodenhaltung, bei der 25 bzw. sieben Hühner auf einem Quadratmeter gesetzlich erlaubt sind, kann keineswegs als artgerechte Tierhaltung bezeichnet werden, sondern sie sind ebenso wie die Käfighaltung als Tierquälerei zu verurteilen.

Der Vorwurf der Tierquälerei gründet sich jedoch nicht nur auf das mangelhafte lebensunwürdige Platzangebot, sondern auch auf die Vielzahl der chemischen Medikamente und Präparate, welche die krankheitsanfälligen Tiere zum Teil gleich unter das ohnehin minderwertige Futter gemengt bekommen. Fischmehlzusätze verleihen Eiern nicht nur einen häufig eigenartigen Beigeschmack, sondern reichern es gleichzeitig mit dem giftigen Arsen an. In der Massentierhaltung unvermeidbar sind prophylaktische Medikamentengaben gegen Würmer und Darmerkrankungen. Zur alltäglichen Aufzuchtsroutine gehören ferner die Verabreichung von wachstumsfördernden Antibiotika und von Sexualhormonen zur Steigerung der Eiermenge. Damit den Eiern ihr krankhafter Ursprung und ihre schlechte Qualität nicht mehr anzusehen ist, dürfen die blassen Eigelbe dann mit Carotinoiden wieder kräftig gelb gefärbt werden.

Alles frisch?

Ob die gekauften Eier wenigstens frisch sind, kann der Verbraucher frühestens zu Hause mittels des Wassertests feststellen. Nach neueren EG-Richtlinien ist die Verpackung nicht mehr mit dem Legedatum, sondern mit dem Abpackdatum versehen. Da die frisch gelegten Eier in der Regel nicht sofort verpackt werden, ist das Legedatum und somit das exakte Alter der Eier nicht festzustellen.

Dennoch gibt es gewisse Qualitätsunterschiede bzw. -merkmale. Die Einteilung in die handelsüblichen Güteklassen erfolgt bei Eiern nach der Luftkammerhöhe. Je frischer ein Ei, desto geringer ist die Luftkammerhöhe. Eier der Güteklasse A dürfen eine Luftkammerhöhe von sechs Millimetern haben und als »frisch« bezeichnet werden. (Von »frisch« kann allerdings auch bei diesen Eiern nicht mehr die Rede sein, da sie in der Regel bereits mehrere Wochen alt sind.)

Eier der Güteklasse B dürfen bereits eine Luftblase von neun Millimetern Höhe vorweisen und vor dem Verkauf über ein halbes Jahr im Kühlhaus gelagert werden.

In der Güteklasse C finden sich die sogenannten Bruteier, die bis zu sechs Tagen bebrütet und nach Durchleuchtung an die Nahrungsmittelindustrie vermarktet werden dürfen.

Die Inhaltsstoffe – das Gelbe vom Ei?

Ein 57 Gramm schweres Ei besteht zu 74 Prozent aus Wasser, enthält zwölf Prozent Eiweiß, drei Prozent Fett und ist reich an Mineralstoffen (Kalium, Calcium, Phosphor, Eisen) und Vitaminen (A, B_1, B_2, D, Lecitin).

Doch neben den hochwertigen Proteinen, die das Ei zum Maßstab für die Beurteilung der biologischen Wertigkeit anderer Lebensmittel gemacht haben, enthält es auch noch andere Stoffe, wie zum Beispiel das Cholesterin. Die Ernährungswissenschaft empfiehlt eine Cholesterinaufnahme über die Nahrung von etwa 300 Milligramm pro Tag. Da ein Ei jedoch bereits 280 Milligramm Cholesterin enthält, wäre demzufolge damit der tägliche »Cholesterinbedarf« ge-

deckt und jede weitere Zufuhr als bedenklich anzusehen. Jemand, der auf sein tägliches Frühstücksei nicht verzichten möchte, dürfte somit weder Butter und Käse noch Fleisch- und Wurstwaren verzehren.
Eier sind also nicht nur konzentrierte Energieträger, die wertvolle Vitalstoffe in geballter Form enthalten, sondern auch gesundheitsgefährdende Nahrung. Zum Beispiel auch durch das Gift Arsen, dessen Grenzwert von 0,1 mg/kg häufig überschritten wird. Ein weiterer Inhaltsstoff, das Selen, ist in seinen Wirkungen auf den menschlichen Organismus noch weitgehend unerforscht. Ausreichend bekannt ist hingegen die mögliche Gesundheitsgefährdung durch den Einsatz von Breitband-Antibiotika, wie das zur Zeit noch zugelassene Furazolidon. Dieses umstrittene Mittel, das zur Steigerung der Legeleistung verabreicht wird, steht im Verdacht, mutagen und krebserregend zu wirken. Last but not least sei die Salmonellen-Gefahr erwähnt, vor der in schöner Regelmäßigkeit (meist im Sommer) in den Medien gewarnt wird. Ein Ei roh zu verzehren, ist aus diesem Grund zu einem nicht mehr kalkulierbaren Risiko geworden.

Und was ist mit Bio-Eiern?
Sie stammen von Hühnern aus biologischer Tierhaltung. Das heißt, die Hühner sind nicht in Käfigen eingesperrt, sondern können frei herumlaufen und bekommen kein industrielles Mischfutter, sondern fast ausschließlich Getreide. Auch werden keine Antibiotika und andere Medikamente unter das Futter gemengt. Bei den in Supermärkten angebotenen Bio-Eiern kann man allerdings nicht sicher sein, ob sie aus der sogenannten Bodenhaltung stammen. Es ist daher empfehlenswert, Eier im Naturkostladen oder Reformhaus zu kaufen und genau darauf zu achten, daß sie von freilaufenden Hühnern sind.

Fazit
Eier sollten nur frisch und möglichst von Auslaufhühnern aus artgerechter, biologischer Tierhaltung stammen. Der Verzehr von Eiern sollte jedoch auch dann nicht zur täglichen Gewohnheit werden, sondern eher die Ausnahme bleiben. Da eine ausgewogene, vegetarische Vollwertkost alle lebenswichtigen Eiweiß- und Vitalstoffe enthält, die unser Körper benötigt, sind Eier auch in ernährungsphysiologischer Hinsicht nicht erforderlich. Deshalb die Devise: Je weniger Eier, desto besser!
Eiscreme: Beliebtes, vorwiegend aus Zucker und Zusatzstoffen bestehendes Kunstprodukt. Um das in den Cremes enthaltene Milchfett mit dem Wasser homogen zu halten, werden Emulgatoren und Sta-

bilisatoren verwendet, deren gesundheitliche Auswirkungen auf den menschlichen Organismus noch weitgehend unerforscht sind. Fest steht aber bereits, daß sie sich auf keinen Fall positiv auswirken. (Vor Jahren war einmal durch Emulgatoren eine sich epidemisch ausbreitende Allergie ausgelöst worden.) Mangelnde Hygiene durch leichtfertige Verarbeitung mittels nicht ausreichend desinfizierter Geräte führt zudem immer wieder zu Salmonelleninfektionen nach Eiscremegenuß.

Aus Sahne, Bioghurt und/oder frischen Früchten können Eiscremes leicht selbst hergestellt werden. Mit Honig oder Dicksäften gesüßt, sind sie ein Genuß ohne Reue.

Eisen wird in geringen Mengen im Körper, vornehmlich in den roten Blutkörperchen, gespeichert. Eisen zählt zu den lebenswichtigen Spurenelementen, die dem Körper durch eine vitalstoffarme Ernährung aber in ungenügenden Mengen zugeführt werden, wodurch es zu chronischen Mangelerscheinungen kommen kann.

Die Ernährungswissenschaft empfiehlt Männern eine tägliche Eisenzufuhr von zwölf Milligramm. Bei Frauen wird der tägliche Bedarf – bedingt durch Eisenverluste während der Menstruation – mit 18 Milligramm angegeben. Ein erhöhter Eisenbedarf besteht auch während Schwangerschaft und Stillzeit. (Analog zum Calcium kommt es jedoch auch hier weniger auf die Menge als auf die Verwertbarkeit des zugeführten Eisens an.)

Da eine vitalstoffreiche Vollwertkost alle Vitalstoffe in den für den Körper erforderlichen Mengen enthält, braucht sich ein Vollwertköstler keine Gedanken über eine ausreichende Zufuhr von Eisen, Calcium oder anderen Spurenelementen zu machen.

Eisenkraut: Blaß lila blühende, heimische Pflanze, die vornehmlich an Wegrändern, Gräben und Mauern wächst.

Sie enthält ein ätherisches Öl, Gerb- und Bitterstoffe sowie ein Glykosid, das milchfördernd wirkt (Stillen). Die Inhaltsstoffe des Eisenkrautes sind zum Teil noch nicht genau erforscht. Nachgewiesen ist, daß es ganz allgemein harntreibend wirkt und Menstruationsbeschwerden günstig beeinflußt.

Eiweiß → Proteine

Emmentaler umgangssprachlich auch als »Schweizer Käse« bekannt, ist ein aus Rohmilch hergestellter Hartkäse.

Der Emmentaler kommt sofort nach seiner Fertigstellung in eine Salzlake, in der er ein bis zwei Tage schwimmt. Danach wird er für 10 bis 14 Tage in einem kühlen Keller gelagert und anschließend – im Gegensatz zu Bergkäse – vier Wochen in einem warmen Raum bei 20 bis 28 Grad zum Gären gebracht. Dadurch entstehen seine typischen, etwa zwei Zentimeter großen Löcher. Emmentaler Käse hat einen leicht nußartigen Geschmack. Im Naturkostladen ist Emmentaler auch als Bioland-Produkt erhältlich.

Emulgatoren: Natürliche oder chemische Verbindungen, die nicht oder nur schwer miteinander mischbare Flüssigkeiten in eine homogene Form (Emulsion) bringen. Eine natürliche Emulsion aus Fett und Wasser stellt die Vollmilch dar, die sich beim Aufrahmen in Sahne und Magermilch teilt.

Emulgatoren, die im Eigelb in Form des Lezithins auch natürlich vorkommen, werden industriell aus pflanzlichen und tierischen Fetten hergestellt. Da die Fettsäuren in den meisten Fällen verestert (chemisch gebunden) werden, sind Nahrungsmittel, die Emulgatoren enthalten, nicht mehr als vollwertig zu betrachten.

Die in den alten Bundesländern zugelassenen Emulgatoren gelten gesundheitlich als unbedenklich, während einige im Ausland verwendete Emulgatoren bereits mit dem Auftreten von Allergien in Verbindung gebracht werden konnten. Da für den Verbraucher eine Differenzierung zwischen heimischen und importierten Emulgatoren kaum möglich ist, empfiehlt es sich, generell auf Produkte mit Emulgatoren zu verzichten.

Endivien: Blattgemüse mit leicht bitterem Geschmack. Es werden drei Formen unterschieden:
der sogenannte Eskariol mit seinen glatten, etwas breiteren Blättern, die Winterendivie mit krausen, gezackten Blättern, die wilde Endivie (wilde Zicchorie).

Während die ersten jungen Blätter der wilden Endivie bereits im April/Mai gesammelt und sowohl für Rohkostsalate als auch für Heilzwecke (zur Senkung des Blutzukkerspiegels bei Diabetikern) verwendet werden können, werden die Kulturformen nur in den Herbst- und Wintermonaten angeboten. Letztere sollten möglichst aus biologischem Anbau, auf jeden Fall jedoch aus Freiland-Anbau stammen, da diese Sorten einen höheren Vitalstoffgehalt haben und in der Regel weniger mit Pestizidrückständen belastet sind.

E-Nummern bezeichnen die in Nahrungsmitteln der Europäischen Gemeinschaft verwendeten Zusatzstoffe. Zu diesen zählen Konservierungsstoffe, Antioxidantien, Farbstoffe, Emulgatoren und Stabilisatoren. Für den Käufer von verpackten Nahrungsmitteln ist anhand der verschlüsselten E-Nummern nicht zu erkennen, daß es sich beispielsweise bei E 160 um natürliches Carotin handelt, das zum Gelbfärben von Butter verwendet wird, oder bei E 232 um das synthetische Natriumorthophenylphenolat, das zur Behandlung der Schalen von Zitrusfrüchten eingesetzt wird und gesundheitsgefährdend ist.

Eine Auflösung der E-Nummern mit entsprechenden Hinweisen auf eine mögliche Gesundheitsgefährdung, wie es auch bei Arzneimitteln vorgeschrieben ist, wäre – besonders für die wachsende Schar der Nahrungsmittel-Allergiker – wünschenswert (siehe auch Zusatzstoffe).

Enzyme oder Fermente sind natürliche Katalysatoren, die die Stoffwechselprozesse im menschlichen Körper regeln. Verdauungsenzyme zum Beispiel sind erforderlich, damit die Nahrung in den Verdauungsorganen in körpereigene Stoffe umgewandelt werden kann. Für jeden Nährstoff (Fett, Kohlenhydrate, Eiweiß) gibt es spezielle Enzyme, die vom Organismus selbst erzeugt werden.

In rohen Lebensmitteln sind ebenfalls Enzyme enthalten. Hier spricht man allerdings von Fermenten, obwohl kein Unterschied zu körpereigenen Enzymen besteht.

Die *Fermentation* bildet die Grundlage für die Herstellung vieler traditioneller Nahrungsmittel, wie zum Beispiel Sauerkraut, Sauerteig- und Backferment-Brote, Käse und Wein.

Erbsen: Ursprünglich aus Asien stammende Hülsenfrucht, die heute weltweit verbreitet ist. Die Erbse ist die eiweißreichste Gemüseart. Während frische Erbsen bereits über einen Eiweißgehalt von fünf bis sieben Prozent verfügen, ist der von getrockneten dreimal so hoch (23 Prozent)! Der Kohlenhydrat-Anteil beträgt 14 Prozent bei frischen und etwa 60 Prozent bei getrockneten Erbsen.

Frische Erbsen eignen sich hervorragend für Rohkostsalate, getrocknete bieten sich für Suppen und Eintöpfe an. Letztere sind im Naturkostladen auch ganzjährig aus biologischem Anbau erhältlich (siehe auch Hülsenfrüchte).

Erdbeere: Eine der beliebtesten und begehrtesten Beerenfrüchte, obwohl sie botanisch zu den »Scheinfrüchten« zählt. Ihre Beliebtheit verdankt sie nicht zuletzt ihrem unvergleichbaren Aroma, an dem schätzungsweise mehrere hundert Aromastoffe beteiligt sind. Neben diesen Aromastoffen sind Erdbeeren reich an Fruchtsäuren, Vitamin C und Mineralstoffen. Da Erdbeeren noch recht selten aus kontrolliert biologischem Anbau angeboten werden, sollte beim Einkauf konventionell angebauter Früchte immer den kleineren Beeren der Vorzug gegeben werden, da diese in der Regel aromatischer schmecken und vermutlich nicht ganz so stark gedüngt wurden wie die großen, dicken Beeren, die häufig einen wässrigen Geschmack haben.

Erdnuß: Zählt botanisch nicht zu den Nüssen, sondern zu den Hülsenfrüchten. Erdnüsse wachsen auch nicht auf Bäumen, sondern an Sträuchern, deren herabhängende Triebe sich ins Erdreich bohren, in dem sich dann, geschützt durch die Schale, die Nußkerne entwickeln.

Erdnüsse haben einen enorm hohen Eiweißgehalt von etwa 26 Prozent. Von dem ebenfalls überdurchschnittlich hohen Fettgehalt (50 Prozent) machen ungesättigte Fettsäuren etwa zwölf Prozent aus. Darüber hinaus enthalten Erdnüsse reichlich Vitamine (B_1, B_2, Niacin, C und F), Mineralien und Spurenelemente.

Da Erdnüsse einen Bitterstoff enthalten, werden sie sofort nach der Ernte mit oder ohne Schale geröstet. Beim Rösten werden sie auch meist gleich gesalzen. Die in Reformhäusern und Naturkostläden erhältlichen Erdnüsse sind meist frei von chemischen Rückständen (siehe auch Erdnußmus).

Erdnußmus wird aus gerösteten, pürierten Erdnüssen hergestellt. Außer Meersalz werden keine weiteren Stoffe zugesetzt. Im Naturkostladen ist Erdnußmus auch aus kontrolliert biologischem Anbau erhältlich. Es schmeckt vorzüglich als Brotaufstrich. Kinder mögen es besonders gern mit etwas Honig darüber. Erdnußmus eignet sich aber auch für Saucen und ausgefallene Dressings.

Erdnußöl: Aus Erdnüssen gewonnenes Speiseöl mit einem hohen Anteil an essentiellen Fettsäuren. Erdnußöl wird häufig als Zutat bei der Margarineherstellung verwendet. Da es einen starken Eigengeschmack hat, sind seine Verwendungsmöglichkeiten begrenzt.

Beim Einkauf sollte darauf geachtet werden, daß das Erdnußöl kaltgepreßt und unraffiniert ist.

Ersatzkaffee: Sammelbezeichnung für kaffeeähnliche Getränke, die aus gerösteten Körnern, Wurzeln und/oder Früchten bestehen (siehe auch Früchtekaffee/Getreidekaffee/Malzkaffee).

Essig entsteht als Produkt eines natürlichen Umwandlungsprozesses, wenn zum Beispiel Wein offen und ungekühlt stehenbleibt.

In einem solchen Fall bauen die in der Luft enthaltenen Essigsäurebakterien den Alkohol zu Essigsäure ab.

Bei der heutigen industriellen Herstellung von Essig werden diese natürlichen Abläufe beschleunigt oder ganz umgangen, indem der Essig aus synthetischer Essigsäure gewonnen wird.

Bei einer Vollwerternährung hat Essig keine Bedeutung. Da es sich bei konventionellem Essig um ein Industrieprodukt handelt, sollte man zum Anmachen von Dressings und Saucen besser auf frisch gepreßten Zitronensaft ausweichen und im übrigen, wenn man nicht

ganz auf Essig verzichten will, nur biologische Produkte aus dem Reformhaus oder Naturkostladen verwenden.
Die handelsübliche *Essigessenz* eignet sich gut zum Entkalken von Töpfen, Kesseln und Boilern. Da sie stark ätzend ist, sollte sie vor Kindern gut geschützt aufbewahrt werden.

Estragon: Aus Südeuropa stammendes Gewürz- und Heilkraut, das auch in unseren Breitengraden immer häufiger in Gemüse- und Kräutergärten aufzufinden ist.
Die Pflanze ist sehr sonnenliebend und kann je nach Standort bis über einen Meter hoch werden. Frischer Estragon eignet sich besonders gut für Kräuterdressings.

F

Farbstoffe: Wasser- oder fettlösliche Substanzen, die sowohl aus natürlichen Rohstoffen als auch synthetisch hergestellt werden. Sie dienen der Nahrungsmittelindustrie in erster Linie zur optischen Aufwertung ihrer minderwertigen Produkte.

Nach dem Gesetz steht der Industrie eine Palette mit knapp 50 verschiedenen Farbstoffen zur Verfügung. Davon ist noch nicht einmal die Hälfte natürlichen Ursprungs; der überwiegende Teil sind vollsynthetische Substanzen. Zwar sind die Farbstoffe, geht man nach der Zusatzstoff-Zulassungsverordnung, weder giftig noch krebserzeugend, doch kann es bei regelmäßiger Aufnahme zu allergischen Reaktionen, Hautreizungen, Ekzemen und Atemproblemen kommen. Da aber umfassende exakte Forschungsergebnisse über die Wirkungen der einzelnen Farbstoffe noch nicht vorliegen, ist zumindest in absehbarer Zukunft nicht davon auszugehen, daß die synthetischen Farbstoffe, zu denen auch die Azofarbstoffe zählen, aus dem Verkehr gezogen werden.

In vollwertigen Lebensmitteln sind zum Großteil keinerlei Farbstoffe enthalten. Wurden Farbstoffe zugesetzt, handelt es sich um rein natürliche.

Für den Gemischtköstler, der neben vollwertigen Lebensmitteln auch Regalkost aus dem Supermarkt nicht verschmäht, ist es ratsam, sich die Liste mit den E-Nummern zu besorgen bzw. genauer anzusehen. Aus dieser Liste ist u. a. zu ersehen, welche Farbstoffe unter Umständen gefährlich werden können (siehe auch E-Nummern/Zuckercouleur).

Fasten kann als Methode der körperlichen und geistigen Entschlakkung und Rekonvaleszenz Wunder wirken.

Regelmäßige Fastenperioden haben seit jeher in allen Religionen ihren festen Platz. Die Motivation zum Fasten sollte möglichst immer von einem Bedürfnis nach Reinigung und Läuterung getragen werden und nicht von dem eitlen Bestreben, rasch ein paar Gramm Fett zu verlieren.

Feigen: Eine schon von den alten Ägyptern kultivierte Frucht. Heute ist der Feigenbaum im gesamten Mittelmeerraum verbreitet. Das wohl bekannteste Feigenanbaugebiet liegt in der Türkei südlich von Izmir.

Feigen sind reich an Vitalstoffen, insbesondere an den Mineralien Kalium, Calcium, Phosphor und Eisen. Zudem enthalten sie auch Spurenelemente und Vitamine. Durch ihren hohen Zuckergehalt eignen sie sich in der Vollwertküche vorzüglich zum Süßen von Desserts und Kleingebäck.

Die im Handel erhältlichen Sorten werden in Naturalfeigen und bearbeitete Feigen unterschieden. Da Feigen nicht geschwefelt werden dürfen, werden letztere, um Insekteneier und Parasiten abzutöten, mehrfach begast. Naturalfeigen hingegen werden zum selben Zweck in ein salzhaltiges Heißwasserbad getaucht oder auch schockgefroren.

Feigen aus kontrolliert biologischem Anbau sind im Naturkostladen erhältlich (siehe auch Trockenfrüchte).

Feigenmus oder auch Feigenpaste wird aus getrockneten, pürierten Feigen hergestellt und läßt sich auf vielfältige Weise zum Süßen von Desserts, Kleingebäck und Kuchen einsetzen. Aufgrund ihres hohen Fruchtzuckergehalts und ihrer klebrigen Konsistenz wirkt Feigenpaste kariesfördernd. Sie sollte daher möglichst nicht pur genossen, sondern in Breie oder Desserts aufgelöst werden.

Feldsalat: Leicht nußartig schmeckendes Blattgemüse, das an Wegrändern und Feldern wild wächst. Feldsalat zählt zu den winterfesten Gemüsearten. Erntezeit ist im Spätherbst und zeitigen Frühjahr. Im Handel wird er fast den ganzen Winter über angeboten.

Fenchel: Heilpflanze, die sich als Teeaufguß durch ihre krampflösende, blähungslösende und milchbildende Wirkung bewährt hat. Verwendung finden hauptsächlich die Fenchelsamen, die vor dem Aufgießen im Mörser zerstoßen werden. Mit Honig gesüßt, schmeckt Fencheltee fast jedem Kind.

In einigen Reformhäusern und Naturkostläden ist auch Fenchelhonig erhältlich.

Fermentation: Traditionelles Gärungs- und Veredelungsverfahren, das seit Jahrtausenden den Menschen dazu gedient hat, bestimmte Lebensmittel durch Einsäuern (Fermentieren) mittels Mikroorganismen, Bakterienstämmen oder Pilzkulturen zu verändern und gleichzeitig zu konservieren.

Durch Milchsäurebakterien veränderte Lebensmittel wie bestimmte Milchprodukte oder Gemüse haben oft einen höheren Vitalstoffgehalt als das Ausgangsprodukt. So steigt zum Beispiel bei der Vergärung von Weißkohl zu Sauerkraut der Vitamin-C-Gehalt. Zudem werden fermentierte Lebensmittel oft als bekömmlicher und leichter verdaulich empfunden.

Die wohl bekanntesten fermentierten Lebensmittel sind Sauerteigbrot, Sauerkraut, Milchprodukte (Butter, Quark, Joghurt, Käse), Sojaprodukte (Tamari, Miso), Tee, Bier und Wein.

Fermente → Enzyme

Fett zählt neben Eiweiß und Kohlenhydrat zu den Hauptnährstoffen. Fett ist nicht nur ein wichtiger Energielieferant, sondern auch Träger fettlöslicher Vitamine.

Es besteht aus Glycerin und Fettsäuren und wird nach seinem Ursprung in tierische und pflanzliche Fette unterteilt.

Bei der täglichen Nahrungsaufnahme ist es nicht so sehr entscheidend, ob tierische oder pflanzliche Fette verzehrt werden, sondern vielmehr, daß die zugeführten Fette naturbelassen und unraffiniert sind. Nur diese kaltgepreßten Fette enthalten die für den Organismus so wichtigen ungesättigten (essentiellen) Fettsäuren wie zum Beispiel die Linolsäure. Ungesättigte Fettsäuren sind deshalb so lebenswichtig, weil sie der Körper nicht selbst herstellen kann.

In letzter Zeit sind Fette besonders in Zusammenhang damit, daß immer mehr Menschen mit Übergewicht bzw. einem erhöhten Cholesterinspiegel Probleme haben, in Verruf geraten. Doch beides ist nicht unbedingt die Folge von zuviel verzehrtem Fett. In den meisten Fällen ist die Ursache in einem mangelhaft funktionierenden Stoffwechsel zu suchen, der wiederum wesentlich auf eine vitalstoffarme Fehlernährung zurückzuführen ist. Fett macht also nicht unbedingt fett oder krank.

Ein gesunder Organismus baut problemlos Fett und Kohlenhydrate zu Kohlensäure und Wasser ab. Kommt es zu krankhaften Fettablagerungen, liegt meist eine Funktionsstörung im Stoffwechsel vor, die u. a. durch den Verzehr isolierter Kohlenhydrate wie Zukker und Auszugsmehle verursacht wird. Die Industrie versucht natürlich aus der aktuellen Cholesterin-Debatte Profit zu schlagen und wirbt verstärkt für pflanzliche Fette, die ja bekanntlich kein Cholesterin enthalten. Doch die Margarinesorten sind kein Ersatz für Butter, da sie keine ungesättigten Fettsäuren enthalten, die der Körper aber unbedingt benötigt.

Die weitverbreitete Vorstellung, daß sowohl pflanzliches Fett als auch Eiweiß im Vergleich zum tierischen Fett bzw. Eiweiß Nährstoffe zweiter Klasse sind, ist eine andere Werbestrategie der Industrie, mit der man dem Trend zu rückläufigen Fleischumsätzen zu begegnen sucht.

Ein naturbelassenes pflanzliches Fett steht dem tierischen Fett in nichts nach (siehe auch Butter/Cholesterin).

Fettsäuren: Als organische Verbindungen bilden sie die Hauptbestandteile der Fette. Man unterscheidet die zwei großen Hauptgruppen in gesättigte und ungesättigte Fettsäuren.

Beim gesättigten Fettsäuremolekül sind die Einfachbindungen der Kohlenstoffatome mit Wasserstoffatomen besetzt (daher das »gesättigt«). Gesättigte Fettsäuren, die der Körper auch selbst erzeugt, kommen zum überwiegenden Teil in tierischen Nahrungsmitteln vor. Sie sind in der Regel schwerer verdaulich als ungesättigte Fettsäuren.

Bei den Molekülen der ungesättigten Fettsäuren hingegen weisen die Kohlenstoffatome Doppelbindungen auf. Je nach Anzahl dieser Doppelbindungen werden ungesättigte Fettsäuren nochmals in einfach ungesättigte und mehrfach ungesättigte unterteilt.

Während einfach ungesättigte Fettsäuren in fast allen fetthaltigen Lebensmitteln enthalten sind, finden sich die mehrfach ungesättigten vorwiegend in pflanzlicher Nahrung. Da der Körper nicht in der Lage ist, die lebenswichtigen mehrfach ungesättigten Fettsäuren selbst zu erzeugen, müssen wir sie über die Nahrung aufnehmen: Zu den wichtigsten essentiellen Fettsäuren zählt die Linolsäure, die in kaltgepreßtem, unraffiniertem Sonnenblumenöl, Distelöl und Walnußöl zu über 50 Prozent enthalten ist. Ein Mangel an Linolsäure beeinträchtigt nicht nur erheblich den Stoffwechsel, sondern kann auch zu Hautfunktionsstörungen führen.

Bei einer abwechslungsreichen Vollwertkost mit mindestens einem Drittel Rohkostanteil wird der Körper mit allen Vitalstoffen in ausreichenden Mengen versorgt, u. a. auch mit der wichtigen Linolsäure.

Fisch ist bei einer ausgewogenen, vitalstoffreichen Vollwertkost genauso überflüssig wie Fleisch. Dennoch bemühen sich Ernährungsexperten mit rhetorischer Gewandtheit, Fisch und Fleisch in die Vollwertkost zu integrieren. Ihre Argumente erschöpfen sich jedoch meist bereits in der Tatsache, daß tierische »Lebensmittel« genauso wie pflanzliche seit Menschengedenken zum »Angebot der Natur« gehören.

Solche und ähnliche Äußerungen werden natürlich sofort von der Industrie aufgegriffen und als wissenschaftlich fundierte Rechtfertigung benutzt, um mit öden Werbesprüchen wie »Fit und gesund durch

Fisch« über die Belastung der Fische mit Parasiten hinwegzutäuschen. Und viele Vollwertköstler fallen auf diese Sprüche herein und meinen, der Verzehr von Fisch sei – im Vergleich zum Fleisch – das »kleinere Übel«.

Abgesehen davon, daß der Konsum von tierischer Nahrung auch eine ethische Frage ist, dürfte sich der genußvolle Verzehr von Fischen im besonderen gerade in der heutigen Zeit im allgemeinen auf einen kurzen Gaumenkitzel reduzieren. Getrübt wird der Fischgenuß hauptsächlich durch verschiedene Umweltgifte aus Wasser, Luft und Boden. Fische sind einer noch höheren toxischen Belastung ausgesetzt als beispielsweise Pilze. Durch die Schadstoffkonzentration in Flüssen und Meeren haben sich Fische zu ausgesprochenen Schadstoffsammlern entwickelt. Zu den giftigsten hier relevanten Substanzen zählen die Schwermetalle Quecksilber, Blei, Cadmium und Arsen. Dazu gesellen sich die chlororganischen Verbindungen, zu denen die chlorierten Pestizide aus der landwirtschaftlichen Schädlingsbekämpfung zählen, sowie die polychlorierten Biphenyle PCB und die Organohalogenverbindungen aus der chemischen Industrie.

Daß ein Fisch, der permanent einer solch konzentrierten Schadstoffbelastung ausgesetzt ist (was im übrigen für den weitaus überwiegenden Teil der Fische zutrifft), trotz seines vielzitierten hohen Eiweiß- und Vitamin-D-Gehalts kein Energiespender sein kann, dürfte selbst für leidenschaftliche Fischesser schwer zu widerlegen sein.

Zudem muß er sich, da er Fisch wahrscheinlich nur selten roh ißt, mit einem durch Hitzeeinwirkung denaturierten Eiweißangebot zufriedengeben.

Fazit: Je weniger Fisch, desto besser!

Fleisch ist besonders in jüngster Zeit zu einem fragwürdigen Nahrungsmittel und zu einem der umstrittendsten Themen überhaupt »avanciert«. Einen der Hauptgründe dafür stellen zweifellos die ernährungsbedingten Zivilisationskrankheiten dar, die in den letzten 25 Jahren proportional zum Fleischverzehr angestiegen sind. Ein weiterer, nicht unwesentlicher Grund ist in der wachsenden Sensibilität breiter Bevölkerungsschichten und dem damit einhergehenden tieferen Verständnis für globale Zusammenhänge zu suchen.

Es ist auch mittlerweile kein Geheimnis mehr, daß das steril verpackte Steak von einem lebendigen Tier stammt und zwar nicht von einem glücklichen Rind, das sich im Sonnenschein auf einer saftig-grünen Almwiese labte, sondern von einem unter qualvollsten Bedingungen gemästeten Industrie-Rind Marke Euronorm. Was seit Jahr-

zehnten planmäßig in abgelegenen, fensterlosen Hallen getrieben wurde (und wird), ist nun ans Licht gekommen und somit der Kritik einer breiten Öffentlichkeit ausgesetzt.
Die Folgen des Fleischverzehrs, die bereits zu irreparablen Schäden im globalen Ökosystem geführt haben, sind zu einem derart komplexen Themenbereich geworden, daß ein umfassendes Verständnis nur noch durch die etwas genauere Beleuchtung einzelner Aspekte möglich ist.

Der geschichtliche Aspekt
Aufgrund archäologischer Funde und Forschungen zur menschlichen Frühgeschichte wissen wir, daß unsere Ahnen zu Urzeiten – bevor das Feuer entdeckt wurde – durch die Wälder streiften und sich von Beeren, Nüssen, Früchten und Wildpflanzen ernährten. Noch heute lassen verschiedene physiologisch-anatomische Merkmale erkennen, welche Nahrung für unsere Spezies die gemäße ist.
Beispielsweise ist unser Gebiß, aufgrund der ausgeprägten Mahlzähne, prädestiniert für das »Zermahlen« von Körnern und anderen Pflanzenteilen. Und unsere Schneidezähne sind eher unterentwickelt und mit den Reißzähnen eines Fleischfressers in keiner Hinsicht zu vergleichen.
Ein anderes, sehr wichtiges Kriterium ist die Anlage unseres Verdauungstrakts, insbesondere des Darms. Wissenschaftliche Untersuchungen haben erbracht, daß der Darmtrakt fleischfressender Tiere etwa der dreifachen Körperlänge entspricht, während der von Pflanzenfressern etwa das Zwölffache ihrer Körperlänge erreicht. Der Mensch verfügt über den langen Darm eines Pflanzenfressers, der für die Verdauung von schnell faulender und somit toxischer Fleischnahrung eher ungeeignet ist.
Auch der alkalische Speichel des Menschen, der das für die Verdauung von Getreide wichtige Enzym Ptylin enthält, läßt darauf schließen, daß für ihn eine pflanzliche Kost optimal ist. Dasselbe wird auch durch die Zusammensetzung der Magensäure bestätigt, die bei Fleischfressern starke Salzsäure enthält, beim Menschen jedoch etwa zehnmal geringer ist. Während Raubtiere ihre gerissene Beute durch die starke Salzsäure in ihrem Magen leicht zersetzen können und die Kadaverfetzen durch den kurzen Darm schnell wieder ausgeschieden werden, bietet der menschliche Darm den Fäulnisbazillen einen idealen Nährboden zur schnellen Vermehrung.

Der gesundheitliche Aspekt
In der Tatsache, daß dem Menschen die physiologischen Voraussetzungen für den Verzehr von

Fleisch und eine adäquate Verdauung fehlen, ist eine der Hauptursachen für eine Vielzahl von Krankheiten zu sehen.

Der natürliche Vorgang, daß Körperzellen sehr schnell absterben, sobald sie nicht mehr mit Blut versorgt werden, wird für den fleischessenden Menschen zum Verhängnis. Bei der Verwesung zerfällt das Fleisch in die stickstoffhaltigen Fleischbasen Xanthin, Kreatin und Sarkin, die bei ihrer Auflösung im menschlichen Körper die verschiedensten Zersetzungsgifte bilden. Bei den aus Xanthin entstehenden Giften liegt eine chemische Verwandtschaft zu Koffein und Nikotin vor, woraus sich auch die Suchterscheinungen bei Fleischessern ableiten lassen können. Die Schlakken (Abfallprodukte, die beim Stoffwechsel anfallen) sind ebenfalls im konsumierten Fleisch enthalten. Sie wandeln sich mit der Zeit in immer giftigere Substanzen um und belasten wiederum den Stoffwechsel des Menschen. Hierzu zählt beispielsweise die Harnsäure, die nach dem Fleischverzehr nicht vollständig wieder ausgeschieden, sondern unter Umständen im Körpergewebe gespeichert wird. Daraus bilden sich dann sogenannte Harnsäurelager im Gewebe, die – solange die Körperwärme ausreichend ist – gar nicht spürbar sind und zunächst auch zu keinerlei gesundheitlichen Beeinträchtigungen führen. Kommt es jedoch zu einer gewissen Unterkühlung des Körpers, kristallisiert die gespeicherte Harnsäure in den betroffenen Gelenken und bewirkt die so schmerzhaften Rheumaanfälle. (In den alten Bundesländern gibt es mittlerweile über zehn Millionen Rheumatiker!)

Alle rheumatischen Erkrankungen, das gilt heute als erwiesen, stehen in direktem Zusammenhang mit unserer denaturierten Nahrung und dem enormen Verzehr von Fleisch und anderen tierischen Produkten. Bei sich vorwiegend vegetarisch ernährenden Bevölkerungsgruppen sind diese Krankheiten kaum bekannt.

Der wohl bekannteste Stoff, der im Zusammenhang mit Fleisch, Fisch und Eiern auch am meisten zitiert wird, ist das Cholesterin (siehe auch Cholesterin). Obwohl die derzeitige durchschnittliche Cholesterinaufnahme über die Nahrung etwa doppelt so hoch ist wie pro Tag erforderlich, ist die Ursache für einen erhöhten Cholesterinspiegel doch in erster Linie im mangelhaft funktionierenden Stoffwechsel zu suchen, der jedoch wiederum die Folge einer allgemeinen Fehlernährung ist.

Doch Fleisch enthält noch eine ganze Palette anderer unerwünschter Stoffe. Zu den aus der Umwelt aufgenommenen Schwermetallen Blei, Cadmium und Quecksilber kommen noch die Pestizide und polychlorierten Byphenyle (PCB) sowie Antibiotika, Psychopharmaka und Hormone (Östrogene), die in der Massentierhaltung unumgänglich sind. Psychopharmaka, die die gereizten Tiere in den engen Boxen beruhigen, und Östrogene, die das Muskelwachstum anregen sollen, sind zwar gesetzlich verboten, werden aber weiter verabreicht, wie die Hormonkontrollen mit schöner Regelmäßigkeit zeigen. Erleichtert wird dieses Vergehen dadurch, daß diese Substanzen relativ schwer nachweisbar sind.

Als Futtermittelzusatz dürfen ferner Konservierungsstoffe, Antioxidantien, Farb- und Aromastoffe verwendet werden.

Wenngleich mit dieser Auflistung nicht alle Stoffe erfaßt sind, die zur Fleischherstellung eingesetzt werden, so dürfte dennoch deutlich geworden sein, welch unwägbares Risiko mit dem Fleischverzehr verbunden ist. Daß jahrzehntelanger ausgiebiger Fleischverzehr nicht ohne Folgen bleiben kann, spiegeln u. a. auch die Aufwendungen für das Gesundheitswesen wider, die bei uns jährlich die 200 Milliarden Mark übersteigen! Die erschrekkende Zunahme von Krebserkrankungen an Magen, Darm, Speiseröhre, Brust und Gebärmutter wird ebenfalls in mehr oder minder direkten Zusammenhang zum Fleischverzehr gebracht. Verschiedene Vergleichsstudien an Fleischessern und Vegetariern haben von der statistischen Tendenz her zu ähnlichen Ergebnissen geführt. Ein Beispiel: Insgesamt ist die Krebshäufigkeit bei Vegetariern um ein Vielfaches niedriger als bei Fleischessern. Eine weitere Erkenntnis: Eine Krebsart, der Dickdarmkrebs, kommt bei Pflanzenessern überhaupt nur äußerst selten vor.

Was den Nährwert von Fleisch (Eiweiß, Fett, Vitamine) anbelangt, muß man zunächst zur Kenntnis nehmen, daß in weiten Kreisen der Bevölkerung ohnehin zuviel Eiweiß und auch Fett konsumiert wird. Die ernährungsbedingten Zivilisationskrankheiten basieren also nicht auf einem Fleischmangel, sondern auf einem überhöhten Fleischverzehr. Da nur ein minimaler Teil der Fleischprodukte roh verzehrt wird, ist zudem das oft als so »wertvoll« gepriesene Eiweiß in Wirklichkeit durch Hitzeeinwirkung und andere Verfahren denaturiert.

Eine Reduzierung des Fleischverzehrs oder gar ein völliger Fleischverzicht bewirkt – entgegen aller anderslautender Meinungen – keinerlei Mangelerscheinungen, *sofern die Ernährung auf eine vitalstoffreiche Vollwertkost umgestellt wird.* Mängel können allenfalls bei sogenannten »Pudding-Vegetariern« auftreten. Glaubt jemand, nicht auf seine Portion Fleisch verzichten zu können, so sollte er sich wenigstens an die Devise halten: Je weniger Fleisch, desto besser. Und wenn schon Fleisch, dann aus biologischer Tierhaltung!

Der ökologische Aspekt
Aufgrund der zunehmenden globalen Umweltzerstörung werden auch die Weideflächen und die Futtermittel-Anbauflächen immer knapper, während die Fleischnachfrage stetig wächst. Da man auf diesen steigenden Bedarf mit einer maßlosen Erweiterung der Fleischproduktion reagiert, wird auf diese Weise wiederum zur weiteren Umweltzerstörung beigetragen.
Und so scheint es kaum noch einen Unterschied zu machen, ob Regenwälder für Weideflächen abgeholzt werden oder für den Anbau von Viehfutter für die Massentierhaltung – der Circulus vitiosus hat sich längst geschlossen, und seine Folgen sind unabsehbar geworden. Beispiele: Agrochemikalien und Gülle, die auf die Felder ausgebracht werden, bewirken eine Beschleunigung der Bodenerosion; Monokulturen besonders in Maisanbaugebieten führen zu einer rapiden Abnahme der natürlichen Bodenfruchtbarkeit mit nachfolgender Versteppung ganzer Landstriche; durch die steigende Zahl der Tiere in den Betrieben der modernen Massenproduktion fällt immer mehr Gülle an, die auf die Felder verteilt wird und somit Grundwasser verseucht. Das Wasser vieler Brunnen hier weist bereits alarmierend hohe Nitratgehalte auf. Auch das Pestizid Atrazin, das vorerst »nur« im Verdacht steht, krebserregend zu sein, ist bereits 1985 zum ersten Mal in einigen Trinkwasserbrunnen nachgewiesen worden. Darüber hinaus sind andere giftige Substanzen im Grundwasser entdeckt worden, welche von Agrochemikalien stammen, die bereits seit über zehn Jahren verboten sind. Mit anderen Worten: Die weiter praktizierte und noch gesteigerte chemische Düngung gleicht einer tickenden Zeitbombe!
An all diesen sowie noch vielen weiteren irreparablen ökologischen Schäden ist die Fleischproduktion also maßgeblich beteiligt.
Ökologisch gesehen wäre daher ein Fleischverzicht oder zumindest eine starke Reduzierung der gesamten Fleischproduktion eine notwendige Maßnahme, die letztlich der Natur und somit auch dem Allgemeinwohl zugute kommen würde.

Fazit
Nichts spricht für den Fleischverzehr, alles dagegen.

Fluor: Ein Spurenelement, das aufgrund der Trinkwasser-Fluoridierung zu einem umstrittenen Thema geworden ist. Da Fluor aber nur in geringen Mengen im menschlichen Körper vorkommt, soll durch die Einnahme von Fluorid-Tabletten bzw. die besagte Fluoridierung des Trinkwassers die sich seuchenartig ausbreitende Karies eingedämmt werden. Ungeklärt ist bis jetzt jedoch die Frage, inwieweit der Körper auf eine künstliche Zufuhr von Fluor überhaupt angewiesen ist. Wissenschaftlich umstritten sind auch die Wirkungen von Fluor. Während sich die industriefreundliche Deutsche Gesellschaft für Ernährung für eine Fluoridierung des Trinkwassers einsetzt und bereits jetzt Fluorpräparate für Säuglinge in den ersten Lebensmonaten empfiehlt, sehen Ernährungsexperten und Bürger aus allen Bevölkerungsschichten diese Frage weitaus kritischer.

Da Karies erwiesenermaßen weniger durch einen Fluormangel hervorgerufen wird, sondern hauptsächlich durch den übermäßigen Industriezucker, wird weder die prophylaktische Einnahme von Fluoridtabletten noch eine allgemeine Trinkwasser-Fluoridierung zur Lösung dieses Problems beitragen. Sowohl eine Einschränkung als auch eine Prophylaxe der Karies ist nur durch eine Beseitigung der Ursache möglich, und das bedeutet: durch Zuckerverzicht. Da die Industrie verständlicherweise auf ihren gewinnbringenden Bestseller nicht verzichten will, wird durch die Fluor-Debatte versucht, von der eigentlichen Ursache abzulenken.

Säuglingen, die noch gar keine Zähne haben, Fluoridtabletten zu geben, wie es die DGE empfiehlt, ist nicht nur unsinnig, sondern auch unverantwortlich. Fluoride, also giftige Breitbandenzyme, beeinträchtigen nicht nur den natürlichen Durchbruch der Milchzähne, sondern können infolge ihrer Speicherung im Körpergewebe auch zu den verschiedenartigsten Spätschäden führen.

Folsäure: Ein Vitamin. Wurde früher zum B-Komplex gezählt. Als Bestandteil eines Co-Enzyms wird es sowohl zur Blutbildung als auch zum Auf- und Abbau von Aminosäuren im Stoffwechsel benötigt. Da Folsäure hitzeempfindlich und wasserlöslich ist, ist sie in denaturierten Nahrungsmitteln nicht mehr enthalten. Bei einer Ernährung, die aus frischem Obst, Gemüse, Kernen und Getreide besteht, ist ein Folsäuremangel, von wenigen Ausnahmen abgesehen (Schwangerschaft), praktisch kaum möglich.

Frischkäse: Bezeichnung für nicht gereifte Käse, die nach dem Süßmilch- oder Sauermilch-Verfahren hergestellt werden und für den schnellen Verzehr bestimmt sind.

Frischkäse sind mit unterschiedlichem Fettgehalt im Handel erhältlich: in der Magerstufe mit zehn Prozent, in der Vollfettstufe (Rahmfrischkäse) mit 50 Prozent und in der Doppelrahmstufe mit 60 Prozent. Frischkäse werden aus pasteurisierter Milch hergestellt und haben einen relativ hohen Eiweißgehalt.

Frischkornmüsli: Müsli aus frisch geschrotetem oder gequetschtem Getreide, verschiedenen Kernen, Nüssen, Mandeln, frischem Obst und Wasser. Das Frischkornmüsli kann aus den einzelnen Zutaten nur selbst hergestellt und sollte vor jedem Verzehr frisch zubereitet werden. Entsprechend dem persönlichen Geschmack und der Bekömmlichkeit kann es auch mit Bioghurt, Sahne, Kefir, Milch oder Quark angerichtet und mit naturbelassenem Honig oder Fruchtdicksäften gesüßt werden.

Die Zubereitungsmöglichkeiten sind sehr vielfältig und variabel, die Basis des Frischkornmüslis bildet jedoch immer frisch geschrotetes Getreide. Während für den klassischen Frischkornbrei das Getreide meist am Abend vorher geschrotet wird und über Nacht in Wasser quellen muß, kann das Getreide für ein Frischkornmüsli auch unmittelbar vor dem Verzehr geschrotet werden. Allerdings sollte auch bei dieser Variante eine kurze Quellzeit von zehn bis 15 Minuten eingeplant werden.

Über die Vor- und Nachteile dieser beiden grundlegenden Zubereitungsarten streiten sich die Ernährungsexperten. Während die einen eine mehrstündige Quellzeit dringend empfehlen, da die im Getreide enthaltenen Vitalstoffe ansonsten nicht vollständig aufgeschlossen werden könnten, sind andere der Meinung, daß gerade die bei einer langen Quellzeit entstehende Gärung für die häufig geäußerte Unverträglichkeit verantwortlich sei. Eine allgemeingültige Empfehlung kann hier nicht gegeben werden. Jeder sollte für sich feststellen, was ihm am besten bekommt und schmeckt.

Unumstritten ist dagegen der hohe Vitalstoffgehalt des Frischkornmüslis. Aufgrund seiner Vielzahl an naturbelassenen Zutaten bietet es fast alle lebenswichtigen Vitamine, Mineralien, Spurenelemente und Ballaststoffe an.

Fertige Müslimischungen – auch die aus dem Naturkostladen – können im Vergleich zum Frischkornmüsli stets nur minderwertig sein und sind nur in Ausnahmefällen zu empfehlen, da die hier verwendeten Getreideflocken meistens entkeimt sind und ein Teil ihrer Vitalstoffe durch Hitzeeinwirkung zerstört wurde. Zuckerhaltige Müslimischungen aus dem Supermarkt sollten gänzlich gemieden werden.

Fritieren: Garmethode bei Kroketten, gefüllten Teigtaschen, Gemüsespießen u. ä. in heißem Fett.

Aufgrund der hohen Temperaturen von etwa 180 Grad eignen sich dazu nur spezielle Öle mit hohem Rauchpunkt.

Das erhitzte Fett soll bei den Nahrungsmitteln eine Schließung der Poren bewirken, die wiederum verhindert, daß zuviel Fett eindringt und das Gemüse seinen Saft verliert. Da dieser Idealfall wegen der oft schwierig zu regulierenden Hitze selten erreicht wird, sind fritierte Nahrungsmittel in der Regel doch immer sehr viel fettreicher als gedünstete oder gekochte. Da Fritieren einen erheblichen Vitalstoffverlust mit sich bringt, und die auf diese Weise zubereitete Nahrung zudem recht schwer verdaulich ist, sollte diese Garmethode eher die Ausnahme bleiben.

Früchtekaffee → Getreidekaffee

Fruchtsäfte müssen einen Fruchtgehalt von 100 Prozent aufweisen, während Fruchtnektare nur die Hälfte zu beinhalten brauchen. Immer mehr Fruchtsäfte werden jedoch aus Konzentrat hergestellt, das heißt, sie sind entweder pasteurisiert oder sterilisiert.

Häufig werden auch Fruchtpulver verwendet, die mit zahlreichen Hilfsmitteln und Aromastoffen versetzt wurden. Ferner ist bei Fruchtsäften ein Zuckeranteil bis 15 Gramm pro Liter nicht deklarationspflichtig.

Seitdem Gesundheit zum Verkaufsschlager wurde, werden Säften auch Vitamine und Mineralien zugesetzt. Dadurch wird jedoch nicht die Qualität des Produkts verbessert, sondern lediglich versucht, dem Verbraucher zu suggerieren, daß dieser Saft besonders gut sei. Alle Frucht- und Gemüsesäfte sind jedoch Teilnahrungsmittel, welche die Kriterien einer vollwertigen Ernährung nicht erfüllen. Dies gilt auch für naturbelassene und frisch gepreßte Säfte.

Das Entscheidende hierbei ist die Tatsache, daß Säfte immer Extrakte sind. Auch beim Pressen der frischen, zerkleinerten Früchte gehen die (wasserlöslichen) Vitamine in Lösung, andere biologisch wichtige Wirkstoffe hingegen bleiben im Preßrückstand, wodurch die natürliche Zusammensetzung der Wirkstoffe verändert und der Saft entwertet wird.

Zudem gelangen die Nährstoffe beim Trinken viel schneller und in größeren Mengen ins Blut als bei Rohkost, die erst mit den Zähnen zerkleinert und dann allmählich verdaut wird. Dadurch wird der Organismus unnötig belastet; u. a. steigt der Blutzuckerspiegel rasch an, und die Bauchspeicheldrüse muß durch vermehrte Insulinausschüttungen darauf reagieren.

Dennoch sind Fruchtsäfte – je nach Qualität – als biologisch höherwertig einzustufen und auf jeden Fall gesünder als die meisten anderen angebotenen Getränke. Doch selbst ein frisch gepreßter Saft kann die ganzen Früchte nicht ersetzen (siehe auch Gemüsesäfte).

Fruchtschnitten bestehen meist aus verschiedenen Trockenfrüchten, Nüssen, Mandeln und anderen Kernen. Verfeinert werden sie häufig mit Marzipan und Honig.

Diese Fruchtschnitten, die besonders bei Kindern sehr beliebt sind, können – in begrenztem Maße genossen – als Alternative zu all den übrigen zuckerhaltigen Süßigkeiten betrachtet werden. Als regelmäßige Zwischenmahlzeit oder gar als Ersatz für das Pausenbrot sind sie jedoch nicht zu empfehlen, da auch sie – bedingt durch den hohen Fruchtzuckergehalt – Karies erzeugen können.

Mit Industriezucker gesüßte Fruchtschnitten sollen nach Möglichkeit gemieden werden.

Fruchtzucker (Fructose) ist ein Kohlenhydrat, das wie Glucose zu den Zuckeraustauschstoffen zählt.

Der in zahlreichen Früchten natürlich vorkommende Fruchtzucker ist jedoch nicht identisch mit dem isolierten Fruchtzucker, der industriell aus Saccharose (Zucker) hergestellt wird. Zucker selbst wird bekanntlich aus Zuckerrüben oder Zuckerrohr gewonnen.

Während der in einem Apfel natürlich enthaltene Fruchtzucker weder Karies noch andere körperliche Schäden hervorruft, führt der Verzehr von isoliertem Fruchtzucker in etwa zu denselben Folgen wie der des handelsüblichen Industriezuckers. Da der Begriff »Fruchtzucker« in weiten Teilen der Bevölkerung immer noch mit Attributen wie gesund und natürlich assoziiert wird, werden in jüngster Zeit zunehmend mehr Produkte als mit »Fruchtzucker« gesüßt gekennzeichnet. Unter dem Aspekt einer vollwertigen Ernährung ist es jedoch völlig belanglos, ob ein Keks mit Zucker oder Fruchtzucker gesüßt wurde, da sowohl das eine als auch das andere denaturiert und minderwertig ist.

Früchtetee: Getränk, das aus verschiedenen Früchten oder Blüten hergestellt wird. Die getrockneten Frucht- oder Blütenteile entfalten nach dem Aufguß wieder ihren charakteristischen Duft. Früchtetees schmecken sehr aromatisch und löschen gut den Durst.

Zu den gängigsten Sorten zählen Apfel, Hibiskus, Hagebutte, Malvenblüte und auch Johannisbeere.

G

Garen: Heute für den Menschen die alltägliche Art der Nahrungszubereitung.

Bis vor etwa 50000 Jahren ernährten sich unsere Vorfahren ausschließlich von rohen Pflanzenteilen wie Nüssen, Beeren und Kernen. Mit der Nutzung des Feuers vollzog sich ein tiefgehender Wandel in der Ernährungsweise des Menschen: Es wurde immer weniger roh verzehrt und zunehmend mehr gekocht, gebraten und gebakken. Wenngleich das offene Feuer heute als Hitzequelle bei der Nahrungszubereitung durch den Einsatz neuer Geräte wie Elektro-, Gas- und Mikrowellenherde zunehmend an Bedeutung verliert, macht die erhitzte Speise doch den weitaus größten Teil der täglichen Nahrung aus.

Bis auf wenige Ausnahmen ist das Garen von Lebensmitteln immer mit einem Vitalstoffverlust verbunden. Wie hoch dieser ist, hängt von der Garmethode bzw. der dabei eingesetzten Temperatur ab. So werden beispielsweise beim herkömmlichen Kochen in Wasser mehr Vitalstoffe zerstört als beim Dämpfen. Die schonendste Garmethode ist das Dünsten in wenig Fett, wobei das Gemüse im eigenen Saft gart. Doch auch hierbei ist ein Vitalstoffverlust unumgänglich; allein beim Vitamin B_1 beträgt er etwa 15 Prozent.

Die rapide zunehmenden ernährungsbedingten Zivilisationskrankheiten sind nicht nur auf die unzähligen denaturierten Industrienahrungsmittel zurückzuführen, sondern stehen auch in direktem Zusammenhang zur häuslichen Denaturierung der Speisen durch die unterschiedlichen Garmethoden. Da die Rohkost von den meisten Menschen immer noch völlig unterschätzt wird und naturbelassene, unerhitzte Lebensmittel nur einen Bruchteil der täglich verzehrten Nahrung ausmachen, ist die durch einen Vitalstoffmangel gekennzeichnete Fehlernährung Hauptursache für die vielfältigsten Zivilisationserkrankungen geworden.

Die Vorteile des Garens hingegen beschränken sich darauf, daß einige wenige Gemüsesorten aufgrund giftiger Eiweißverbindungen roh nicht verzehrt werden können und erst durch Hitzeeinwirkung genießbar werden. Hierzu zählen hauptsächlich Bohnen. Aber auch Kartoffeln, Grünkohl u. ä. sind für den rohen Verzehr nicht zu empfehlen.

Getreide kann dagegen sowohl roh als auch gekocht genossen werden. Über die Verträglichkeit und die biologische Wertigkeit von rohen bzw. gekochten Getreidekörnern gehen die Meinungen auseinander. Da besonders in der heutigen Zeit eine reine Rohkost kaum noch realisierbar scheint, basiert die vitalstoffreiche Vollwertkost sowohl auf rohen als auch auf gekochten Lebensmitteln, wobei die durch das Garen entstehenden Vitalstoffverluste aufgefangen werden müssen. Der Rohkostanteil sollte also mindestens ein Drittel der täglich verzehrten Nahrung betragen.

Beim Erhitzen der Nahrung sollte möglichst der schonendsten Garmethode der Vorzug gegeben werden. Bei Getreide bedeutet dies ein kurzes Aufkochen und anschließendes Quellenlassen (Kochkiste/Biokochtopf). Gemüse sollte gar nicht gekocht, sondern – wenn überhaupt erhitzt – nur blanchiert oder gedünstet werden.

Gelatine: Bindemittel, das industriell aus Tierknochen hergestellt wird. Es wird mit Salzsäure bearbeitet, unter Dampf extrahiert und anschließend getrocknet. In der Vollwertküche werden statt Gelatine pflanzliche Geliermittel, wie zum Beispiel Agar Agar oder Kuzu, bevorzugt.

Gelee Royale: Vorwiegend von jungen Bienen produzierter Nährsaft, der für die Bienenkönigin bestimmt ist. Die Wirkung dieses einmaligen Nährstoffkonzentrats spiegelt sich in der außergewöhnlichen Vitalität der Bienenkönigin und ihrer weitaus höheren Lebenserwartung wider.

Beim Menschen kann die Einnahme zu einem erhöhten körperlichen und geistigen Wohlbefinden führen. Da auch eine ausgewogene vitalstoffreiche Vollwertkost zu einer guten Gesamtverfassung führt, sollte Gelee Royale – wenn überhaupt – nur als Medizin zur Rekonvaleszenz eingenommen werden.

Gemüse spielt bei der Vollwerternährung besonders in Form von Rohkost eine zentrale Rolle. Die einzelnen Gemüsearten werden unterteilt in:

Wurzelgemüse (Fruchtbildung im Wurzelbereich): Radieschen, Rettich, Rote Bete, Möhre, Schwarzwurzel, Kartoffeln, Zwiebel etc.;

Blattgemüse (Fruchtbildung im Blattbereich): alle Salat- und Kohlarten, Spinat, Endivien, Petersilie etc.;

Blütengemüse (Fruchtbildung in der Blüte): Blumenkohl, Broccoli, Artischocke etc.;
Fruchtgemüse: Zu dieser Kategorie zählen alle Pflanzen, die im Samenbereich fruchten wie Erbse, Bohne, Linse, Tomate, Gurke, Kürbis, Mais, Soja und Getreide.
Im rohen Gemüse sind die meisten lebenswichtigen Vitalstoffe enthalten. Im einzelnen sind dies die Vitamine A, B_1, B_6, Biotin, Folsäure, Niacin, C, E und K sowie die Mineralstoffe Natrium, Calcium, Kalium, Magnesium, Phosphor und Eisen.
Bis auf die genannten Ausnahmen können fast alle Gemüsearten roh verzehrt werden. Während im gartenfrischen rohen Gemüse noch alle Vitalstoffe enthalten sind, wird im gegarten Gemüse ein Teil davon zerstört. Im Konservengemüse ist darum nur noch ein schwindend geringer Teil der wertvollen Inhaltstoffe enthalten. Sie sind im Vergleich zu frischem Gemüse äußerst vitalstoffarm. Gemüse sollte daher nach Möglichkeit nicht gekocht, sondern zu frischer Rohkost verarbeitet werden.
So gut wie jedes Gemüse enthält Rückstände von Pestiziden, Nitrat und anderen Umweltgiften. Hundertprozentig reines, unbelastetes Gemüse ist nirgends mehr erhältlich. Dennoch gibt es – zum Teil gravierende – Unterschiede, die in erster Linie anbau- und standortbedingt sind. In Anbetracht der enormen Giftmengen, die von den konventionell wirtschaftenden Bauern Jahr für Jahr auf die Felder ausgebracht werden, ist in jedem Fall zu empfehlen, das Gemüse aus kontrolliert biologischem Anbau vorzuziehen. Noch besser ist natürlich der eigene Gemüsegarten, was jedoch leider nicht für jeden realisierbar ist. Viele Biobauern verkaufen ihr Gemüse auch direkt ab Hof. Dadurch ist es nicht nur frischer, sondern oft auch noch etwas preiswerter.

Gemüsebrühe: Garwasser von Gemüsen aller Art, das in der Vollwertküche gern und häufig als Saucen- und Suppenfond weiterverwendet wird.
In Naturkostläden können auch gekörnte Gemüsebrühen erworben werden, unter Verzicht auf jegliche Zusätze hergestellt aus Gemüsepulver und Meersalz. Aus diesen Brühen lassen sich nicht nur schmackhafte »schnelle« Suppen bereiten, sondern sie sind auch – in entsprechend niedriger Dosierung – anstelle von Meersalz bei Getreidegerichten (zum Beispiel aus Buchweizen) als Würzmittel verwendbar.

Gemüsesaft wird aus frischem Gemüse oder konzentriertem Gemüsemark gewonnen. Er wird nicht verdünnt, darf jedoch (bei konventionell produzierter Ware) neben Zucker, Essig und Speisesalz noch

eine ganze Reihe anderer Zusätze enthalten.
Hinzu kommt als bedenklicher Faktor der oft erhöhte Nitratgehalt herkömmlich angebauten Gemüses. Da Gemüsesäfte zudem nicht mehr alle Vitalstoffe enthalten, zählen sie genauso wie Fruchtsäfte zu den Teilnahrungsmitteln und sollten, wenn überhaupt, nur aus kontrolliert biologischem Gemüse am besten selbst hergestellt und genossen werden (siehe auch Fruchtsäfte).

Gerste: Getreideart, die zu den ältesten Kulturpflanzen zählt. Funde im Vorderen Orient lassen darauf schließen, daß schon vor etwa 8000 Jahren Gerste kultiviert wurde.
Im antiken Griechenland galt die Gerste als die wichtigste Getreideart. Heute wird sie weltweit angebaut. Sie benötigt keine besonders fruchtbaren Böden und ist so widerstandsfähig, daß sie auch noch in hohen Bergregionen gute Erträge liefert. Im Vergleich zu anderen Getreidearten spielt die einst dominierende Gerste heute jedoch eine untergeordnete Rolle. In den alten Bundesländern wird der größte Teil zur Schweine- und Geflügelmast verwendet und ein weiterer, nicht unerheblicher Teil zur Bierherstellung.
Gerste wird unterschieden in Spelzgerste und Nacktgerste. Die Spelzgerste, marktwirtschaftlich die bedeutendere, muß nach der Ernte maschinell entspelzt werden, wodurch das Korn erheblich beschädigt und der Keim fast völlig entfernt wird. Somit ist Spelzgerste nicht mehr keimfähig und daher kein vollwertiges Lebensmittel.
Die Nackt- oder Sprießkorngerste hat keine Spelze mehr, was jedoch nicht bedeutet, daß sie geschält wurde, wie häufig angenommen wird. Es handelt sich lediglich um eine spezifische Gerstenart, die aber fast ebenso alt ist wie die Spelzgerste. Sprießkorngerste ist voll keimfähig und bietet sich in der Vollwertküche für Müslis, Getreidecremes, Suppen und Eintöpfe an. Mit Spezial-Backferment läßt sie sich zu Brot und anderem Backwerk verarbeiten.
Gerste enthält zu etwa elf Prozent Eiweiß, dazu Vitamine der B-Gruppe und reichlich Mineralstoffe wie Kalium, Calcium, Phosphor, Kieselsäure und Fluor. Dank ihrer Schleimbildung eignet sie sich gut als Krankenkost (siehe auch Gerstenmalz).

Gerstenmalz wird aus eingeweichter gequollener Gerste hergestellt. Die Gerstenkeime entwickeln in diesem Prozeß ein Enzym, welches die Stärke in Malz umwandelt. Nach dem Darren und Schroten wird die Gerste mit warmem Wasser zu einer Maische angesetzt. Durch Filtrieren und Eindicken entsteht letztlich das sirupähnliche Gerstenmalz.

Aufgrund der Bearbeitung ist Gerstenmalz nicht mehr vollwertig. Als Zuckerersatz ist es dennoch empfehlenswert.

Getreide gehört zur Familie der Gräser und zählt zu den ältesten Kulturpflanzen. Getreidearten sind Buchweizen, Dinkel, Gerste, Hafer, Hirse, Mais, Reis, Roggen und Weizen.

Weltweit wird mit Getreide und Getreideprodukten etwa die Hälfte des Bedarfs an Nahrungseiweiß gedeckt. Die herausragende Bedeutung von Getreide wird schon daran ersichtlich, daß bei der Ermittlung der Welternährungslage die Getreideernten zugrunde gelegt werden. Dennoch wird nur ein verschwindend geringer Teil der Weltgetreideproduktion direkt verzehrt. Der weitaus größte Teil wird immer noch als Viehfutter vergeudet und zu denaturierten Nahrungsmitteln verarbeitet.

Die im Getreidekorn enthaltenen Vitalstoffe sind nicht gleichmäßig verteilt, sondern konzentrieren sich in den Randschichten des Korns. Die mineralstoffhaltige Fruchtschale, die eiweiß- und fetthaltige Aleuronschicht sowie der vitaminreiche Keimling werden bei der industriellen Verarbeitung des Getreides zu den unterschiedlichsten Produkten entfernt bzw. zerstört.

Da Getreide wie auch Gemüse konventionell zudem mit hohem Kunstdüngereinsatz produziert wird und dementsprechend hoch belastet ist, sollte möglichst nur Getreide aus kontrolliert biologischem Anbau verwendet werden.

Bei der Vollwerternährung spielt das ganze Getreidekorn neben frischem Obst und Gemüse eine zentrale Rolle. Roh dient es als Basis für das morgendliche Frischkornmüsli, gekocht als mineralstoffhaltige Hauptspeise und verbacken als ballaststoffreiches Vollkornbrot. Nutzt der Vollwertköstler diese Möglichkeiten, kommt er in den Genuß aller im Getreide enthaltenen Vitalstoffe (siehe Buchweizen/Dinkel/Gerste/Hafer/Hirse/Mais/Reis/Roggen/Weizen).

Getreideaufstriche werden aus den einzelnen Getreidesorten, vorwiegend jedoch aus Dinkel oder Grünkern hergestellt, und zwar auch sehr leicht in Eigenproduktion. Dazu wird das Getreide geschrotet, kurz aufgekocht und in Fett mit Gewürzen und/oder Gemüsestückchen verrührt. Nach dem Abkühlen ist eine streichfähige Paste entstanden, die, im Schraubglas kühl aufbewahrt, einige Tage haltbar ist (siehe auch Brotaufstriche).

Getreideflocken werden durch Quetschen aus den verschiedenen Getreidesorten gewonnen. Da bei diesem Prozeß das Korn »geöffnet«

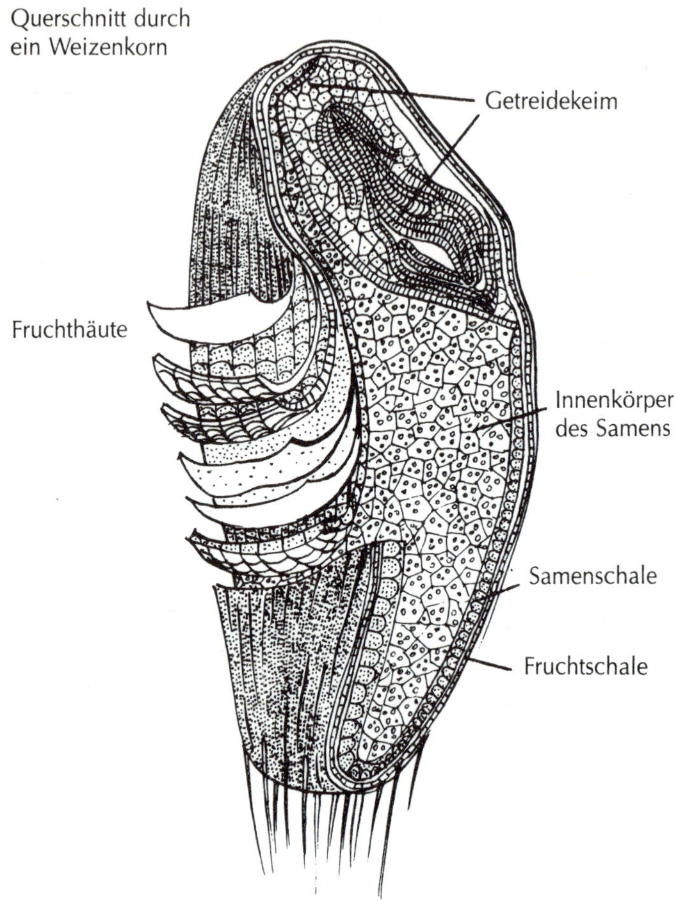

Getreideaufbau

wird, setzt mit der Zeit ein Vitalstoffverlust ein, der um so höher ist, je länger die Flocken gelagert werden. Zur besseren Haltbarkeit werden die meisten Flocken zusätzlich noch entkeimt und auch erhitzt.
Fertige Getreideflocken sind daher nur begrenzt zu empfehlen, wenn sie zum Frühstück anstelle von Brot gegessen werden sollen. Sie sind minderwertiger als ein Frischkornmüsli. Neuerdings gibt es neben Getreidemühlen auch Getreidequetschen, mit denen sich aus dem ganzen Korn die gewünschten Flocken im Nu selbst zubereiten lassen.

Getreidemühle: Heute für einen ernährungsbewußten Menschen unverzichtbares Haushaltsgerät. Für diejenigen, die ihre Ernährung auf Vollwertkost umstellen möchten, scheint der relativ hohe Kaufpreis oft ein Hindernis zu sein. Aber seien Sie sicher, es ist eine lohnende Anschaffung. Die vielfältigen Einsatzmöglichkeiten einer Getreidemühle treten meist erst zum Vorschein, wenn sie in den alltäglichen Lebensablauf voll integriert wurde und der Nutzen für das körperliche Wohlbefinden spürbar wird.
Vom morgendlichen Frischkornmüsli oder Getreidebrei (für Kleinkinder) über Schrotsuppen, Bratlinge, Pfannkuchen bis hin zum selbstgebackenen Brot und Kuchen aus dem ganzen Korn – die eigene Mühle mahlt's. Der besondere Vorteil dabei ist, daß immer frisches Mehl und Schrot zur Verfügung stehen, in denen alle Vitalstoffe, auch die sich schnell verflüchtigenden Aromastoffe, noch enthalten sind.
Die zahlreichen Mühlen, die mittlerweile angeboten werden, unterscheiden sich zunächst in der Antriebsart. Die Handmühle ist die kleinste und billigste Mühle und zum Schroten fürs tägliche Müsli völlig ausreichend. Um auch ganze Mahlzeiten aus frisch gemahlenem Schrot zuzubereiten, empfiehlt es sich, eine Elektromühle anzuschaffen. Es gibt sie in unterschiedlicher Ausführung, mit Stahl- oder Steinmahlwerk. Das Stahlmahlwerk vermahlt das Getreide zwar nur zu einem grießartigen Mehl, das sich nicht so gut verbacken läßt, dafür können damit aber Ölsaaten zerkleinert werden.
Mühlen mit Steinmahlwerk haben sich seit Jahrtausenden bewährt. Sie produzieren zweifellos das feinere Mehl, eignen sich jedoch nicht für Ölsaaten. Zu berücksichtigen ist jedoch auch der Mahlprozeß selbst. Während Mühlen mit Stahlmahlwerk die Getreidekörner zerquetschen, werden diese im Steinmahlwerk von außen nach innen geschält und schonend vermahlen (siehe auch empfehlenswerte Literatur im Anhang).

Getreidekaffee enthält im Gegensatz zu Bohnenkaffee kein Koffein. Wie der Name bereits verrät, wird er aus Getreide hergestellt. Bevorzugte Getreidesorte ist hier die Gerste, die vor dem Rösten zum Keimen gebracht wird, wodurch sich die Stärke in Malzzucker verwandelt. Getreidekaffee, der ausschließlich aus gerösteter Gerste besteht, ist auch unter dem Namen Malzkaffee bekannt.

Es gibt jedoch noch eine Reihe weiterer Getreidekaffees, die neben Gerste auch Roggen oder Weizen enthalten und mit gerösteten und pulverisierten Früchten wie Zichorien, Eicheln und Feigen vermischt werden.

Frucht- und Getreidekaffees, die es auch mit Zutaten aus kontrolliert biologischem Anbau gibt, sind eine gesunde Alternative zum Bohnenkaffee. Sie stellen sowohl für Erwachsene als auch für Kinder ein wohlschmeckendes Getränk dar.

Getreidekaffees sind gemahlen, ungemahlen und als Instantpulver im Reformhaus und Naturkostladen erhältlich.

Gewürze spielen in der Vollwertküche eine wichtige Rolle. Sie dienen nicht nur zum Würzen und Verfeinern diverser Speisen, sondern haben – je nach Inhaltsstoffen – unterschiedliche Wirkungen auf den menschlichen Organismus.

So können Gerichte durch Gewürze beispielsweise ganz allgemein bekömmlicher und leichter verdaulich werden. Gewürze haben zudem die Fähigkeit den Organismus unterschiedlich zu stimulieren, sie können sowohl appetitanregend als auch appetithemmend wirken. Es gibt blähungstreibende Gewürze wie Kümmel, krampflösende wie Fenchel und leicht antibiotisch wirkende wie Meerrettich.

Verwendung finden – je nach Art des Gewürzes – die unterschiedlichen Pflanzenteile: Wurzeln (bei Meerrettich und Sellerie), ganze Wurzelstöcke (bei Ingwer), Blätter (bei Pfefferminze, Salbei, Rosmarin), Blüten (bei Safran, Lavendel, Nelken), Früchte (bei Koriander, Kümmel, Anis, Dill), Samen (bei Bittermandeln und Senf), Samenteile (bei Muskatnuß), Fruchtschalen (bei Orangen und Zitronen) und Rinden (bei Zimt).

Bei importierten Gewürzen bringen der lange Transportweg und die tropischen Klimaeinflüsse immer wieder Probleme mit sich. Um eine Keimung der Gewürze zu vermeiden, sind importierte (aber auch einheimische) Gewürze lange Zeit mit Ethylenoxid, einem giftigen Stoff, begast worden. Nachdem nachgewiesen werden konnte, daß dieses Gas krebserregend wirkt, wurde von Seiten der Industrie nach anderen Konservierungsmethoden gesucht. Viele Gewürze werden deshalb seit geraumer Zeit radioaktiv bestrahlt, was jedoch nicht minder problematisch ist.

In der Vollwertküche werden daher frische heimische Gewürze und Kräuter wie Dill, Petersilie, Schnittlauch, Majoran und Thymian bevorzugt. Gewürze aus dem eigenen Kräutergarten können auch selbst getrocknet und an einem halbschattigen, luftigen Ort etwa ein Jahr aufbewahrt werden (siehe auch Strahlenkonservierung).

Gewürzfenchel: Früchte der aus dem Mittelmeerraum stammenden Fenchelstaude, die jedoch auch in zunehmendem Maße aus unseren heimischen Kräutergärten kommen.

Die getrockneten, etwa fünf Millimeter langen Früchte werden im Mörser zerstoßen und sind als aromatisches Gewürz und Teeaufguß sehr beliebt. Fencheltee wird aufgrund seiner leicht beruhigenden, krampflösenden Wirkung als wohlschmeckendes Getränk für Kleinkinder immer häufiger verwendet.

Gewürznelken werden aus den getrockneten Blütenknospen des Gewürznelkenbaumes gewonnen. Die Ernte erfolgt kurz vor der Blüte.

Gewürznelken finden sowohl ganz als auch vermahlen auf vielfältige Weise Verwendung. In Gemüsegerichten, wie zum Beispiel Rotkohl, können die ganzen Nelken mitgekocht werden. Für Desserts, Obstspeisen und Kleingebäck eignen sich die vermahlenen Nelken besser.

Da Gewürznelken sehr aromatisch sind, sollte mit Vorsicht dosiert werden.

Ghee: Das in der indischen Küche am häufigsten verwendete Fett. Das heiße Klima und mangelnde Kühlmöglichkeiten zwingen die Inder, diese leicht verderbliche Butter so zu präparieren, daß sie auch bei Hitze länger gelagert werden kann.

Bei dieser einfachen Methode wird die Butter nur erhitzt und das aufschäumende Eiweiß abgeschöpft. Zurück bleibt die geklärte Butter, die bei uns unter dem Namen »Butterschmalz« zumindest der älteren Generation bekannt sein dürfte.

Ginseng: Bezeichnung für die aus Indien, Japan und Korea stammende Wurzel des Ginsengstrauches.

Ginseng wird aufgrund seiner abwehrstärkenden Inhaltstoffe (Ginsenoside) auch in unseren Breiten als Heilmittel geschätzt. Seine Verwendung bei Rekonvaleszenz, Erschöpfungszuständen oder Altersbeschwerden sollte sich sinnvollerweise jedoch auf den Teeaufguß aus zerkleinerten Ginsengwurzeln beschränken, da die zahlreichen im Handel angebotenen Ginsengpräparate oft nur noch geringe Mengen Ginseng enthalten.

Gluten ist das im Weizenkorn enthaltene Klebereiweiß, das durch Auswaschen von Stärke und Kleie zurückbleibt. Gluten hat eine zähe, elastische Konsistenz und dient in China, Japan und Korea bereits seit Jahrtausenden als Eiweißlieferant. In Japan wird Gluten traditionell zu Seitan weiterverarbeitet, das auch in heimischen Naturkostläden erhältlich ist (siehe auch Seitan).

Gomasio: Das Sesamsalz erfreut sich im Zuge der sich immer mehr verbreitenden makrobiotischen Ernährungsweise auch bei uns zunehmender Beliebtheit.

Gomasio ist eine Mischung aus ungeschälten Sesamsamen und Meersalz, nach George Oshawa (dem Begründer der Makrobiotik) im Verhältnis 4 : 1. Das Mischungsverhältnis kann jedoch individuell variiert und dem eigenen Geschmack angepaßt werden.

Gomasio kann auch leicht selbst hergestellt werden. Dazu werden die ganzen, ungeschälten Sesamsamen in einer Pfanne ohne Zugabe von Fett bei schwacher bis mittlerer Hitze leicht geröstet, bis die Körnchen gleichmäßig gebräunt sind. Das Meersalz wird erst zum Schluß dazugegeben, mit dem Sesam verrührt und nur kurz mitgeröstet. Anschließend wird die Mischung im Mörser zerstoßen und in einem Schraubglas möglichst luftdicht verschlossen aufbewahrt.

Gomasio ist ein pikantes, eiweißreiches Würzmittel, das sowohl auf Brot als auch zu Salaten und Getreidegerichten vorzüglich mundet.

Es sollte jedoch nicht länger als eine Woche aufbewahrt werden, da es dann leicht abgestanden schmeckt (siehe auch Sesam).

Gorgonzola: Italienischer Weichkäse, der durch spezielle Schimmelpilzkulturen zur Reifung gelangt. Der Käse ist von Schimmeladern durchzogen und hat einen sehr pikanten Geschmack. Gorgonzola eignet sich besonders gut für kräftige Käsesaucen.

Granola: Bezeichnung für eine aus Amerika stammende Variante des Müslis, die aus gerösteten Haferflocken, verschiedenen Kernen, Öl und Honig besteht (siehe auch Crunchy).

Grapefruit: Vitaminreiche Zitrusfrucht mit gelber Schale und bittersüßem Fruchtfleisch. Die aus Israel, Südafrika und Übersee importierten Früchte werden jedoch wegen ihres langen Transportwegs bereits im Erzeugerland nach der Ernte in ein Fungizidbad getaucht und anschließend gewachst.

Im Naturkostladen sind Grapefruits jedoch auch aus kontrolliert biologischem Anbau erhältlich.

Graupen werden aus rundgeschliffenen Gersten- und Weizenkörnern hergestellt. Da bei dem Verarbeitungsprozeß sowohl der vitalstoffreiche Keimling als auch die eiweißreiche Samenschale entfernt werden, müssen Graupen als Teilnahrungsmittel angesehen werden. In der Vollwertküche finden sie kaum Verwendung.

Grieß: Bezeichnung für ein Getreideprodukt, das beim Vermahlen von Getreidekörnern anfällt und von der Körnung her zwischen Schrot und Mehl anzusiedeln ist.

Industriell wird Grieß aus Weizenkörnern hergestellt, indem, ähnlich wie bei Graupen, Schale und Keimling des Korns entfernt werden und nur noch der stärkehaltige Mehlkörper übrigbleibt. Der handelsübliche Grieß ist ein Teilnahrungsmittel, das in der Vollwertküche nicht benötigt wird.

Grünkern: Unreif geernteter und gedarrter Dinkel, der einstmals mehr oder weniger zufällig dadurch entdeckt wurde, daß Bauern ihren vorm Regen durchweichten Dinkel vorzeitig ernten und in der Not über dem Holzfeuer darren mußten.

Grünkern ist aufgrund seines sehr pikanten, aromatischen Geschmacks besonders bei jenen Leuten sehr beliebt, die sich mit dem Gedanken tragen, ihre Ernährung auf vollwertige Kost umzustellen. Seine Verwendungsmöglichkeiten sind recht vielfältig. Er eignet sich gut für die Zubereitung von Bratlingen, Aufläufen aber auch für Suppen und Saucen (siehe auch Dinkel).

Grünkohl ist ein typisches Wintergemüse, das erst im Spätherbst in den Handel kommt. Sein besonderes Aroma entfaltet Grünkohl jedoch noch später, nämlich nach den ersten Frösten. Vom Grünkohl sind Strunk und Blätter genießbar.

Er enthält fast doppelt soviel Vitamin C wie Grapefruits und ist reich an Niacin (ein Vitamin) und Calcium. Aufgrund seiner großen, krausen Oberfläche ist er, ähnlich wie Petersilie, ein Schadstoffsammler. Es sollte deshalb Grünkohl aus kontrolliert biologischem Anbau bevorzugt werden.

Wie einige andere Gemüsesorten auch, eignet sich Grünkohl nicht als Rohkost.

Grütze wird industriell durch grobes Schroten von geschälten Buchweizen-, Gersten- und Haferkörnern hergestellt.

In der Vollwertküche wird Grütze aus dem ganzen Korn geschrotet und als Basis für Getreidebreie, Suppen und Bratlinge verwendet. Durch die größere Oberfläche der aufgebrochenen Körner hat Grütze eine kürzere Garzeit als ganzes Getreide.

Guarkernmehl: Pflanzliches Verdickungsmittel, das aus den Samen der aus Asien stammenden Guarpflanze gewonnen wird. Es eignet sich zum Andicken von Suppen, Saucen und Glasuren.

Guave: Apfelgroße Frucht des tropischen Guavenbaumes. Die in den alten Bundesländern erhältlichen

Guaven stammen vorwiegend aus den Mittelmeerländern und Kalifornien und verfügen über einen sechsmal so hohen Vitamin-C-Gehalt wie Orangen.

Gruyère (Greyerzer): Hartkäse, der ursprünglich aus gleichnamigem Ort in der Schweiz stammt. Der Käse hat einen würzigen Geschmack und wird gern für Käsefondues verwendet.

Gurke: Zählt zu den Kürbisgewächsen. Gurken haben einen relativ hohen Wassergehalt und sind energiearm. Ihre ernährungsphysiologische Bedeutung ist daher äußerst gering.

In der Vollwertküche werden frische Salat- und Gewürzgurken bevorzugt. Diese sollten möglichst aus dem Freiland sein bzw. aus kontrolliert biologischem Anbau kommen, da Gurken aus dem Gewächshaus durch zahlreiche chemischen Spritzungen hoch belastet sind.

H

Hafer: Getreideart, die zu den Rispengräsern zählt. Im Gegensatz zu Weizen, Gerste und Roggen bildet Hafer Rispen mit großen, zum Teil mehrkörnigen Ährchen. Die einzelnen Körner sind von Spelzen umschlossen und nicht miteinander verwachsen.
Noch bis ins 19. Jahrhundert hinein bildete der Hafer in Europa die Grundlage für die tägliche Ernährung. Verzehrt wurde er vorwiegend in Form von Brei, da er zum Backen ungeeignet ist. Heute findet er hauptsächlich in der industriellen Herstellung von Haferflocken Verwendung.
Der ernährungsphysiologische Nährwert von Hafer übersteigt den aller anderen Getreidesorten. Mit etwa 13 Prozent Eiweiß ist er das eiweißreichste Getreide. Darüber hinaus enthält er das Provitamin A (Carotin), die Vitamine B_1, B_2, B_6, E und K. Mit den im Haferkorn reichlich enthaltenen lebenswichtigen ungesättigten Fettsäuren kann ein Großteil des täglichen Bedarfs gedeckt werden. Da Hafer zudem fast alle wichtigen Mineralstoffe wie Calcium, Magnesium, Eisen, Phosphor, Mangan und Kupfer anbietet, eignet er sich besonders zur vitalstoffreichen Grundernährung für heranwachsende Kinder.
Da beim Hafer die Vitalstoffe nicht im Mehlkern, sondern in den Randschichten und im Keim konzentriert sind, ist es wichtig, das ganze, unversehrte Getreidekorn zu verspeisen. Im Gegensatz zu dem im Handel angebotenen Spelzhafer, der erst maschinell entspelzt werden muß (wodurch Randschichten und Keim entfernt bzw. beschädigt werden), ist der im Reformhaus und Naturkostladen erhältliche Sprießkornhafer noch keimfähig und bestens für die Zubereitung des täglichen Frischkornmüslis geeignet.
Hierfür können die Haferkörner entweder mit der Getreidemühle frisch geschrotet oder mit der Flokkenquetsche zu Flocken verarbeitet werden. Die geschroteten oder gequetschten Haferkörner sollten allerdings nur kurz eingeweicht wer-

den, da sie bei längerer Quellzeit einen bitteren Beigeschmack bekommen.

Haferflocken werden zum größten Teil aus Spelzhafer hergestellt. Durch die mehrfache Bearbeitung sind sowohl die Randschichten als auch der wertvolle Keim beschädigt bzw. vollständig entfernt worden. Da Haferflocken zudem meist wärmebehandelt werden, damit sie länger haltbar sind und nicht ranzig werden, gehen die wertvollen Inhaltsstoffe fast gänzlich verloren.

Eine vollwertige Ernährung bedarf keiner industriell hergestellten Flocken. Es ist in jedem Fall ratsamer, die ohnehin weichen Haferkörner ganz zu verzehren, falls keine Mühle verfügbar ist, als sich mit minderwertigen Haferflocken zu begnügen.

Hagebutte: Vitamin-C-reiche Scheinfrucht des Hagebuttenstrauchs.

Hagebutten sind roh ungenießbar. Sie können jedoch zu Fruchtmus und Konfitüren verarbeitet werden. Aus den getrockneten Früchten wird der aromatische Hagebuttentee hergestellt, der auch in verschiedenen Früchtetees enthalten ist.

Hartweizen: Weizenart, die vorwiegend in den wärmeren Regionen Italiens und Frankreichs angebaut wird. Hartweizen hat einen etwas niedrigeren Gehalt an Klebereiweiß. Der aus ihm hergestellte Hartweizengrieß eignet sich hervorragend für die Zubereitung von Pasta, dem traditionellen italienischen Nudelgericht.

Haselnuß: Wildfrucht des heimischen Haselnußstrauches. Haselnüsse, die schon in der Steinzeit den Menschen als energiespendende Nahrung dienten, werden heute in verschiedenen Zuchtformen kultiviert. Sie sind außergewöhnlich reich an ungesättigten Fettsäuren, enthalten darüber hinaus viel Eiweiß und die lebenswichtigen Mineralstoffe Calcium, Eisen und Phosphor sowie die Vitamine D und E.

Erfreulicherweise gibt es im Naturkostladen auch Haselnüsse aus kontrolliert biologischem Anbau, die zwar relativ teuer sind, aber besonders als Zutat zum Frischkornmüsli bevorzugt werden sollten.

Hatcho-Miso: Sojabohnenextrakt, das ausschließlich aus Sojabohnen ohne Zusatz von Getreide hergestellt wird (siehe auch Miso).

Hefe besteht aus Mikroorganismen, welche die Fähigkeit haben, den in Nahrungsmitteln enthaltenen Zucker in Alkohol umzuwandeln. Von den sogenannten Reinzuchthefen Bierhefe, Weinhefe und Backhefe ist letztere aufgrund ihrer Verwendung im häuslichen Bereich die wohl bekannteste. Sie ist als Treibmittel für die Herstellung von Brot-, Pizza- und Kuchenteigen unentbehrlich geworden.

Hefe ist aber auch in Form eines eiweiß- und vitaminreichen Hefeextrakts im Naturkostladen und Reformhaus erhältlich. Dieser eignet sich als Brotaufstrich ebenso wie zum Würzen von Salatdressings und Saucen.

Hefeflocken werden heute meist aus Melasse oder Molke gewonnen und im Vakuumverfahren in Walzentrocknern bei etwa 60 Grad getrocknet. Die als vitaminreich gepriesenen Hefeflocken sind jedoch bei einer vollwertigen Ernährung überflüssig. Sie können ähnlich wie Hefeextrakt als natürliche Geschmacksverstärker verwendet werden.

Heidelbeere: Frucht des Heidelbeerstrauches, der in unseren heimischen Wäldern noch relativ häufig anzufinden ist. Die erbsengroßen blauschwarzen Beeren schmecken süß-säuerlich und sind reich an Vitaminen und Mineralstoffen.

Heilwasser unterliegt rechtlich nicht der Tafelwasserverordnung, sondern dem Arzneimittelgesetz. Heilwasser unterscheiden sich von Mineralwässern in erster Linie durch die Zusammensetzung ihrer Mineralstoffe. Diese müssen nicht nur in bestimmten Mindestmengen enthalten sein, sondern auch eine nachweislich heilende Wirkung haben.

Durch die zunehmende Umweltbelastung steigen jedoch auch die Nitratwerte in Heilwässern, so daß es bereits mehrfach vorkam, daß die hier vorgeschriebenen Höchstmengen überschritten wurden und die jeweiligen Quellen daraufhin geschlossen werden mußten.

Hijiki: Seegras, das zu den Algen gezählt wird. Es enthält zwar Vitamine und Mineralstoffe, ist jedoch auch mit Umweltgiften belastet (siehe Algen).

Himbeere: Beerenfrucht des zwei bis drei Meter hohen Himbeerstrauchs. Neben der wildwachsenden Waldhimbeere gibt es auch Gartenhimbeeren in verschiedenen Zuchtformen. Himbeeren sind reich an Mineralstoffen, besonders an Eisen, und enthalten die Vitamine B_2, Niacin und Vitamin C. Aufgrund ihrer weichen Konsistenz können frische Himbeeren schlecht transportiert bzw. gelagert werden. Sie werden daher vorwiegend tiefgefroren und in Form von Konfitüren angeboten.

Hirse zählt neben Gerste zu den ältesten Getreidearten. Bis zum Ende des 19. Jahrhunderts war der Hirsebrei in unseren Regionen bei breiten Schichten der Bevölkerung eine der beliebtesten Getreidespeisen.

Die zu den Gräsern zählende Getreideart wird unterschieden in Rispenhirse, die auch heute noch in begrenztem Umfang im süddeutschen Raum angebaut wird, in Kolbenhirse, die als Vogelfutter dient,

und in Perlhirse, die in wärmeren, trockeneren Gebieten Afrikas und anderer Länder angebaut wird.
Hirse hat neben Hafer den höchsten Gehalt an Vitalstoffen, die zudem im ganzen Korn verteilt sind. Sie ist reich an Vitaminen und Mineralstoffen, besteht zu etwa zehn Prozent aus Eiweiß und enthält die für Haut und Haare wichtige Kieselsäure.
Hirse hat eine relativ kurze Garzeit von nur etwa 20 Minuten und eignet sich hervorragend für die Zubereitung von süßen und pikanten Speisen. Einige rohe Hirsekörner können auch täglich unter die frisch zu schrotende Müslimischung gemengt werden.
Im Naturkostladen ist Hirse auch aus kontrolliert biologischem Anbau erhältlich.

Homogenisieren: In Molkereien angewandtes Verfahren, das ein Aufrahmen der Milch verhindert. Dabei wird die Milch unter extrem hohem Druck durch Düsen gepreßt, wodurch sich die in der Milch enthaltenen Fettkügelchen verkleinern und gleichmäßig in der Milch verteilt bleiben.
Abgesehen von der Tatsache, daß Kuhmilch von Natur aus für das heranwachsende Kalb und nicht für den Menschen bestimmt ist, sollte derjenige, der auf Milch nicht verzichten möchte, der nicht homogenisierten, unbehandelten Milch (möglichst aus biologisch arbeitenden Betrieben) den Vorzug geben. (siehe auch Milch)

Honig: Von den Bienen aus Blütennektar erzeugter Süß- und Nährstoff. Honig ist das älteste und natürlichste Süßmittel, da es zu seiner Herstellung keinerlei technischer Verfahren bedarf.
Der von den Pflanzen produzierte Nektar wird von den Honigbienen gesammelt, von ihnen mit körpereigenen Substanzen angereichert und in Waben eingelagert. Von Natur aus dient Honig den Bienen als Vorrat für die kalten Herbst- und Wintertage; er sollte daher bewußt und sparsam verwendet werden.
Aufgrund seiner hochwertigen naturbelassenen Inhaltstoffe ist er ein konzentrierter Vitalstoffträger, der auch in der Vollwerternährung eine wichtige Rolle spielt. Zu den wichtigsten Inhaltstoffen zählen die Vitamine der B-Gruppe, Vitamin C sowie die Mineralstoffe Kalium, Calcium, Magnesium, Eisen, Phosphor und Kupfer. Hauptbestandteil des Honigs sind jedoch Traubenzucker (Glukose) und Fruchtzucker (Fructose). Ihr Anteil liegt bei Blütenhonigen zwischen 70 und 80 Prozent.
Die unterschiedlichen Honigsorten variieren nicht nur in Geschmack, Farbe und Konsistenz, sondern weisen auch erhebliche Qualitätsunterschiede auf. Bei der Honigwahl sollte deshalb unbedingt darauf geachtet werden, daß es sich um

kaltgeschleuderten, unveränderten Honig handelt, das heißt um Honig, der beim Abfüllen nicht über 35 Grad erhitzt wurde. Da mehr Honig konsumiert als produziert wird, ist davon auszugehen, daß größere Mengen an Honigverschnitt in Umlauf sind, vermarktet mit werbewirksamen – aber letztlich nichtssagenden – Aufschriften wie »Naturhonig« u. ä. Bei Honig, dessen Etikett nicht mit dem Zusatz »kaltgeschleudert« versehen ist, liegt der Verdacht nahe, daß er über 35 Grad erhitzt und somit ein Großteil der wertvollen Inhaltstoffe zerstört wurde.

In letzter Zeit ist Honig in Verbindung mit Karies zum Gegenstand ernährungswissenschaftlicher Diskussionen geworden. Wenngleich die überwiegende Mehrheit der Ernährungswissenschaftler die Meinung vertritt, daß der Verzehr von Honig genau wie der von Industriezucker zu Karies führt, wurden aus Amerika Meldungen bekannt, nach denen Honig ein Enzym enthalten soll, das sogar eine kariesprophylaktische Wirkung habe. Da in diesem Zusammenhang das letzte Wort noch nicht gesprochen zu sein scheint, ist es empfehlenswert, Honig nicht unbedingt in konzentrierter Form (als Brotaufstrich) zu genießen. Kalt aufgelöst im morgendlichen Frischkornmüsli kommt er nicht in konzentrierter Form mit den Zähnen in Berührung und kann auf diese Weise ohne Schaden verzehrt werden.

Hopfen: Schlingpflanze, die sich lianenartig an Holzstangen bis zu fünf Meter emporrankt.

Hopfen wird heute, mit Ausnahme zu Heilzwecken dienender geringer Mengen, ausschließlich für die Bierbrauerei verwendet. In der Vollwerternährung hat Hopfen keine Bedeutung.

Hülsenfrüchte (Leguminosen) waren lange Zeit in Vergessenheit geraten und erfahren mit zunehmender Verbreitung der Naturkost eine Art Renaissance. Nachdem sie als wertvolle Eiweißlieferanten wiederentdeckt wurden, tauchen Erbsen, Bohnen und Linsen nicht nur auf häuslichen Speiseplänen immer häufiger auf, sondern auch auf den Speisekarten vegetarischer Restaurants.

Besonders in Kombination mit Getreide genossen, haben sie eine hohe biologische Wertigkeit. In der Vollwertküche eignen sich Hülsenfrüchte hervorragend für die Zubereitung von Bratlingen und Gratins sowie als Füllungen für Teigtaschen. Linsen bieten sich auch zum Keimen an und können als Linsensprossen für pikante Rohkostsalate verwendet werden (siehe auch Bohnen / Erbsen / Linsen / Sojabohnen).

I

Ingwer: Wurzelstock eines tropischen Staudengewächses. Die scharf schmeckende Ingwerwurzel, die in asiatischen und arabischen Ländern als tägliches Gewürz für die verschiedensten Speisen Verwendung findet, ist frisch und in Pulverform erhältlich. Ingwerpulver, das Antioxidantien enthält, ist in gesundheitlicher Hinsicht ohne Bedeutung. Die frische Ingwerwurzel hingegen gilt in den Anbauländern auch als Heilmittel und wird als Teeaufguß bei Erkältungen und Entzündungen der Atemwege eingesetzt.

Ingwer ist auch in der bei uns erhältlichen Yogi-Teemischung und in Curry enthalten.

Insulin: Von der Bauchspeicheldrüse produziertes, einziges blutzuckersenkendes und Glykogen (Stärke) aufbauendes Hormon, das den gesamten Körperstoffwechsel beeinflußt. Bei Insulinproduktion sorgt dieses Hormon für einen normalen Blutzuckerspiegel. Liegt jedoch ein Insulinmangel vor (zum Beispiel wegen langjähriger Fehlernährung), kommt es zur bekannten Zuckerkrankheit (Diabetes mellitus), die aber auch vererbt sein kann (siehe auch Zucker).

Inulin: Stärkeart, die besonders in der aus Südamerika stammenden Süßkartoffel Topinambur enthalten ist. Inulin wird im Gegensatz zu Kartoffelstärke auch von Diabetikern vertragen.

Invertzucker: Eine Mischung aus Trauben- und Fruchtzucker. Honig besteht zu etwa 75 Prozent aus Invertzucker.

Da Invertzucker jedoch auch zu den isolierten Fabrikzuckerarten gerechnet wird, die Karies erzeugen, findet er bei einer Vollwerternährung keine Verwendung.

J

Jod: Ein für den Organismus unentbehrliches (essentielles) Spurenelement, das mit der Nahrung aufgenommen wird. Langjähriger Jodmangel kann zu der bekannten Kropfbildung führen. Der Einfluß der Ernährung sollte hierbei nicht unterschätzt werden. Im Binnenland, besonders in manchen Gebirgsregionen, wo relativ wenig jodliefernde Seefische gegessen werden, und das Trinkwasser jodarm ist, ist diese Krankheit wesentlich häufiger als in küstennahen Regionen.

Innerhalb einer vegetarischen Vollwertkost kann der tägliche Jodbedarf von 0,15 Milligramm durch einmaligen wöchentlichen Verzehr von Algen gedeckt werden.

Joghurt: Ein besonderes Sauermilchprodukt, bei dessen Herstellung spezifische »zugeimpfte« Milchsäurebakterien den Milchzucker in Milchsäure umwandeln. Der ursprünglich aus den Balkanländern stammende Joghurt wird dort vorwiegend aus Schafs- und Ziegenmilch hergestellt. Im Gegensatz dazu wird der Joghurt bei uns aus Kuhmilch produziert.

In der Molkerei wird die Milch erhitzt, anschließend mit Milchsäurebakterien versetzt und in Gläser oder Becher abgefüllt. Die eigentliche Reifung erfolgt dann bei einer Temperatur von etwa 45 Grad. Je nach Art der zugesetzten Bakterien wird zwischen Joghurt, Bioghurt und Biogarde differenziert. Die Zusammensetzung der Mineralstoffe und Spurenelemente dieser Sauermilchprodukte entspricht im wesentlichen der Rohmilch. Die Stoffwechselaktivität der Milchsäurebakterien bewirkt jedoch eine positive Veränderung der übrigen Milchinhaltsstoffe, beim Verzehr durch die gute Verträglichkeit spürbar. Hierbei ist in erster Linie die Umwandlung des Milchzuckers in Milchsäure verantwortlich, wodurch die Milch quasi vorverdaut wird. Diese Eigenschaft wirkt sich auch günstig auf die Darmflora aus.

Je nach Art der zugesetzten Milchsäurebakterien entsteht bei der

Umwandlung des Milchzuckers die linksdrehende D(−)-Milchsäure oder die rechtsdrehende L(+)-Milchsäure. Joghurtprodukte bestimmter Marken sind auffällig mit dem Hinweis »mit rechtsdrehender L(+)-Milchsäure« gekennzeichnet, wodurch beim Verbraucher der Eindruck geweckt oder verstärkt werden soll, daß diese Milchsäure besser ist als die linksdrehende D(−)-Milchsäure. Von dieser wird behauptet, daß sie – in größeren Mengen genossen (ab 750 Gramm Joghurt pro Tag) – die Besiedelung des Dickdarms mit Bakterien nachteilig beeinflußt. Fast ein Kilogramm Joghurt pro Tag zu verspeisen, scheint wohl eher die Ausnahme zu sein. Innerhalb einer vitalstoffreichen Vollwertkost ist es zudem unerheblich, ob die Milchsäure nach rechts oder links optisch aktiv ist.

Chemisch (molekular) gesehen, verhalten sich die beiden Milchsäuren wie Bild und Spiegelbild. Im Laborversuch lenkt jedoch die sogenannte »rechtsdrehende« Form einen polarisierten Lichtstrahl nach rechts ab, die »linksdrehende« nach links.

Joghurt kann für den Hausgebrauch auch selbst hergestellt werden. So wie früher, als die Dickmilch dadurch gewonnen wurde, daß man Milch einfach stehen ließ, geht es heute allerdings nur noch mit Vorzugs- oder Rohmilch. Die pasteurisierte Milch eignet sich nur noch bedingt dafür und mit der toten H-Milch funktioniert die Joghurtzubereitung gar nicht mehr.

Die im Handel erhältlichen Joghurts tragen verschiedene Vermerke. »Kühl aufbewahren« bedeutet, daß der Joghurt noch lebende Keime enthält, die sich weiter verändern und dabei u. a. molkeähnliche Flüssigkeit absondern können (was kein Zeichen des Verderbs ist). Der Vermerk »zweifach erhitzt« hingegen bedeutet, daß der Joghurt nach dem Reifen nochmals erhitzt wurde, um den Säuerungsprozeß zu stoppen. Derartige Produkte sind denaturiert und haben ihre biologische Wertigkeit verloren. Der Hinweis »mit Bindemitteln« verschlüsselt für den Verbraucher, daß bei diesen Joghurtprodukten 16 verschiedene Zusatzstoffe zulässig sind. Durch optische Aufwertung der Gefäße wird häufig versucht, die mindere Qualität dieser Erzeugnisse zu vertuschen.

Bei einer gesunden, vernünftigen Ernährung sollte Joghurt – wenn er nicht selbst hergestellt wird – möglichst aus Betrieben mit biologischer Tierhaltung stammen. Diese Sauermilchprodukte sind zudem meist in Gläsern zu kaufen, die zurückgegeben werden können.

Johannisbeeren sind die kultivierten Beerenfrüchte des heimischen Johannisbeerstrauches. Es gibt schwarze, rote und weiße Johannisbeeren, deren Haupterntezeit von Mai (Johannistag) bis Juni liegt. Der Vitamin-C-Gehalt von roten Johannisbeeren ist ähnlich hoch wie der von Orangen, während schwarze Johannisbeeren fast sechsmal soviel liefern. Die Beeren sind außerdem reich an Mineralstoffen, vor allem an Kalium.

Johannisbeeren haben einen hohen Säuregehalt und werden vorzugsweise zu Obstgelees, Konfitüren und Fruchtsäften weiterverarbeitet.

Johannisbrotmehl auch unter dem Namen Carobpulver bekannt, wird aus den langen, flachen Schoten des im Mittelmeerraum heimischen Johannisbrotbaumes gewonnen. Das süße, trockene Fruchtfleisch wird entkernt, getrocknet und vermahlen. Aufgrund seines kakaoähnlichen Geschmacks wird Johannisbrotmehl, das zudem reich an Vitaminen und Mineralstoffen ist und keinen Reizstoffe enthält, in der Vollwertküche besonders geschätzt. Seine vielseitigen Verwertungsmöglichkeiten reichen von Brotaufstrichen über Carob-Müsli-Riegel bis hin zu Eiscremes (siehe Kakao).

Joule: Energieeinheit zur Angabe des Nahrungsmittelbrennwertes. Joule ist seit 1978 internationale Meßeinheit und setzt sich auch bei uns gegenüber den noch immer üblichen Kalorienangaben immer stärker durch.

1 Kalorie = 4,187 Joule bzw.

1 Joule = 0,239 Kalorien oder entsprechend

1000 (Kilo-)Kalorien = rd. 4200 (Kilo-)Joule

K

Kaffee wird aus den gerösteten, vermahlenen Früchten des exotischen Kaffeebaumes gewonnen. Die überwiegend aus Süd- und Mittelamerikanischen Ländern stammenden Kaffeebohnen werden dort in großen Plantagen kultiviert, von Hand geerntet, getrocknet und als Rohkaffee in die einzelnen Bestimmungsländer transportiert. Weil er auf riesigen Flächen monokulturell angebaut wird, ist Kaffee besonders anfällig für Schädlinge, was den Einsatz gewaltiger Mengen Pestizide und anderer »Pflanzenschutzmittel« unumgänglich macht.

Die weltweite Verbreitung des Kaffees und die Tatsache, daß sich der Kaffeeverbrauch in den alten Bundesländern in den letzten 30 Jahren mehr als verdoppelt hat, hat einige ökologisch arbeitende Betriebe dazu motiviert, auch Kaffee biologisch-dynamisch anzubauen. Bei diesem besonderen Kaffee handelt es sich meist um Hochlandkaffee, der nur in kleinen Plantagen kultiviert wird.

Der biologisch-dynamische Kaffee enthält wesentlich weniger Rückstände, seine Wirkungsweise beruht jedoch auch auf dem Alkaloid Coffein, welches das Zentralnervensystem anregt und die Herztätigkeit beschleunigt.

Diese von Kaffeetrinkern allgemein gewünschte und als angenehm empfundene Wirkung tritt aber nur bei geringen Mengen ein (ein bis zwei Tassen pro Tag). Bei größeren Mengen (vier bis fünf Tassen und mehr pro Tag) dagegen werden die unangenehmen Begleiterscheinungen wie Nervosität, Durchblutungsstörungen, Übersäuerung des Magens und Schlaflosigkeit sehr bald spürbar.

Diese Symptome, die als Zeichen einer dauerhaften Gesundheitsgefährdung oft verkannt werden, sind auch bei eingeschränktem Kaffeegenuß bereits vorprogrammiert.

Da Kaffee eine euphorische Stimmung bewirkt, die mehr Energie und Leistungsfähigkeit nur vortäuscht, folgen der anregenden und aufputschenden Wirkung in der Regel Niedergeschlagenheit und Ermüdung, denen dann erneut mit einem Täßchen Kaffee begegnet wird. Auf diese Weise entsteht häufig ganz unbemerkt eine Abhängigkeit, ähnlich wie bei anderen Drogen. Kaffee ist daher neben Alkohol und Zucker die meist verbreiteste und zugleich die meist verharmloste Droge.

Ein weiterer kritischer Punkt besteht darin, daß Kaffee Chorogensäure enthält, die Magen-Darm-beschwerden und Sodbrennen auslösen kann. Eine direkte karzinogene Wirkung konnte beim Kaffee bisher nicht nachgewiesen werden. Dauerhafter Kaffeegenuß führt jedoch – u. a. auch wegen der in ihm enthaltenen Röststoffe – zu einer gesundheitsgefährdenden permanenten körperlichen wie psychischen Reizung, was sich bei vielen Kaffeetrinkern u. a. in ihrem Verhalten bemerkbar macht.

In der Vollwerternährung werden daher Kaffees bevorzugt, die aus getrockneten und gerösteten Früchten und Getreide hergestellt werden, kein Coffein enthalten und keine gesundheitsgefährdenden Nebenwirkungen haben.

Kakao wird aus den Bohnen des Kakaobaumes gewonnen, der in den feuchtheißen tropischen Regionen Mittel- und Südamerikas beheimatet ist.

Die frischen Kakaobohnen haben einen bitter-herben Geschmack, der erst durch unterirdische Lagerung und Fermentation gemildert wird. Der Rohkakao wird dann per Schiff nach Europa transportiert. Um den Kakao gegen Schimmel und Schädlinge zu schützen, wird die ganze Ladung mit hochgiftiger Blausäure und anderen gefährlichen Chemikalien wie Phosphorwasserstoff oder Methylbromid begast. Bei Rückstandskontrollen konnte Methylbromid in ungerösteten Kakaobohnen noch nach zwei Monaten mit über 30 ppm pro Liter Kakao nachgewiesen werden. Selbst nach vier Monaten waren noch Rückstände meßbar.

Nach dem Rösten und Entfernen von Keim und Schale bleibt eine zähflüssige Masse zurück, die neben Gerbstoffen und Coffein auch Eiweiß, Mineralstoffe und Kohlenhydrate enthält. Den weitaus größten Bestandteil mit über 50 Prozent bildet jedoch die Kakaobutter. Bei der Weiterverarbeitung zu unzähligen Kakao- und Schokoladenprodukten werden bis zu 75 Masseprozent Zucker zugesetzt, wodurch diese ohnehin schon denaturierten Industrieprodukte noch wertloser und gesundheitsgefährdender werden. Zuckerhaltige Kakaoprodukte haben innerhalb einer vollwertigen Ernährung keinen Platz.

Relativ neu im Naturkosthandel ist ein Haselnuß-Schoko-Brotaufstrich, der aus kontrolliert biologischem Kakao und unraffiniertem Vollrohrzucker hergestellt wird. Dieser Kakao ist rein auch in Pulverform erhältlich. Bei diesen, teilweise noch von Hand hergestellten Erzeugnissen handelt es sich zwar auch um Extrakte, dennoch sind sie den konventionellen zuckersüßen Schokoprodukten in jedem Fall vorzuziehen.

Kakifrucht: Exotische Frucht mit hohem Vitamin-A-Gehalt. Die ursprünglich aus China stammenden Früchte sind etwas größer als Kiwis und können bis zu 300 Gramm wiegen. Auf dem deutschen Markt spielen sie jedoch nur eine untergeordnete Rolle.

Kaktusfeige: Frucht des Feigenkaktus, der sowohl in subtropischen Gebieten als auch im Mittelmeerraum wächst. Ursprünglich stammt er vom amerikanischen Kontinent. Die stacheligen Früchte haben viele Kerne und werden bei uns relativ selten angeboten.

Kalium ist einer der bedeutendsten Mineralstoffe, der für viele Körperfunktionen lebenswichtig ist. Da Kalium in fast allen Pflanzen und auch in den meisten verarbeiteten Nahrungsmitteln reichlich vorhanden ist, besteht – zumindest nach der makrobiotischen Ernährungslehre – bei vielen Menschen ein Kalium-Überschuß. Kalium und Natrium haben u. a. eine entscheidende Funktion im Säure-Basen-Haushalt des Körpers (siehe Makrobiotik/Säure-Basen-Verhältnis).

Kalorie: Maßeinheiit, die den Brennwert von Nahrungsmitteln angibt. Definition: Eine Kalorie ist diejenige Wärmemenge, die erforderlich ist, um ein Gramm Wasser bei normalem Atmosphärendruck von 14,5 auf 15 Grad zu erwärmen.

In letzter Zeit setzt sich auch bei uns die international schon länger übliche Bezeichnung Joule immer mehr durch (siehe auch Joule).

Nahrungsmittel und ihren Verzehr nach Kalorien auszuwählen und zu messen, ist die immer noch gängige Methode der auf der Kalorien-Theorie basierenden alten Ernährungslehre, die nur die Grundnährstoffe Eiweiß, Fett und Kohlenhydrate berücksichtigt. Die Kalorien-Theorie ist nicht nur völlig unsinnig, sondern auch wissenschaftlich längst überholt. Innerhalb weiter Bevölkerungskreise besteht hier jedoch weiter ein Informationsdefizit.

Übergewicht und Fettsucht durch kalorienarme Nahrung in den Griff zu bekommen, ist ein ziemlich aussichtsloses Unterfangen, da eine einseitige Reduktionskost die eigentliche Ursache dieser Leiden, den akuten Vitalstoffmangel, nur noch verstärkt und die mühsam abgespeckten Pfunde nach der Diät um so schneller wieder zugelegt werden. Sowohl Fettsucht als auch

Übergewicht entstehen in erster Linie nicht durch einen erhöhten Fettverzehr oder überkalorische Nahrung, sondern durch eine dauerhafte Fehlernährung, deren Vitalstoffmangel unweigerlich zu diesen Stoffwechselerkrankungen führt. Bei der gesunden, vollwertigen Ernährung, die alle natürlichen Vital- und Wirkstoffe enthält, gibt es keine Gewichtsprobleme, wodurch Kalorien ihre Bedeutung verlieren (siehe Vitalstoffe / Vollwertkost).

Kamille zählt zu den bedeutendsten heimischen Heilpflanzen; ihr Verbrauch hat in den letzten Jahren rapide zugenommen. Ihr Anwendungsbereich ist sehr vielfältig. Äußerlich eignet sie sich für Umschläge und Kompressen bei Verletzungen, Entzündungen und Ekzemen. Bei Katarrh und Nebenhöhlenentzündungen kann sie inhaliert, bei Halsschmerzen und Heiserkeit gegurgelt werden. Als Teeaufguß wirkt sie krampflösend und lindernd bei Magen-Darm-Störungen.

Kapern: Erbsengroße Knospen des vorwiegend in Mittelmeerländern gedeihenden Kapernstrauches. Ihr unverwechselbarer Geschmack hängt mit dem hohen Gehalt an Senfölglykosiden zusammen, die auch das typische Senfaroma produzieren. Kapern sind meist in Essig eingelegt und in kleinen Gläschen im Handel erhältlich.

Kardamom: Ein aus den Kapselfrüchten des Kardamomstrauches gewonnenes, sehr aromatisches Gewürz. Kardamom wird vorwiegend in Indien und Sri Lanka, aber auch in Mittelamerika angebaut. In Indien gehört Kardamom zum täglichen Gewürz, ohne das eine Speise kaum denkbar wäre. Bei uns wird es vorwiegend fürs weihnachtliche Backen verwendet.

Kartoffel: Ursprünglich stammt die Kartoffelpflanze aus den Anden (Südamerika). Die Kartoffel ist keine Frucht, sondern eine Verdikkung keimender Sprosse. In den alten Bundesländern ist der Verbrauch in den letzten 50 Jahren stark zurückgegangen; 1982/83 betrug er mit durchschnittlich 74 Kilogramm pro Kopf und Jahr nur noch etwa ein Drittel des entsprechenden Werts der Nachkriegsjahre.

So unterschiedlich sich die zahlreichen Ernährungslehren im einzelnen auch darbieten mögen, was die Kartoffel anbelangt, sind sich ihre Vertreter auf seltsame Weise einig. Da gibt es für die »Wunderknolle« aufgrund ihrer »hohen biologischen Wertigkeit« fast nur Gutes zu hören. Die makrobiotische Ernährungslehre, welche die Kartoffel wegen ihres ungünstigen Kalium-Natrium-Verhältnisses (Yin-Yang-Verhältnis) ablehnt und stattdessen Reis, Buchweizen und anderen Getreidearten den Vorzug gibt, bildet da fast schon die Ausnahme.

Die Kartoffel besteht zum größten Teil aus Kohlenhydrat (Stärke) und enthält nur wenig Eiweiß. Ihr Vitamin-C-Gehalt beträgt ein Viertel von dem roter Johannisbeeren oder Grapefruits, während ihr Niacin-Gehalt mit 1,0 Milligramm in etwa den von Möhren erreicht. Ferner enthält sie Vitamin B_1 und Vitamin A. Was die Mineralstoffe betrifft, ist ihr hoher Kalium-Anteil zu erwähnen, der allerdings unterschiedlich bewertet wird.

Wesentlich nennenswerter sind dagegen die Schadstoffrückstände, die sich aufgrund des immer noch hohen Pro-Kopf-Verbrauchs zu einer Menge summieren, die nicht mehr ganz unbedenklich ist. Die in stetig wachsenden Monokulturen angebauten Kartoffeln sind anfällig gegen Schädlinge (Fadenwürmer) und Kraut- und Knollenfäule (Pilz), was mit erheblichen Mengen Pestiziden und Fungiziden bekämpft werden muß. Hinzu kommt noch der Einsatz von Herbiziden, um das »Unkraut« unter Kontrolle zu halten. Zusätzliche Güllegaben können ferner zu einem erhöhten Nitratgehalt führen.

Zu den weiteren »Inhaltstoffen« der Kartoffel zählen die Schwermetalle Blei, Cadmium und Quecksilber. Durch den hohen Verzehr werden allein mit Kartoffeln fast 20 Prozent der durchschnittlichen Bleiaufnahme »gedeckt«.

Im Gegensatz zu den Schwermetallen, deren toxische Wirkung unbestritten ist, werden die natürlichen Gifte der Kartoffel unterschiedlich bewertet. Das in der Kartoffel enthaltene Alkaloid Solanin wird allgemein als giftig angesehen, weshalb vor dem Verzehr von rohen Kartoffeln gewarnt wird. Doch auch in bezug auf das Solanin gehen die Meinungen auseinander. Während manche Ernährungsexperten empfehlen, auch das Kochwasser wegen der giftigen Solaninrückstände wegzuschütten, wird von anderen behauptet, Solanin sei hitzeempfindlich und würde durch das Kochen zerstört. Daß Kartoffeln – ohne Bedenken – in geringen Mengen sogar roh verzehrt werden können, wird von wieder anderen Experten u. a. damit begründet, daß der rohe Kartoffelsaft in der Medizin erfolgreich gegen Magengeschwüre eingesetzt wird.

Wie immer diese Kontroverse auch ausgehen mag, Kartoffeln sollten möglichst aus kontrolliert biologischem Anbau stammen und nicht häufiger gegessen werden als andere Gemüsesorten. Innerhalb einer ausgewogenen, abwechslungsreichen Vollwertkost, die zum Großteil aus frischem Gemüse, Obst, Kernen und Sprossen sowie verschiedenen gegarten und ungegarten Getreidesorten besteht, spielt die Kartoffel eine untergeordnete Rolle.

Kartoffelchips werden aus in Scheiben geschnittenen Kartoffeln in industriellem Verfahren hergestellt. Neben diversen Zusatzstoffen darf Kartoffelprodukten zur Erhaltung der hellen Farbe auch Schwefeldioxid (SO_2) zugesetzt werden, das zu gesundheitlichen Beeinträchtigungen führen kann.
Kartoffelchips werden neuerdings auch aus kontrolliert biologisch angebauten Kartoffeln angeboten. Sie sollten den konventionellen Chips vorgezogen werden. In den Rahmen einer vitalstoffreichen Vollwertkost passen jedoch auch diese Chips nicht, und zwar aufgrund ihrer industriellen Herstellung und der damit verbundenen Denaturierung.
Käse wird vorwiegend aus der Milch von Kühen, Schafen und Ziegen gewonnen. Während Schaf- und Ziegenkäse in den Mittelmeerländern ziemlich verbreitet ist, wird der Käse in Deutschland zum weitaus größten Teil aus Kuhmilch hergestellt.
Die Art und Weise der Käsebereitung gestaltet sich so unterschiedlich wie die einzelnen Käsesorten. Je nach Käseart wird die sogenannte Kesselmilch in Kupferbottichen mit Rahm, Magermilch oder Buttermilch gemischt. Durch den Zusatz von Labferment, das aus getrockneten Kälbermägen gewonnen wird und/oder Bakterienstämmen wird das Kasein aus der Milch ausgefällt, wodurch diese gerinnt. Durch maschinelles Schneiden und Rühren wird der Käse nach der Gerinnung »gebrochen«; es entsteht der sogenannte Käsebruch. Die Käsemasse wird dabei um so fester, je kleiner die einzelnen Bruchstücke sind.
Bei der traditionellen Käseherstellung wird die Käsemasse nach dem Erhitzen noch in Handarbeit mit Tüchern aus den Kupferbottichen in Formen gefüllt, wo dann die restliche Molke ausgepreßt wird und die Masse in etwa 24 Stunden unter leichtem Druck zu 30 bis 40 Kilogramm schweren Laiben geformt wird. Anschließend werden die Laibe mit Salzlauge eingerieben und in kühlen Kellern mindestens drei Monate gelagert. Durch längere Lagerzeiten – oft bis zu einem Jahr – wird der Käse immer fester und aromatischer.
Die unterschiedlichen Reife- bzw. Lagerzeiten werden bei jungem, mittlerem und altem Gouda geschmacklich besonders gut spürbar. Während junger Gouda, der nur knapp einen Monat reift, relativ weich ist und einen sehr milden Geschmack hat, ist alter Gouda, der bis zu einem Jahr reift, sehr fest und von kräftig würzigem Geschmack.
Entsprechend der sogenannten Käse-Verordnung werden die Käse in Gruppen und Fettgehaltsstufen unterteilt. Es gibt sechs Käsegruppen,

die sich durch den Wassergehalt in der fettfreien Käsemasse voneinander unterscheiden: Sauermilchkäse, Frischkäse, Weichkäse, halbfester Schnittkäse, Schnittkäse und Hartkäse. Die einzelnen Fettgehaltsstufen ergeben sich aus dem Fettgehalt in der Trockenmasse (Fett i. Tr.). Insgesamt sind es acht:
Magerstufe (0–0,9%),
Viertelstufe (10–19,9%),
Halbfettstufe (20–29,9%),
Dreiviertelstufe (30–39,9%),
Fettstufe (40–44,9%),
Vollfettstufe (45–49,9%),
Rahmstufe (50–59,9%)
und Doppelrahmstufe (60–85%).
Da sich der Fettgehalt bei Käse auf die Trockenmasse bezieht und somit nicht den absoluten Fettgehalt angibt, wie es bei anderen Lebensmitteln der Fall ist, entstehen beim Verbraucher leicht Mißverständnisse. So hat beispielsweise ein Rahmfrischkäse, der mit 60 Prozent Fett i. Tr. ausgezeichnet ist, tatsächlich nur einen Fettgehalt von 20 Prozent. Der reale Fettgehalt der einzelnen Käsesorten ist also in etwa nur halb so hoch wie der Gehalt in der Trockenmasse.
Die Inhaltsstoffe von Käse entsprechen im wesentlichen denen der Milch, sie sind jedoch, je nach Käsesorte, in stärkeren Konzentrationen vorzufinden. So enthält beispielsweise ein quarkähnlicher Hüttenkäse, der relativ fettarm ist, mehr Eiweiß, und auch der Mineralstoffanteil (Calcium, Natrium, Kalium) ist in Käse höher als in Milch. Zum Teil wesentlich höher liegen jedoch auch die Schwermetallkonzentrationen (Blei, Cadmium usw.)!
Da in den letzten Jahren – besonders bei Kindern – auch immer häufiger Allergien auftreten, die auf eine Überreaktion gegen artfremdes Eiweiß zurückzuführen sind, kann der Verzehr von Käse nur bedingt empfohlen werden. Will man diese Gewohnheit jedoch beibehalten, ist es ratsam, Käse aus kontrolliert biologischer Tierhaltung zu kaufen, der aus Rohmilch hergestellt wurde. Bei einer vollwertigen, vegetarischen Ernährung kann auf tierische Produkte vollkommen verzichtet werden (siehe Milch/Schafskäse/Tierische Produkte/Vegetarismus/Ziegenkäse).
Kasha: Gerösteter Buchweizen. Durch das Rösten ist er zwar nicht mehr ganz naturbelassen, verfügt dafür aber über einen niedrigeren Wassergehalt und somit einen höheren Nährwert. Kasha schmeckt nicht nur besser als Buchweizen, sondern ist »roh« auch leichter verdaulich, weshalb er sich sowohl fürs morgendliche Frischkornmüsli als auch für Rohkostsalate vorzüglich eignet. (siehe auch Buchweizen)
Kefir: Erfrischendes Sauermilchgetränk. Stammt aus dem Kaukasus. Dem Kefir wird nachgesagt, nicht nur für das biblische Alter

mancher Kaukasier mitverantwortlich zu sein, sondern allgemein zu Gesundheit und Vitalität beizutragen.

Im Gegensatz zu Joghurt wird bei Kefir der Milchzucker nicht nur durch Milchsäurebakterien vergoren, sondern durch Kefirknollen, Hefepilze und Buttersäurebakterien. Die hierbei entstehende Milchsäuregärung ist auch leicht alkoholisch. Kefir ist allgemein gut verträglich. Im Naturkostladen gibt es ihn auch aus kontrolliert biologischer Tierhaltung (siehe Milch/Tierische Produkte).

Keime: Getreide keimen zu lassen, ist keine Erfindung unserer Zeit, sondern schon in den alten Kulturen Chinas und Ägyptens bekannt und sehr beliebt gewesen. Die lange Zeit in Vergessenheit geratenen Keime und Sprossen erfahren momentan durch die Vollwertkost eine Art Renaissance, und das hat seinen Grund. In den zarten, frischen Keimen wurde eine hohe Enzymkonzentration entdeckt, die den Stoffwechsel anregt und die natürliche Darmfunktion fördert. Ferner werden dadurch Abwehrkräfte und Widerstandsfähigkeit des Organismus gestärkt und das körperlich-seelische Wohlbefinden gefördert. Unter dem Einfluß von Wasser, Licht und Wärme erhöht sich zudem ihr Gehalt an Eiweiß und Vitaminen.

Die kleinen Wunderkörner haben es also in sich und sind zudem noch leicht selbst zu züchten. Es gibt speziell dafür geschaffene Keimgeräte, doch ein einfaches Einweckglas eignet sich ebensogut. Als Getreide bietet sich Sprießkorn an. Es zeichnet sich durch besonders gute Keimfähigkeit aus und ist in Naturkostläden und Reformhäusern als Sprießkornweizen, -gerste und -hafer erhältlich. Aber auch verschiedene Hülsenfrüchte (Linsen, Sojabohnen) sowie Kresse, Alfalfa- und Senfsamen eignen sich zum Keimen.

Keimgeräte sind aus mehreren flachen Schalen zusammengesetzte Behälter, die das Ziehen von Sprossen und Keimen erleichtern sollen. Diese Keimgeräte gibt es aus durchsichtigem Plastik oder gebranntem Ton. Sie sind jedoch nicht uneingeschränkt empfehlenswert, da die kleinen Öffnungen der Überläufe – besonders bei kleinen Samen – schnell verstopfen. Ein einfaches Einweckglas mit einem Stück Gaze und einem Gummiring erfüllt ebenso seinen Zweck.

Wie geht man vor?

Die Körner oder Samen werden in ein Einweckglas gegeben und mit frischem Wasser bedeckt; etwa zwölf Stunden quellen lassen.

Danach wird mit einem Gummiring ein Stück Gaze über dem Glas befestigt und das Wasser abgegossen. (Das Keimwasser eignet sich übrigens hervorragend zum Gießen von Zimmerpflanzen.) Das Glas soll dann in Schräglage verbleiben, damit auch der letzte Rest Wasser abtropfen kann. Alle zwölf Stunden werden die Körner oder Samen gut durchgespült. Je nach Art der Körner werden nach etwa anderthalb Tagen die ersten Keime als kleine weiße Punkte sichtbar. Nach weiteren anderthalb Tagen sollten sie gegessen werden, da jetzt ihr Vitalstoffgehalt am höchsten ist und sie am besten schmekken.

Die Keimdauer der wichtigsten Körner und Samen, die zum Teil recht unterschiedlich ist, kann der folgenden Tabelle entnommen werden.

Körner/Samen	Keimdauer (in Tagen)	Einweichzeit (in Stunden)
Alfalfa	4–5	nur 1–2 täglich befeuchten
Bockshornklee	3	4–5
Erbsen	3–5	6–12
Gerste	2–5	6–12
Hafer	2–5	6–8
Hirse	3–4	4–5
Kresse*	5–6	4
Leinsamen*	3–5	4
Linsen	3–4	6–12
Mungbohnen (grüne Sojabohnen)	3–5	6–12
Rettich	3–4	4
Roggen	2–5	6–12
Senf	3–4	4
Weizen	2–5	6–12

* Eignen sich aufgrund von Schleimbildung nicht fürs Einweckglas, können jedoch auf befeuchteter Watte gezogen werden.

Kekse: Dauerbackware, die aufgrund ihres hohen Zuckergehalts nicht empfehlenswert ist. Kekse werden zum weitaus größten Teil mit Auszugsmehlen hergestellt. Da auch die weiteren Zutaten wie Butter, Milch und Eier oft von minderer Qualität sind, ist ihr ernährungsphysiologischer Wert dementsprechend sehr gering.

In Naturkostladen und Reformhaus gibt es jedoch auch Kekse ohne Zucker, die aus dem vollen Korn gebacken und mit Honig oder Trockenfrüchten gesüßt werden (siehe auch Vollkornkekse).

Kernobst: Sammelbegriff für kernhaltige Obstsorten wie Äpfel, Birnen und Quitten.

Kernobst ist relativ reich an Mineralstoffen (Kalium, Calcium, Eisen). Der Mineralstoffgehalt ist jedoch sortenabhängig und kann zum Teil erheblich schwanken. Der Vitamingehalt von Kernobst ist allerdings niedriger als der von Beerenobst.

Ketchup: Würzige Sauce aus Tomaten, Essig, Zucker, Gewürzen und diversen Zusätzen wie Gelier- und Verdickungsmittel.

Im Naturkostladen ist Ketchup aus kontrolliert biologischen Tomaten erhältlich, das im Vakuumverfahren hergestellt wird und neben Apfelessig, Kräutern, Honig und Meersalz keine weiteren Zusätze enthält.

Kichererbse: Hülsenfrucht mit hohem Eiweißgehalt. Die kantigen, gelbfarbenen Samen der Kichererbse sind etwas größer als die von grünen Erbsen. Sie sind reich an Vitamin A, B_1, B_2 und Niacin und haben einen hohen Mineralstoffgehalt. Ähnlich wie andere Hülsenfrüchte auch sind sie aufgrund giftiger Inhaltstoffe in rohem Zustand nicht für den Verzehr geeignet. Das in ihnen enthaltene natürliche Gift Phasin wird jedoch beim Kochen zerstört.

Kichererbsen eignen sich nicht nur hervorragend als eiweißreiche und schmackhafte Gemüsebeilage, sondern können auch zu Bratlingen oder – zu Mehl vermahlen – zu den verschiedensten Teigwaren, wie beispielsweise Pfannkuchen, weiterverarbeitet werden.

Kieselsäure zählt durch den in ihr enthaltenen Grundstoff Silicium, der ernährungsphysiologisch lange Zeit unterschätzt wurde, zu den wichtigsten Spurenelementen. Silicium bzw. Kieselsäure ist in den Randschichten vieler Getreidesorten enthalten, am stärksten konzentriert jedoch in Hirse. Diese bedarf jedoch vor dem Kochen einer kurzen Einweichzeit, damit die in ihr enthaltene Kieselsäure aufgeschlossen werden kann.

Kieselsäure hat einen entscheidenden Einfluß auf das Wachstum und den Zustand von Knochen, Zähnen, Haaren sowie Fuß- und Fingernägeln und ist somit für das heranwachsende Kind besonders wichtig.

Bei einer ausgewogenen, vitalstoffreichen Vollwertkost wird der tägliche Bedarf an Kieselsäure durch die verschiedenen Getreidesorten voll gedeckt, so daß es in der Regel zu keinen Mangelerscheinungen kommt.

Kirsche: Eine der ältesten kultivierten Steinobstarten. Die ursprünglich von der Vogelbeere abstammenden Früchte werden in zwei Hauptgruppen unterteilt: Die

Süßkirsche, die vorwiegend für den Frischverzehr und Konfitüren verwendet wird, und die Sauerkirsche, die fast ausschließlich zur Herstellung von Säften und Konserven dient.

Bei in Monokultur angelegten Kirschplantagen scheinen chemische Spritzungen unvermeidbar zu sein. Es ist daher empfehlenswert, Kirschen aus kontrolliert biologischem Anbau zu kaufen.

Kiwi: Die einst in China beheimatete Frucht (chinesische Stachelbeere) wird heute fast weltweit kultiviert. Neueste Zuchtsorten sind sogar winterhart und für den Anbau in unseren Breitengraden geeignet.

Die etwas länglichen Früchte mit der dicken, pelzigen Schale haben einen hohen Vitamin-C-Gehalt und sind reich an Fruchtsäuren und Mineralstoffen. Am besten verzehrt man sie frisch, zum Beispiel in Obstsalaten.

Kleie besteht aus den ballaststoffhaltigen Frucht- und Samenschalen sowie den vitalstoffreichen Keimlingen des Getreidekorns. Diese wertvollen Randschichten werden bei der Herstellung von Weißmehl (Auszugsmehl) vom stärkehaltigen Mehlkern getrennt und an Schweine verfüttert.

Dieses Verfahren, das entwickelt wurde, um das Mehl länger haltbar zu machen, hat sich als schwerwiegender Fehler herausgestellt. Durch das Entfernen der fetthaltigen Aleuronschicht und des Keimlings kann Mehl zwar nicht mehr ranzig werden und ist somit fast unbegrenzt haltbar, das Fehlen der wertvollen Vital- und Ballaststoffe hat dieses Mehl jedoch zu einem isolierten, toten Nahrungsmittel degradiert, das für die verschiedensten ernährungsbedingten Krankheiten entscheidend mitverantwortlich ist.

Innerhalb der Vollwerternährung hat Kleie keine Bedeutung, da die verschiedenen Getreidekörner ohnehin alle mit den wertvollen Randschichten zubereitet werden.

Knäckebrot: Vorwiegend aus Weizen und Roggen hergestelltes Flachbrot, das ursprünglich aus Skandinavien stammt. Knäckebrot wird entweder mit Hefe, Sauerteig oder einem Gemisch aus beiden gebacken. Es enthält wenig Wasser (unter zehn Prozent), ist daher sehr trocken, aber auch sehr bekömmlich. Die Backzeit von Knäckebrot beträgt nur etwa zehn Minuten.

Knäckebrot sollte möglichst ganz aus Vollkorn gebacken sein, unter Verwendung von kontrolliert biologischem Getreide.

Knoblauch: Sagenumwobene Würzpflanze, die in den Mittelmeerländern besonders häufig verwendet wird und die Küche dieser Länder stark geprägt hat. Wegen seiner angeblich gesundheitsfördernden Wirkung und seines charakteristischen, würzigen Geschmacks ist Knoblauch in den letzten Jahren auch bei uns immer beliebter geworden.

Nicht so sehr die Wirkung des Knoblauchs, sondern vielmehr diese Beliebtheit hat die heimische Industrie motiviert, seine positiven Eigenschaften für Werbezwecke zu benutzen, um die Vielzahl von Knoblauchkapseln und -präparaten besser vermarkten zu können.

Die leicht anregende, blutdrucksenkende Wirkung des Knoblauchs, die »Gesundheit und Vitalität bis ins hohe Alter« verspricht, ist zudem wissenschaftlich umstritten. Auch können Knoblauchpräparate, in denen die Wirkstoffe aus ihrem natürlichen Gleichgewicht gerissen und zum Teil synthetisch hergestellt werden, kaum noch einen positiven Einfluß auf den Organismus haben. Innerhalb einer vollwertigen Ernährung sind sie völlig überflüssig. Frischer Knoblauch hingegen eignet sich auch in der Vollwertküche hervorragend zum Würzen von Salatdressings, Getreidespeisen und diversen anderen Gerichten.

Kobalt: Spurenelement und Bestandteil des Vitamins B_{12}. Vitamin B_{12} ist nicht nur in Milch, Eiern und Fleisch enthalten, wie oft behauptet wird, sondern in geringen Mengen auch in milchsaurem Gemüse, Getreidebrei, Algen, Tamari und Miso (siehe auch Vitamin B_{12}).

Kochen: Zubereitungsmethode, um Nahrungsmittel wie Getreide, Gemüse, Fleisch usw. zu garen. Gekocht wird in der Vollwertküche fast nur das Getreide. Gemüse wird – wenn nicht roh verzehrt – möglichst sautiert bzw. in wenig Öl gedünstet, wie es auch in der makrobiotischen Küche zubereitet wird.

Das Dünsten in wenig Öl ermöglicht eine wesentlich kürzere Garzeit als das Kochen in Wasser und ist mit weniger Vitalstoffverlusten verbunden (siehe auch Makrobiotik/Sautieren).

Koffein ist chemisch ein Purinalkaloid, das in Kaffee, schwarzem und grünem Tee, Mate-Tee, Kakao und in der Kola-Nuß enthalten ist. Während Kaffee »nur« zu ein bis zwei Prozent Koffein enthält, sind im Tee bis zu fünf Prozent keine Seltenheit.

Koffein regt das zentrale Nervensystem an und täuscht eine gesteigerte Leistungsfähigkeit vor. (siehe auch Kaffee)

Kohlenhydrate zählen neben Fett und Eiweiß zu den Grundnährstoffen. Entsprechend ihrer Zusammensetzung werden Kohlenhydrate in drei Gruppen unterschieden: Monosaccharide (Einfachzukker), Disaccharide (Zweifachzukker) und Polysaccharide (Mehrfachzucker).

Die wichtigsten Monosaccharide sind der vorwiegend in Früchten vorkommende Fruchtzucker (Fructose) und Traubenzucker (Glucose).

Malzzucker (Maltose), Milchzukker (Lactose), Invertzucker, Rohr- und Rübenzucker zählen zu den Disacchariden. Die zu je einem Molekül aus Fructose und Glucose bestehende Saccharose ist das, was allgemein als Zucker bezeichnet wird. Sie ist sowohl im Rohr- als auch im Rübenzucker enthalten.

Zu den Polysacchariden, deren Moleküle aus zahlreichen einzelnen Zuckerbausteinen zusammengesetzt sind, zählen die Stärke, Zellulose und das Pektin.

Stärke bildet als Speicherstoff der Pflanzen den von der Masse her wichtigsten Bestandteil fast aller Getreidesorten sowie der Kartoffel. Das Frischkornmüsli wird durch das Quellen während der Einweichzeit – ähnlich wie andere Getreidespeisen durch Einkleistern während des Kochens – in der Regel als leichter verdaulich empfunden.

Der Mensch ist jedoch nicht in dem behaupteten Maße auf die Zufuhr von Kohlenhydraten über die Nahrung angewiesen, da sie in seinem Körper ohnehin aus den Spaltprodukten von Eiweiß und Fett aufgebaut werden.

Kohl: Sammelbegriff für die verschiedenen Kohlarten Weißkohl, Rotkohl, Blumenkohl, Broccoli, Kohlrabi, Wirsing, Chinakohl, Rosenkohl und Grünkohl.

Kohlgemüse enthält neben Vitaminen, Mineral- und Ballaststoffen auch verdauungsfördernde Enzyme und zahlreiche Aromastoffe.

Kohlrabi: Kohlart mit hohem Vitamin-C-Gehalt. Neben Eiweiß und Mineralstoffen ist das Vitamin C auch besonders in den Blättern der Pflanze enthalten, die bedauerlicherweise oft im Abfall landen. Werden sowohl die junge Knolle mit Schale als auch die Blätter verzehrt, sollten die Kohlrabis unbedingt aus kontrolliert biologischem Anbau stammen.

Kokoh: Vollkornmehl aus verschiedenen biologisch angebauten Getreidesorten (Reis, Gerste, Weizen, Hafer, Hirse, Sesam, Soja). Kokoh ist leicht angeröstet und kann sowohl mit Milch als auch mit Wasser angerührt und zubereitet werden. Es eignet sich besonders gut zur vollwertigen Ernährung des Kleinkindes. Kokoh Instant, das nicht geröstet, dafür aber vorgekocht wurde, weist dieselbe Zusammensetzung auf. Es ist in Naturkostläden und Reformhäusern erhältlich.

Kokosnuß: Steinfrucht der in den Tropen wachsenden Kokospalme. Aufgrund ihres hohen Fettgehalts ist sie in den Entwicklungsländern ein wichtiger Grundstoff für viele Nahrungsmittel und Non-Food-Produkte. Da die in der Kokosnuß enthaltenen Fettsäuren aber zum größten Teil gesättigt sind und sie zudem nur relativ wenig Eiweiß, Mineralstoffe und Vitamine enthält, ist sie ernährungsphysiologisch wenig bedeutend.

Kombu zählt zu den Braunalgen, die nicht nur vor Japans Küsten, sondern auch vor der französischen Atlantikküste geerntet werden. Sie sind reich an Eiweiß, Kohlenhydraten, Mineralstoffen und Vitaminen und enthalten auch das wichtige Spurenelement Jod (siehe auch Algen).

Kopfsalat zählt zu den Blattgemüsen. Wegen ihres meist hohen Nitratgehalts sollten die ganzjährig angebotenen Treibhaussalate gemieden und möglichst nur Ware aus kontrolliert biologischem Anbau gekauft werden.

Koriander: In Vorderasien beheimtete Gewürzpflanze, die auch im Mittelmeerraum und bei uns kultiviert wird.

Ätherische Öle verleihen den kleinen, kugelrunden Früchten ihr charakteristisches Aroma. Koriander wird sowohl ungemahlen als auch gemahlen angeboten. Er eignet sich besonders zum Würzen von Brot und Kleingebäck sowie für die Zubereitung arabischer Spezialitäten.

Korinthen: Kleine, dunkle Rosinen, die durch Trocknung aus griechischen Weinbeeren gewonnen werden. Nach ihrem Hauptausfuhrhafen Korinth benannt. Korinthen sind kernlos und dürfen nicht geschwefelt werden.

Kräutermeersalz wird im Gegensatz zu »einfachem« Kräutersalz aus Meersalz und getrockneten Gartenkräutern hergestellt. Kräutermeersalz ist auch aus biologisch dynamischen Kräutern erhältlich (siehe auch Meersalz).

Kräutertees werden aus Kräutern und einigen anderen Pflanzen, die ätherische Öle enthalten, hergestellt. Zu den bekanntesten Kräutertees zählen Fenchel-, Anis-, Kamillen-, Salbei-, Pfefferminz- und Brombeerblättertee. Neben diesen gibt es noch eine ganze Reihe weiterer sehr aromatischer Tees, die aufgrund ihrer pharmakologisch wirkenden Inhaltsstoffe auch zu Heilzwecken verwendet werden.

Kräutertees werden durch Trocknen aus frischen Pflanzenteilen gewonnen und enthalten in der Regel keine weiteren Zusatzstoffe. Sehr beliebt sind auch verschiedene Kräutermischungen, die zum Teil mit natürlichem Zitronen- oder Orangenöl aromatisiert werden.

Kreuzkümmel → Cumin

Kuchen wird zum weitaus größten Teil aus Auszugsmehl und weißem Zucker (isolierte Kohlenhydrate) unter Verwendung von Butter oder Margarine sowie Eiern hergestellt. Aufgrund der denaturierten, minderwertigen Ausgangsstoffe und den zahlreichen erlaubten Zusatzstoffen und Backhilfsmitteln ist ihre gesundheitsschädigende Wirkung oftmals größer als ihr ernährungsphysiologischer Wert (siehe Vollkornkuchen).

Kukicha: Ein traditioneller japanischer Tee mit geringem Koffeingehalt. Dieses sehr aromatische und leicht bekömmliche Getränk, das durch die Makrobiotik auch in unsere heimischen Läden gelangt ist, wird aus ausgelesenen Blättern und dünnen Zweigen des Teestrauches gewonnen. Kukicha ist leicht geröstet und sowohl lose mit Zweigen und Blättern als auch vermahlen erhältlich.

Kümmel: Die getrockneten Früchte der auch bei uns kultivierten Kümmelpflanze. Ätherische Öle verleihen dem Kümmel seinen charakteristischen aromatischen Geschmack. Er eignet sich aufgrund seiner blähungshemmenden Wirkung besonders als Tee und zum Würzen von Kohl- und Kartoffelgerichten, wird jedoch auch gern für Backwaren verwendet.

Kürbiskerne: Mineralstoff- und eiweißreiche Kerne der Kürbispflanze. Die getrockneten Kerne werden ohne Schale und gesalzen mit Schale angeboten.
Kürbiskerne und Kürbiskernöl werden erfolgreich als Heilmittel bei Würmern und Prostataleiden eingesetzt.

Kuzu: Stärkeähnliches, vegetarisches Geliermittel, das aus der Wurzel der in China und Japan beheimateten Kuzupflanze gewonnen wird. Es enthält neben Stärke auch Mineralstoffe.
Kuzu ist ein Extrakt ohne jegliche Zusätze und eignet sich sowohl zum Andicken von Saucen und Suppen als auch für süße Tortengüsse und Desserts.

L

Lab wird aus getrockneten Mägen junger Kälber gewonnen und als eiweißspaltendes Enzym bei der Käseherstellung eingesetzt. Labenzym wird jedoch zunehmend durch Präparate aus Bakterien ersetzt.

Lactoflavin → Vitamin B_2

Lactose → Milchzucker

Lactovegetabile Ernährungsweise: Eine Form des Vegetarismus. Lacto-Vegetarier essen zwar kein Fleisch und Fisch, aber neben pflanzlichen Produkten doch Milcherzeugnisse wie Butter, Käse und Quark. Bei einer ovo-lactovegetabilen Kost kommen noch Eier hinzu. Reine Vegetarier hingegen essen überhaupt keine tierischen Produkte, manche von ihnen noch nicht einmal Honig.

Lauch auch als Porree bekannt, zählt zu den Zwiebelgewächsen. Lauch enthält neben Mineralstoffen und Vitaminen auch schwefelhaltige Aromastoffe.

Aus kurz angedünstetem Lauch können schmackhafte Gemüsebeilagen bereitet werden. Sehr feingeschnitten schmeckt er auch gut in Rohkostsalaten.

Lebensmittel sind nach dem deutschen Lebensmittel- und Bedarfsgegenständegesetz alle Stoffe, die sowohl zur Ernährung als auch zum Genuß verzehrt werden.

Da sich in den letzten Jahrzehnten unsere Nahrung immer schneller verändert hat und zunehmend denaturierter geworden ist, trifft der Begriff Lebensmittel – im eigentlichen Sinne des Wortes – auf die meisten Nahrungsmittel nicht mehr zu. Verschiedene Richtungen der Vollwertkost haben daher die Terminologie ihres Mitbegründers Werner Kollath übernommen und differenzieren zwischen vollwertigen, weitgehend unveränderten »Lebensmitteln« und durch industrielle Verfahren denaturierten »Nahrungsmitteln«. Während beispielsweise ein frischer Apfel aufgrund seiner Naturbelassenheit und seines vollen Vitalstoffgehalts ein Lebens-Mittel ist, ist erhitztes, gesüßtes Apfelmus wegen des damit verbundenen Vitalstoffverlustes ein denaturiertes Nahrungsmittel.

Leinöl: Hochwertiges Pflanzenöl, das aus Leinsamen gewonnen wird. Leinöl ist besonders reich an einfach ungesättigten sowie an mehrfach ungesättigten Fettsäuren. Es eignet sich gut für die Zubereitung von Rohkostsalaten, hat allerdings einen starken Eigengeschmack.

Leinsamen oder Leinsaat, ist der Samen der Leinpflanze (Flachs). Aufgrund ihrer zweifachen Nutzung – als Lebensmittel und als Ausgangsstoff zur Herstellung des bekannten Leinen (Stengel) – wurde die Pflanze schon im alten Ägypten sehr geschätzt.

Leinsamen sind reich an ungesättigten Fettsäuren, Linolsäure und Linolensäure und weisen einen Gesamtfettgehalt von etwa 40 Prozent auf. Der ebenfalls hohe Eiweißgehalt von etwa 25 Prozent macht den Leinsamen zu einem hochwertigen Lebensmittel, das in keiner Vollwertküche fehlen sollte. Gleich morgens im Müsli sollte frisch gemahlener Leinsamen, der auch aufgrund seiner Schleimstoffe die Verdauung bestens unterstützt, nicht fehlen.

Lemaire-Boucher: Französische Ackerbaumethode, die 1959 von den Franzosen Prof. Lemaire und Dr. Boucher begründet wurde. Es werden keine chemischen Hilfsmittel eingesetzt; gedüngt wird u. a. mit Meeresalgen. In deutschen Naturkostläden sind vorwiegend Obst und Gemüse, aber auch Getreide und Käse von Lemaire-Boucher-Höfen erhältlich.

Liebstöckel auch unter dem Namen Maggikraut bekannt, ist eine bis zu zwei Meter hoch wachsende Gewürzpflanze. Ätherische Öle verleihen dem Liebstöckel seinen charakteristischen würzigen Geschmack. Es eignet sich besonders zum Würzen von Suppen und Saucen.

Limette: Kleine grüngelbliche Zitronenart mit hohen Säuregehalt. Limetten enthalten ätherische Öle und sind reich an Mineralstoffen und Vitaminen.

Linolensäure neben Nußöl, Sojaöl und Hanföl vor allem in Leinöl vorkommende mehrfach ungesättigte Fettsäure. Diese Fettsäuren wirken nach neuesten wissenschaftlichen Erkenntnissen senkend auf einen erhöhten Blutcholesterinspiegel.

Linolsäure: Diese zweifach ungesättigte Fettsäure kann vom menschlichen Organismus nicht synthetisiert werden und ist daher ein essentieller Nahrungsbestandteil. Sie ist als solcher wichtig für die Synthese mehrfach ungesättigter Fettsäuren wie Linolensäure.

Linolsäure kommt in fast allen Pflanzenölen vor, hauptsächlich jedoch in Distel-, Sonnenblumen-, Maiskeim-, Oliven-, Baumwollsamen- und Sojabohnenöl.

Beim Kauf sollte stets darauf geachtet werden, daß es sich um ein kaltgepreßtes, unraffiniertes Produkt handelt.

Linsen: Eiweißreiche Hülsenfrüchte, die schon vor Jahrtausenden in Asien und Ägypten bekannt und sehr beliebt waren.

Während bei uns vorwiegend die braun-grauen Linsen Verwendung finden, sind in Indien die roten Linsen Hauptbestandteil des Nationalgerichts »Dhal«, ein mit Chili scharf gewürzter Linsenbrei. Linsen enthalten neben Eiweiß (etwa 25 Prozent) auch reichlich Mineralstoffe, besonders Phosphor, Kalium und Eisen, sowie Vitamin A und geringe Spuren von Vitaminen der B-Gruppe.

Linsen bieten sich in der Vollwertküche für die verschiedensten Speisen an und eignen sich u. a. auch als Basis für pikante Brotaufstriche.

Lorbeerblätter: Die getrockneten Blätter des am Mittelmeer beheimateten immergrünen Lorbeerbaums.

Lorbeerblätter enthalten neben Gerbstoffen auch ätherische Öle und eignen sich auch in der Vollwertküche zum Würzen von Getreidegerichten, Gemüsebeilagen und Suppen.

Löwenzahn: Wildgemüse, das in den letzten Jahrzehnten fast vollständig vom deutschen Speiseplan verschwunden ist. Die leicht bitter schmeckende Pflanze, die fast überall wächst, wird in der makrobiotischen Küche sehr geschätzt. Junge, leicht geröstete Löwenzahnknospen sind eine makrobiotische Spezialität. Aus den Blättern können pikante Rohkostsalate zubereitet werden.

Löwenzahnkaffee wird aus gerösteten Löwenzahnwurzeln gewonnen. Er hat einen kräftigen Geschmack und kann auch leicht selbst hergestellt werden.

Lotus: Eine aus Asien stammende Wasserpflanze, die bei den meisten von uns nur durch die Schönheit ihrer Blüte bekannt ist. In Indien wie auch in anderen asiatischen Ländern werden die stärkehaltigen Wurzeln regelrecht geerntet, um sie zu Lotuswurzel-Tee oder Sirup zu verarbeiten. In Scheiben geschnitten und in etwas Öl angedünstet, ergeben sie eine pikante makrobiotische Gemüsebeilage.

Luzerne → Alfalfa

M

Magnesium: Mineralstoff, der im menschlichen Körper in Muskeln, Knochen und im Blutplasma vorkommt. Für bestimmte Enzyme, die für den Abbau von Eiweiß, Fett und Kohlenhydrat erforderlich sind, wird auch Magnesium benötigt. Bei einer vollwertigen Ernährung mit einem Rohkostanteil von mindestens einem Drittel der aufgenommenen Nahrung wird der Magnesiumbedarf ausreichend gedeckt.

Mais: Während Reis schon immer das Getreide Asiens gewesen ist, ist der Mais seit jeher das Korn Amerikas. In Mexiko besteht nicht nur das Nationalgericht »Tortilla« aus Mais, sondern fast die gesamte mexikanische Küche basiert auf diesem Getreide.

Der stärkehaltige Mais ist jedoch von seiner biologischen Wertigkeit nicht so ausgewogen und bedeutend wie Reis. Außer Vitamin A und Phosphor enthält er nur wenig Vitamine und Mineralstoffe, und auch der Eiweißanteil ist relativ gering.

Mais wird heute in vielen Ländern angebaut, allerdings zum überwiegenden Teil als Tierfutter. Noch nicht einmal ein Drittel der gesamten Ernte dient der menschlichen Ernährung.

Mais ist in der Landwirtschaft als das Getreide bekannt, das kaum überdüngt werden kann. Es bietet sich daher – besonders in Kombination mit Massentierhaltung – für großflächige Monokulturen an, auf denen die Unmengen anfallender Gülle »entsorgt« werden können. Der Maisanbau fördert jedoch die Bodenerosion und bewirkt somit eine zunehmende Versteppung fruchtbarer Böden.

Maisprodukte sollten – wenn überhaupt genossen – möglichst aus kontrolliert biologischem Anbau stammen.

Maisgrieß auch unter dem Namen Kukuruz im Handel, wird aus Mais hergestellt und ist nur etwas gröber als Maismehl (Polenta).

Während sich Maisgrieß hervorragend für Getreidebreie und süße Desserts eignet, werden aus Polenta die legendären mexikanischen Tortillas zubereitet.

Maiskeimöl wird aus Maiskeimen gewonnen. Bei der konventionellen Herstellung wird das Öl entweder durch starkes Erhitzen oder durch Extraktion mit Lösungsmitteln gewonnen. Solche Öle sind aufgrund der dabei eingesetzten Gifte und des damit verbundenen Vitalstoffverlustes nicht empfehlenswert.

Im Naturkostladen und Reformhaus werden unraffinierte, kaltgepreßte Maiskeimöle angeboten, die zu etwa 17 Prozent gesättigte Fettsäuren enthalten. Der Rest teilt sich auf in 24 Prozent einfach ungesättigte und 59 Prozent zweifach ungesättigte Fettsäuren (Linolsäure). Maiskeimöl hat damit neben Distelöl und Sonnenblumenöl den höchsten Anteil an essentiellen Fettsäuren.

Es wird nur aus den Keimen gewonnen, die vom Korn getrennt wurden. Die Ausbeute bei der Ölgewinnung ist sehr gering. Für einen Liter Maiskeimöl werden etwa 100 Kilogramm Mais benötigt. Aus diesen rein wirtschaftlichen Gründen ist aktuell auch kein Maiskeimöl aus kontrolliert biologischem Mais im Angebot.

Da es zur Zeit in Deutschland noch keine gesetzlich festgelegte Temperaturobergrenze für kaltgepreßte Öle gibt, werden auch diese mehr oder weniger stark erwärmt bzw. erhitzt.

Auch unraffiniertes Maiskeimöl ist aufgrund seines hohen Gehalts an antioxidativ wirkendem Vitamin E gut haltbar (siehe auch Fettsäuren/Öle).

Majoran: Ein beliebtes Gewürz, das es als einjährigen Sommermajoran und ausdauernden Wintermajoran gibt. Sein Ursprung liegt in Nordafrika und den Mittelmeerländern, wo er als Niedrigstaude an steinigen Hügeln wächst. Wegen seines beliebten Aromas findet er auch in deutschen Kleingärten zunehmend seinen festen Platz. Seine Blätter werden während der Blütezeit abgeschnitten und getrocknet. Majoran ist gerebelt und als Pulver erhältlich. Er eignet sich besonders zum Würzen von pikanten Salaten (mit Schafkäse und Oliven) sowie für deftige Getreidebratlinge.

Makrobiotik kommt vom griechischen »macro« (groß) und »bio« (»lebens« [kraft]) bzw. »biotik« (die Technik der Verjüngung).

Makrobiotik ist demzufolge die »große Technik der Verjüngung« oder »die Kunst des langen Lebens« und als solche mehr als nur eine Ernährungsweise. Wenngleich die Makrobiotik bereits seit über 5000 Jahren (»über Ernährung und Gesundheit und Glück«) in China und Japan gelebt wurde, so gilt heute der Japaner George Oshawa als ihr eigentlicher Begründer. Oshawas Verdienst ist in erster Linie darin zu sehen, daß er die Prinzi-

Thomas Gratenau

Ella Sonnsics

Anna Homolatsch

pien der Makrobiotik der westlichen Welt verständlicher gemacht hat.

Die Makrobiotik basiert auf der im Zen-Buddhismus wurzelnden Polaritätsphilosophie, die nicht von der Dualität sich widerstrebender Gegensätze spricht, sondern von sich gegenseitig ergänzenden oder komplementären Polaritäten. Diese polaren Kräfte werden in der Makrobiotik »Yin« und »Yang« genannt. Yin steht symbolisch für das Leichte, Passive und Empfangende, das durch das schwere, aktive und durchdringende Yang ergänzt wird.

In der Ernährung symbolisiert Yin das Süße und Saure und Yang das Salzige und Bittere. Salz, das zusammenziehend wirkt, ist yang, während Wasser, das eher ausdehnend wirkt, yin ist. Aus dieser Zuordnung ergibt sich die Auswahl der Speisezutaten sowie ihre Zubereitungsart. Als ausgewogen und optimal wird ein Yin-Yang-Verhältnis von 5:1 angesehen. Dies wird erreicht durch einen relativ hohen Getreideanteil von 80 Prozent der Gesamtnahrung, ergänzt durch 20 Prozent Gemüseanteil. Obst spielt aufgrund seines Yin-Überschusses innerhalb der makrobiotischen Ernährung eine untergeordnete Rolle. Fleisch und Fisch werden nach Möglichkeit gemieden. Eier werden nur begrenzt und nur befruchtet empfohlen.

Auf der Yin-Yang-Skala rangiert Getreide vor Gemüse. Eine weitere diesbezügliche Differenzierung wird zwischen den einzelnen Getreide- bzw. Gemüsesorten sowie anderen Lebensmittelgruppen wie beispielsweise Milchprodukten oder Getränken vorgenommen.

Um für die im makrobiotischen Sinn richtige Auswahl von Speisezutaten eine Orientierungshilfe zur Hand zu haben, hat man in einfachen Tabellen die einzelnen Lebensmittel und ihre Yin-Yang-Betonung aufgelistet.

Durch spezielle Zubereitungsarten kann das Yin-Yang-Verhältnis der einzelnen Lebensmittel noch weiter beeinflußt werden. So werden zum Beispiel Kartoffeln, die sehr Yin-betont sind, dadurch yangiger, daß sie in der Pfanne in etwas Öl angebraten werden. Gemüse, das generell yiniger ist als Getreide, wird fast immer sautiert, das heißt, in etwas Öl kurz angedünstet, weil es dadurch Wasser verliert und yangiger wird.

In der Makrobiotik steht also die Yin-Yang-Balance eindeutig im Vordergrund. Im Gegensatz zur Vollwertkostlehre ist man hier der Meinung, daß in der erhitzten Nahrung genügend Vitalstoffe enthalten bleiben. Auch wird die Yang-Betonung eines Lebensmittels höher bewertet als dessen Naturbelassenheit.

Makrobiotische Tabelle der Nahrungsmittel

(In der Reihenfolge von Yin ▽ zu Yang △. Die Werte gelten nur innerhalb der einzelnen Gruppen und nicht im Vergleich der Gruppen untereinander.)

Getreide

▽ Roggen
Gerste
Mais
Hirse
Weizen
Hafer
△ Vollreis
△△ Buchweizen

Gemüse

▽▽▽ Tomate
Aubergine
Kartoffel
Piment
Gurke
Spargel
Artischocke
Pilze
▽▽ große Bohnen
grüne Bohnen
grüne Erbsen
Sellerie
Runkelrübe
▽ Rotkohl
rote Beete
Weißkohl
Linsen
Erbsen
Bohnen
▽ Blumenkohl
Spinat
△ Lattich
  Huflattich
  Kopfsalat
  Endivie
Grünkohl
Rettich
  Radieschen
krauser Chicorée
weiße lange Rübe
Löwenzahn
Porree
Knoblauch
Zwiebel
Petersilie
Kerbel
△△ Kichererbse
Karotten, Wurzeln
Schwarzwurzel
Löwenzahnwurzel
△△△ geröstete Kürbiskerne

Früchte

▽▽▽ Ananas
Mango
Pampelmuse
Apfelsine
Banane
Zitrone
Feige
Birne
Melone
Weintraube
▽▽ Pfirsich
Mandel
Erdnuß
Backobst
Olive
Haselnuß
▽ Walnuß
△ Kirsche
Erdbeere
Marone (Kastanie)
△△ Apfel

Milchprodukte

▽▽▽ Yoghurt
Rahm, süß und sauer
Sahne
Sahne-Käse
▽▽ Margarine, tierisch
Butter
Milch
▽ Camembert
holl. Käse
schweiz. Käse
△ Roquefort
△△ Ziegenmilch

Fische

▽ Auster
Aal
Karpfen
Heilbutt
Forelle
Seezunge
△ Salm, Lachs
Garnele
  Krebse
  Krabben
Hummer

Fische
Hering
Sardine
Schnäpel
 Renke
 Felchen
 Maräne
△△ Kaviar

Fleisch
▽▽ Schnecken
Frösche
Pferdefleisch
Schweinefleisch
Kaninchen,zahm
▽ Mastküken
Hase
Kaninchen, wild
△ Taube
Rindfleisch, mager
Ente
Truthahn
Huhn (nicht Mast)
△△ Ei, befruchtet
△△△ Fasan

Getränke
▽▽▽ Bohnenkaffee
Schokolade
Tee mit Farbstoff
Fruchtsäfte
gezuckerte Getränke
Sekt
▽▽ Wein

Getränke
Bier
▽ Mineralwasser
Soda
Quellwasser
Kräutertee
Zichorie
△ Malzkaffee
Bancha (ungefärbter jap. Tee)
△ Löwenzahnkaffee

Verschiedenes
▽▽▽ Kunsthonig
Fett
▽▽ Kokosöl
Erdnußöl
Olivenöl
▽ Pflanzenmargarine
Sonnenblumenöl
Sesamöl
△ »Egoma«-Öl

Geschmäcke
▽▽ scharf { Paprika, Ingwer, Curry }
sauer { Senf, Essig }
▽ süß { Bienenhonig, Sirup }
▽ salzig
△△ bitter { Wermuth, Löwenzahn }

Zucker – insbesondere weißer – ist vollkommen abzulehnen, da extrem Yin!!!

Aus: Oshawa, G.: ZEN Makrobiotik. Der Weg zu Langlebigkeit und Verjüngung. Verlag Franz Thiele, Hamburg 1976.

Trotz der von Vollwertköstlern vorgebrachten Kritik bezüglich des denaturierten Eiweißes, ist die Makrobiotik – besonders in den USA – durch spektakuläre Heilungserfolge, u. a. auch bei Krebs, in die Schlagzeilen der Boulevardpresse geraten. Mittlerweile wird sie auch in wissenschaftlichen Fachkreisen diskutiert und als mögliche Heilmethode bei verschiedenen Krankheiten empfohlen.

Makuri: Korallenartige Rotalge, die – besonders in der Makrobiotik – als Heilmittel gegen Darmparasiten eingesetzt wird und insofern nicht zu den Nahrungsmitteln zählt. Makuri ist im Naturkostladen unter dem Namen »Korischer Algentee« erhältlich.

Maltose → Malzzucker

Malve: Weitverbreitete Heilpflanze, die an Wegen, Zäunen und Schutthalden wächst. Sowohl Blüten als auch Blätter und Stiele finden bei Husten, Heiserkeit, Bronchitis und Magen-Darm-Katarrh heilende Verwendung, und zwar als Aufguß der frischen oder getrockneten Pflanzenteile. Als Basis eines wohlschmeckenden Tees wird vor allem die Malvenblüte geschätzt.

Malz: Gekeimte und anschließend getrocknete bzw. geröstete Gerste, die nicht nur als Ausgangsstoff zur Bierherstellung dient, sondern auch zu Getreidekaffee weiterverarbeitet wird. Beim Keimprozeß bilden sich Enzyme, welche die Gerstenstärke in Malzzucker (Maltose) umwandeln.

Malzextrakt wird aus gekeimten Gersten-, Weizen- oder Reiskörnern hergestellt. Durch seine natürliche Süße, die durch enzymatische Umwandlung von Stärke in Malzzucker entsteht, eignet sich Malzextrakt hervorragend als Brotaufstrich.

Malzkaffee: Beliebter Getreidekaffee, der auch früher schon sehr geschätzt wurde. Er wird aus gekeimter und gerösteter Gerste hergestellt. Durch die beim Keimen entstehenden Enzyme wird die in der Gerste enthaltene Stärke zu Malzzucker umgewandelt. Das anschließende Rösten bewirkt einen kaffeeähnlichen Geschmack. Getreidekaffee ist ungemahlen in Form von ganzen Gerstenkörnern, gemahlen und instant zum sofortigen Aufbrühen erhältlich.

Malzzucker (Maltose) ist in vielen Pflanzen enthalten. Bei der Nahrungsmittelherstellung fällt er durch den enzymatischen Abbau von Stärke ab. Malzzucker zählt zu den Zweifachzuckern (Disacchariden), hat aber nicht so eine starke Süßkraft wie weißer oder brauner Zucker (Saccharose).

Mandarine: Ursprünglich aus China stammende Beerenfrucht, die heute zu den Zitrusfrüchten gezählt und bei uns vorwiegend aus den Mittelmeerländern importiert wird. Die Früchte sind kleiner als Orangen und in der Regel nicht so süß. Bis auf Vitamin A ist auch der Gehalt an Vitaminen und Mineralstoffen geringer als der von Orangen. Mandarinen sind jedoch reich an Aromastoffen.

Wie andere Zitrusfrüchte auch werden Mandarinen mit giftigen Chemikalien gespritzt und behandelt. Der Hinweis »Schale nicht zum Verzehr geeignet« deutet auf die Gefährlichkeit der eingesetzten Gifte hin. Mandarinen sind bei uns nur selten aus kontrolliert biologischem Anbau erhältlich.

Mandeln: Kerne des am Mittelmeer, in Vorderasien und in Amerika beheimateten Mandelbaums. Mandeln zählen zu den Steinfrüchten und werden unterschieden in wildwachsende Bittermandeln, kultivierte Süßmandeln und sogenannte Krachmandeln mit ihrer leicht zerbrechlichen Schale.

Mandeln sind reich an Vitalstoffen, besonders an den Mineralstoffen Calcium, Kalium, Phosphor und Eisen. Von den enthaltenen Vitaminen ist besonders das Niacin erwähnenswert. Im Gegensatz zu süßen Mandeln enthalten bittere Mandeln das Glykosid Amygdalin, welches in Verbindung mit Wasser die giftige Blausäure bildet.

Süße Mandeln eignen sich hervorragend zum morgendlichen Frischkornmüsli und können auch zu Mandelmilch und Desserts verarbeitet werden. Das in ihnen enthaltene Öl prädestiniert sie auch zur Herstellung schmackhafter Brotaufstriche. Fertiges Mandelmus ist in Naturkostläden und Reformhäusern erhältlich.

Mangan: Lebenswichtiges Spurenelement, das in Getreide, Hülsenfrüchten und Kernen enthalten ist. Der tägliche Bedarf wird mit einer vollwertigen Ernährung ausreichend gedeckt.

Mango: Grüngelbliche oder rötliche Frucht des in Asien beheimateten Mangobaums. Mangos sind ein Frischobst mit geringer Haltbarkeit. Um sie in unseren Regionen überhaupt frisch anbieten zu können, müssen die Früchte als Luftfracht importiert werden, wodurch sie sehr teuer werden.

Mangos sind reich an Vitaminen, besonders an Vitamin A. Der Mineralstoffgehalt dagegen ist, mit Ausnahme von Kalium, eher unbedeutend.

Mangold: Vorwiegend in der Schweiz und in Frankreich kultiviertes spinatähnliches Blattgemüse. Außer Beta-Carotin enthält Mangold relativ wenig Vitalstoffe. Sein Oxalsäuregehalt ist dagegen noch höher als der von Spinat.

Margarine: Sammelbegriff für butterähnliche Streichfette. Die Herstellung von Margarine erfolgt mittels komplizierter technischer und chemischer Verfahren, da sich die Grundstoffe Öl bzw. Fett be-

kanntlich nicht ohne weiteres mit Wasser zu einer homogenen Masse mischen lassen.
Dazu müssen zunächst die Öle aus der Ölfrucht gewonnen werden, vorwiegend aus Palmkernen, Kokosnüssen, Sonnenblumen-, Soja- und Erdnußkernen. Dies geschieht in der Regel durch Extraktion mit giftigen Lösungsmitteln wie Hexan, Methanol u. ä., die dann später aus den Ölen wieder ausgewaschen werden müssen. Um die Fetthärtung und die gewünschte streichfähige Konsistenz zu erreichen, werden die ungesättigten Fettsäuren durch Hydrierung mittels Nickelkatalysatoren in gesättigte umgewandelt. Dabei können die in Ölen in geringen Mengen vorkommenden freien Fettsäuren mit dem Katalysator Nickelseifen bilden. Die teilweise im »Hartfett« verbleibenden Nickelreste können bei empfindlichen Menschen Nickelallergien auslösen.
Die Streichfähigkeit der Margarine ist von den verwendeten Ölsorten bzw. Fetten abhängig; sie wird, ebenso wie die Farbe und der Geschmack, chemisch programmiert. Die hergestellten Fettgemische werden dabei mit Wasser oder gesäuerter Magermilch emulgiert und mit diversen Zusatzstoffen wie Kochsalz, Vitamine, Stärkesirup und Milchzucker versetzt. Als Emulgatoren werden Lezithin, Eigelb und Mono- oder Diglyceride bevorzugt, die gleichzeitig auch eine spritzhemmende Wirkung haben. Gefärbt wird mit Bixin oder Norbixin unter Mitverwendung von Beta-Carotin, das auch zur Butterfärbung eingesetzt wird. Ab einem Wassergehalt von 15 Prozent darf die Margarine noch mit Sorbinsäure konserviert und synthetischen Antioxidaten (Tocopherole) versetzt werden.
Die Margarinesorten haben einen Mindestfettgehalt von 80 Prozent, der sich sowohl aus pflanzlichen als auch aus tierischen Fetten zusammensetzt. Halbfettmargarine enthält etwa 40 Prozent gemischte Fette, Pflanzenmargarine mindestens 97 Prozent pflanzliche Fette. Der Mindestanteil an ungesättigten Fettsäuren beträgt 15 Prozent; ab 30 Prozent darf der Zusatz »linolsäurenreich« verwendet werden.
Auch reine Pflanzenmargarine wird vitaminisiert. Da sie jedoch kein Cholesterin enthält, wird sie bei erhöhtem Cholesterinspiegel als Ersatz für Butter empfohlen.
Die Gretchenfrage »Margarine oder Butter« hat in letzter Zeit zu heftigen Auseinandersetzungen zwischen Ernährungsexperten, Ärzten und Wissenschaftlern geführt. Margarine ist zwar als Pflanzenprodukt cholesterinfrei, kann aber aufgrund ihrer technischen und chemischen Bearbeitung nicht mehr als Naturprodukt betrachtet werden (weshalb sie auch von ver-

schiedenen Vertretern der Vollwertkost abgelehnt wird). Butter dagegen ist ein Naturprodukt – obwohl sie strenggenommen auch ein erhitztes Extrakt darstellt –, enthält jedoch als tierisches Fett Cholesterin (siehe auch Cholesterin).

Marmelade: Ein zuckerreicher Brotaufstrich, der sich von der etwas vornehmer klingenden Konfitüre nur darin unterscheidet, daß Marmeladen immer auch Zitrusfrüchte beigegeben werden. Sein Zuckeranteil darf bis zu 70 Prozent betragen. Der Rest besteht aus Früchten und Geliermitteln. Bei den Früchten handelt es sich jedoch nur in den wenigsten Fällen um frisches Obst, wie es für hausgemachte Marmeladen und Konfitüren verarbeitet wird; zum größten Teil werden für die industriell hergestellten Marmeladen Fruchtpülpe, Fruchtmark und/oder Fruchtsäfte hergenommen. Um Obstsorten, deren Reifezeit jahreszeitlich begrenzt ist, auch ganzjährig verarbeiten und anbieten zu können, werden die frischen Früchte in großen Behältern mit Schwefeldioxid übergossen und so bis zur Weiterverarbeitung gelagert. Aufgrund des damit verbundenen erheblichen Vitalstoffverlusts, der durch das Einkochen noch verstärkt wird, sind sowohl Marmeladen als auch Konfitüren minderwertige Nahrungsmittel, die allein schon wegen ihres hohen Zuckeranteils gemieden werden sollten.

Im Naturkostladen sind honiggesüßte Marmeladen ohne chemische Zusätze erhältlich, die zum Teil aus kontrolliert biologischen Früchten hergestellt werden. Obwohl auch diese Marmeladen erhitzt wurden, sind sie den zuckersüßen auf jeden Fall vorzuziehen.

Die gesündeste Variante ist jedoch nach wie vor die hausgemachte Marmelade, die aus frischen Früchten unmittelbar nach der Ernte zubereitet wird. Im Verhältnis 50:50 kann sie mit Honig durch etwa zwanzigminütiges »Rühren« im Mixer auch kalt hergestellt werden. Kaltgerührte Marmelade ist bei kühler Lagerung bis zu vier Monaten haltbar.

Marone oder Eßkastanie, ist die Frucht des echten Kastanienbaumes, der vorwiegend in Süddeutschland wächst. Der Großteil der stärkereichen Früchte wird aus Mittelmeerländern importiert. Geröstet schmecken sie am besten.

Marzipan: Weiche, formbare Masse aus Zucker und Mandeln, die durch Zugabe von Rosenwasser ihren typischen Geschmack bekommt. Durch den hohen Zuckergehalt ist das handelsübliche Marzipan möglichst zu meiden. Im Naturkostladen und Reformhaus kann man jedoch honiggesüßtes Marzipan kaufen, das auch leicht selbst herzustellen ist.

Mate-Tee stammt ursprünglich aus Südamerika, wo er aus den gerösteten Blättern einer besonderen Stechpalme hergestellt wird. Mate-Tee enthält neben reichlich Gerbstoffen auch etwa ein Prozent Koffein und wirkt daher leicht anregend.

Mayonnaise: Cremige Mischung aus Eigelb, Öl, Essig, Kochsalz, Zucker und Gewürzen.

Fertigmayonnaisen finden aufgrund ihrer denaturierten Grundstoffe sowie ihres extrem hohen Fettgehalts in der Vollwertküche keine Verwendung. Schmackhafte und gesunde Dressings sollten möglichst ohne Ei aus frischen, naturbelassenen Zutaten selbst zubereitet werden.

Meerrettich: Großer, scharfer Rettich mit hohem Vitamin-C-Gehalt. Meerrettich enthält ätherisches Öl mit reichlich Senfölanteilen, die ihm auch seinen typisch scharfen Geschmack verleihen. Der handelsübliche Meerrettich ist meist geschwefelt und enthält Kochsalz und Schwefeldioxid. Ungeschwefelter Meerrettich ohne jegliche Zusätze ist im Naturkostladen und Reformhaus erhältlich.

Meersalz enthält im Gegensatz zu Kochsalz (reines Natriumchlorid [NaC]) zahlreiche weitere Mineralstoffe und Spurenelemente wie Calcium, Magnesium, Kupfer und Eisen. Das im Naturkosthandel vertriebene leicht feuchte Meersalz wird in flachen Salzgärten des Mittelmeers durch Verdunstung gewonnen. Ohne Zusätze wird das Meersalz dann vermahlen und abgepackt. In der Vollwert- und auch in der makrobiotischen Küche wird ausschließlich Meersalz verwendet.

Mehl: Bezeichnung für fein vermahlene Getreidekörner, Hülsenfrüchte und Kartoffeln. Die bedeutendsten Mehlsorten werden aus Weizen, Roggen, Gerste, Hafer, Reis und Mais hergestellt. Im Gegensatz zu Vollkornmehl werden bei handelsüblichen Mehlen die mineralstoffhaltige Fruchtschale, die eiweiß- und fetthaltige Aleuronschicht sowie der vitaminreiche Keimling des Korns ausgemahlen, wodurch sich – je nach Ausmahlungsgrad – die unterschiedlichen Mehlsorten ergeben, die jeweils nach Typen gekennzeichnet sind. Die Typenbezeichnung (Typenzahl) gibt Auskunft darüber, wieviel Mineralstoffe im jeweiligen Mehl noch enthalten sind, genauer (Definition): wieviel Milligramm Asche (Mineralien) nach Verbrennen von 100 Kilogramm in einem Gramm Mehl-Trockensubstanz übrigbleibt. 100 Gramm Weizenmehl des Typs 1700 enthalten 1700 Milligramm nicht verbrennbarer Mineralstoffe. Dies ist bei Weizen der Ausmahlungsgrad (Weizenvollkornmehl). 100 Gramm Roggen der Type 1800 enthalten dementsprechend 1800 Milligramm Mineralstoffe (Roggenvollkornmehl). Jede Mehlsorte mit einer niedrigeren Typenzahl ist ein Auszugsmehl, das nicht mehr das ganze vermahlene Korn enthält, sondern mehr oder weniger stark denaturiert wurde. Je niedriger die Typenzahl, desto höher der Vitalstoffverlust.

Empfehlenswert sind also ausschließlich Vollkornmehle, da nur sie annähernd alle Vitalstoffe des ganzen Getreidekorns anbieten. Das Mahlen des Getreides bzw. das Lagern des Vollkornmehls ist durch Oxidation jedoch auch mit Verlusten, besonders der luftempfindlichen Vitamine und Aromastoffe, verbunden. Bei einer Vollwerternährung stellt daher – zumindest langfristig – die eigene kleine Getreidemühle das Optimum dar. Mit ihr können fast alle Getreidesorten, ob Weizen, Roggen, Hirse oder Hafer, unmittelbar vor der Weiterverarbeitung frisch gemahlen oder geschrotet werden. Hinzu kommt, daß dieses frisch gemahlene Vollkornmehl eine deutlich bessere Treibfähigkeit hat, die besonders bei Brötchen, aber auch bei verschiedenen Brotsorten und Teiggerichten angenehm lockernd wirkt.

Melasse: Zähflüssige Masse, die bei der Raffination von weißem Zukker als nicht kristallisierbarer, brauner Rückstand übrigbleibt. Melasse wird im Bioladen als Süßmittel angeboten, aber auch zur Einfärbung von weißem zu braunem Zucker verwendet. Neben geringen Mengen an Mineralstoffen und organischen Säuren enthält Melasse keine nennenswerten Vitalstoffe. Als denaturiertes Nahrungsmittel ist sie nicht empfehlenswert.

Melonen: Große Früchte der gurkenähnlichen Kriechpflanze. Unterschieden werden Wasser- und Honigmelonen. Die größeren Wassermelonen haben ein rotes Fruchtfleisch, bestehen zu über 90 Prozent aus Wasser und enthalten wenig Vitalstoffe. Honigmelonen sind etwas kleiner und zeigen ein gelbliches Fruchtfleisch von honigähnlichem Geschmack.

Melonen eignen sich gut als Dessert, besonders nach üppigen Menüs.

Met: Ein durch Vergären von Honigwasser gewonnenes weinähnliches Getränk, das in jedem gut sortierten Bioladen erhältlich ist. Met kann leicht selbst angesetzt werden. Das Verhältnis von Wasser zu Honig beträgt etwa 1 : 2; Mischungen von 1 : 3 sind auch noch möglich. Weitere Zusätze sind Hefen, Kräuter und Gewürze.

Milch ist lebensmittelrechtlich nur als Bezeichnung für Kuhmilch zulässig. Andere Milcharten wie Ziegenmilch oder Schafsmilch sind ihrem Ursprung entsprechend näher

zu kennzeichnen. So wird auch die Flüssigkeit, die für neugeborene Menschenkinder von Natur aus vorgesehen ist, nicht Milch, sondern Muttermilch genannt.
Diese Begriffsbildung amtsdeutscher Genauigkeit ist jedoch keineswegs zufällig. Vielmehr symbolisiert sie den immer noch sehr hohen Stellenwert, den die Milch (von der Kuh) bei uns einnimmt. Selbst die Muttermilch, von der man annehmen sollte, daß sie das ideale Getränk für das heranwachsende Kind ist – zumindest solange es noch keine feste Nahrung essen kann –, kann da nicht mithalten. So sind viele Menschen schon seit den ersten Lebensjahren an Kuhmilch gewöhnt und nehmen diese – obwohl sie naturgemäß für das heranwachsende Kalb bestimmt ist – ganz selbstverständlich als natürliches, nahrhaftes Getränk täglich zu sich.
Zu den gravierendsten Folgen dieser schädlichen Gewohnheit zählt eine Reihe von Krankheiten, wie beispielsweise Neurodermitis, deren Ursachen – wenn auch von der Schulmedizin bislang noch ignoriert – in direktem Zusammenhang zum Genuß des artfremden Eiweiß der Kuhmilch zu suchen sind. Die ersten Symptome der Neurodermitis setzen am häufigsten im Säuglingsalter nach dem Abstillen ein, also zu einem Zeitpunkt, da das arteigene Eiweiß der Muttermilch durch das artfremde der Kuhmilch »ersetzt« wird. Auch die in erschreckendem Ausmaß zunehmenden allergischen Erkrankungen sind oftmals – darin ist man sich weitestgehend einig – auf Störungen im Eiweißstoffwechsel – bedingt durch eine fehlerhafte Ernährung – zurückzuführen.
Ganz allgemein scheint sich immer deutlicher abzuzeichnen, daß der Mensch seine unnatürlichen Gewohnheiten, zum Beispiel als einziges Wesen artfremde Milch zu trinken, mit gravierenden Einschränkungen seiner Gesundheit bezahlen muß.
Milch ist also für den Menschen zunächst einmal artfremd, auch wenn sie – nach dem derzeitigen Stand wissenschaftlicher Erkenntnisse – eine ähnliche Zusammensetzung aufweist wie die Muttermilch. Milch besteht zu etwa 85 Prozent aus Wasser, drei bis vier Prozent aus Eiweiß, zu drei bis vier Prozent aus Fett und zu vier bis fünf Prozent aus Milchzucker. Besonders gewürdigt werden ihr Mineralstoff- und Vitamingehalt sowie der ernährungsphysiologische Wert des Milcheiweiß, das reich an essentiellen Aminosäuren ist.
Unbedingt erwähnenswert ist in diesem Zusammenhang, daß dieser Vitalstoffgehalt jedoch nur in frischer Rohmilch gegeben ist, die allerdings nur einen verschwindend geringen Bruchteil der konsumier-

ten Milch ausmacht. Die handelsübliche, meistgekaufte Milch ist homogenisiert, pasteurisiert und/oder ultrahocherhitzt, wodurch die Milch ihre Vollwertigkeit einbüßt.

Der größte Teil der Milch stammt auch nicht – wie in Werbespots oft dargestellt – von glücklichen, gesunden Kühen, die auf saftig-grünen Alpenwiesen weiden, sondern von hochgezüchteten und auf Leistung getrimmten Tieren, die bis zu 7000 Liter Milch pro Jahr liefern. Das entspricht einer Tagesleistung von etwa 20 Liter pro Kuh. Mit Hilfe der Gentechnik sollen die »Turbo-Kühe« der Zukunft sogar bis zu 30 Liter Milch pro Tag geben, und das, obwohl sie bereits heute ihre physiologische Leistungsgrenze längst erreicht, wenn nicht schon überschritten haben. Diese enormen Milchmengen, die in diesen Größenordnungen gar nicht benötigt werden, gehen nicht nur zu Lasten der Gesundheit der Kühe, sondern über ihren (auch) damit verbundenen Qualitätsverlust ebenso zu Lasten der Gesundheit des Menschen.

Die Milchwirtschaft kommt heute ohne chemische und pharmazeutische Hilfsmittel gar nicht mehr aus. Das beginnt bereits bei der unnatürlichen, streßfördernden Stallhaltung auf Gitterrosten und Betonspaltböden ohne Stroh und reicht über das sogenannte »Kraftfutter« bis hin zur großen Palette an Tierarzneimitteln. Um möglichen Euterentzündungen, die durch maschinelles Melken entstehen, vorzubeugen, werden Antibiotika und Sulfonamide direkt ins Euter injiziert. Rückstände dieser Mittel, zum Beispiel Penicillinreste, können besonders bei starken Milchtrinkern Allergien auslösen. Diese nicht nur über die Milch, sondern auch über Fleisch aufgenommenen versteckten Antibiotika sind mit Sicherheit auch mit dafür verantwortlich zu machen, daß immer mehr Menschen gegen immer mehr Antibiotika Resistenz zeigen, sobald sie diese zu Heilzwecken einnehmen müssen.

Hinzu kommen giftige Desinfektionsmittel, mit denen die Melkmaschinen und Molkereigeräte gereinigt werden. Durch verbleibende Rückstände dieser chemischen Desinfektionsmittel wird die natürliche Keimzusammensetzung der Milch verändert und sie verdirbt leichter.

Auch Agrochemikalien und Umweltgifte müssen erwähnt werden. Die beim Futtermittelanbau eingesetzten Pestizide finden sich ebenso als Rückstände in der Milch wieder wie das aus der Umwelt stammende PCB (Polychloriertes Byphenyl); beides kann im Organismus der Kuh bis auf das Zehnfache der ursprünglichen Konzentration angereichert werden.

Die in den Molkereien angelieferte Milch ist also bereits vor ihrer Weiterverarbeitung erheblich belastet. In den einzelnen Molkereien wird die sogenannte Werkmilch dann verschiedenen Wärmebehandlungsverfahren unterzogen, wodurch sie zwar weitgehend keimfrei und länger haltbar wird, ihre biologische Wertigkeit jedoch verliert. Mit Ausnahme der Vorzugs- und der frischen Vollmilch werden alle anderen Milchsorten zunächst einmal entrahmt. Danach wird die Milch homogenisiert, indem die in ihr enthaltenen Fetttröpfchen unter hohem Druck durch winzige Düsen gepreßt und auf diese Weise stark verkleinert gleichmäßig verteilt werden. Dieses Verfahren bewirkt, daß die Milch nicht mehr aufrahmen kann. Durch die anschließende Pasteurisation bei 60 Grad werden bis zu 90 Prozent der Keime abgetötet. Um die Keime zu 99 Prozent abzutöten, wird die Milch kurzfristig 140 Grad »ultrahocherhitzt«, wodurch sie bis zu sechs Wochen haltbar wird. Die durch Sterilisation (mehrminütiges Erhitzen bei 120 Grad) entstehende H-Milch ist sogar völlig steril und bis zu einem Jahr haltbar, sie hat jedoch ihren biologischen Wert völlig eingebüßt, sie ist »tot«.

Doch auch die gepriesene hohe Wertigkeit frischer Vollmilch ist durch Homogenisieren, Pasteurisieren und diverse Rückstände erheblich eingeschränkt. Milch kann aber – wenn überhaupt – nur noch in Form von Rohmilch empfohlen werden, die zudem aus biologisch arbeitenden Betrieben stammen sollte.

Milchsäure: Ein Abbauprodukt, das bei der Säuerung der Milch durch Bakterien aus Milchzucker entsteht. Milchsäure kommt in Sauerkraut und anderen sauren Produkten vor.

Es gibt rechtsdrehende L(+)-Milchsäure und linksdrehende D(–)-Milchsäure, deren Bedeutung und Wirkungsweise unterschiedlich bewertet wird (siehe dazu auch Joghurt).

Milchsäuregärung: Eine einfache, altbewährte Konservierungsmethode, die früher hauptsächlich angewandt wurde, um Gemüse auch in den kalten Wintermonaten zur Verfügung zu haben.

Die bei der Milchsäuregärung entstehende Milchsäure verhindert das Wachstum anderer Bakterien. Sie eignet sich besonders für die Herstellung von Sauerkraut sowie zum Einsäuern von Rote Bete, Gurken und Bohnen.

Milchzucker (Lactose): Bezeichnung für das in der Milch vorkommende Kohlenhydrat. Es besteht aus einem Glucose- und einem Galaktoserest. Milchzucker, der zu den Disacchariden zählt, hat nicht so eine starke Süßkraft wie Saccharose (Haushaltszucker).

Mineralstoffe sind anorganische Stoffe, die für die Aufrechterhaltung verschiedener Körperfunktionen unentbehrlich sind. Ebenso wie Tiere sind Menschen zur Deckung ihres Mineralstoffbedarfs auf Pflanzen angewiesen.
Mineralstoffe werden nach quantitativen Aspekten unterschieden: Kalium, Natrium, Calcium, Magnesium und Phosphor, die im Körper stärker konzentriert sind, zählen zu den sogenannten Mengenelementen, Eisen, Jod, Kupfer, Kobalt, Zink, Mangan, Molybdän und Chrom, die im Körper nur in geringen Mengen vorkommen, zu den Spurenelementen, die auch über die Nahrung zugeführt werden müssen. Während sich Blei, Cadmium und Quecksilber als giftig erwiesen haben, ist die Funktion und genaue Wirkungsweise mancher Elemente, wie die von Brom, Nickel, Zinn und Gold, noch weitgehend unerforscht.
Durch eine vollwertige (auch rein vegetarische) Ernährung ist die Bedarfsdeckung an allen Mineralstoffen gesichert. Sehr wichtig ist jedoch, daß möglichst viel rohes Obst und Gemüse gegessen wird und gekochte Speisen schonend zubereitet werden, denn durch langes Kochen und Wegschütten des Kochwassers geht ein nicht unerheblicher Teil der wasserlöslichen Mineralstoffe verloren (siehe auch Spurenelemente/Vitalstoffe).

Mineralwasser ist mit zunehmender Verunreinigung des Trinkwassers durch Agrochemikalien, Gülle, Industrieabwässer u. a. m. zum unentbehrlichen Ersatzprodukt geworden.
Nach der Mineral- und Tafelwasserverordnung von 1984 dürfen nur jene Mineralwässer bzw. Mineralbrunnen als solche gekennzeichnet werden, die aus einer natürlichen oder künstlich erschlossenen Quelle stammen. Diese Grundwasserreservoire liegen meist zwischen tiefen Gesteinsschichten und sprudeln teilweise durch ihren hohen Kohlensäuregehalt von selbst an die Erdoberfläche. Ihr Mineralstoffgehalt ist von der geologischen Beschaffenheit der einzelnen Erdschichten abhängig und somit regional recht unterschiedlich. Während manche Mineralwässer beispielsweise einen hohen Gehalt an Natrium und Kalium aufweisen, sind andere besonders eisenreich.
Durch bestimmte Verfahren (wie Entlüftung) kann Mineralwasser auch Eisen entzogen werden, und sie dürfen entschwefelt oder zusätzlich mit Kohlensäure angereichert werden.
Unterschieden werden die Mineralwässer in:
Quellwässer = Natürliches Wasser ohne Kohlensäure.
Heilwässer = Wasser mit – im Gegensatz zu einfachen Mineralwäs-

sern – spezifischer Zusammensetzung an Mineralstoffen, von denen nachweislich eine heilende – zumindest jedoch lindernde Wirkung – ausgeht;
Heilwässer fallen nicht unter die Mineral- und Tafelwasserverordnung.
Sprudel = Säuerlinge aus einer natürlichen oder auch künstlich erschlossenen Quelle; sprudeln zum größten Teil durch den natürlichen Kohlensäuredruck hervor. Sprudel bzw. Säuerlinge dürfen enteisent und entschwefelt werden.
Tafelwässer = sind nach der Mineral- und Tafelwasserverordnung nicht besonders geschützt. Sie dürfen neben salzreichem Wasser und Meerwasser auch Zusätze wie Natriumchlorid, Natriumcarbonat und Kohlendioxid enthalten.
Darüber hinaus dürfen Tafelwässer Rückstände von Umweltgiften aufweisen, die bei anderen Mineralwässern untersagt sind.
Ein wesentlicher Aspekt der zunehmenden Umweltbelastung besteht in der immer stärkeren Durchdringung unseres Ökosystems mit giftigen Substanzen aus Industrie und Landwirtschaft. Toxische, zum Teil krebserregende Rückstände von Pestiziden auch in unserem Trinkwasser müssen unbedingt als alarmierendes Zeichen erkannt werden, damit nicht noch die letzten natürlichen Reserven unseres kostbarsten Guts einem Fortschritt geopfert werden, der uns – und ganz besonders unseren Kindern – die Lebensgrundlage raubt. Die Nitratgehalte einiger Mineralwässer sind bereits so hoch, daß sie für die Zubereitung von Babynahrung nicht mehr empfohlen werden dürfen. (siehe auch Wasser)

Mirabelle: Pflaumenähnliche Steinobstart aus Vorderasien. Die orange-gelben Früchte eignen sich für den Frischverzehr, für Konfitüren und zum Einkochen.

Miso: Ein eiweißreiches, fermentiertes Sojabohnenkonzentrat von cremiger bis fester Konsistenz. Bei seiner Herstellung werden die gekochten Sojabohnen mit Reis oder Gerste sowie Meersalz vermischt und mittels Pilzkulturen, einem bis zu drei Jahren währenden Fermentationsprozeß unterzogen.
Miso kommt neben einem beträchtlichen Eiweißanteil von 12 bis 20 Prozent (je nach Sorte) noch eine besondere Bedeutung durch seinen Gehalt an Vitamin B_{12} zu, da dieses sonst in Pflanzen kaum enthalten ist. In Japan, wo Miso ähnlich wie Tofu ein traditionelles, alltägliches Würzmittel ist, gibt es über 50 verschiedene Sorten. Die in unseren heimischen Naturkostläden angebotenen drei bekanntesten und gängigsten Sorten sind: Gersten-Miso (mugi miso), Reis-Miso (hatcho miso) und reines Sojabohnen-Miso (mame miso).

Da das aus Japan importierte Miso dort mittlerweile auch industriell hergestellt wird, sind bereits einige Sorten mit Zusätzen entdeckt worden. Beim Einkauf sollte deshalb unbedingt darauf geachtet werden, daß Miso nur die obengenannten Zutaten enthält und frei von sonstigen Zusätzen ist.

Mochi: Reiskuchen, der in Japan hauptsächlich zu Neujahr und zu besonderen Festtagen gegessen wird. Er wird aus süßem, unter Wasserdampf gegartem Reis hergestellt und kann zu Hause auch leicht selbst zubereitet werden. Dazu wird der süße Reis einfach in Wasser weichgekocht und anschließend püriert. Aus der klebrigen Masse lassen sich auch hervorragend kleine Bällchen formen, die anschließend in Sesam oder Gomasio gewälzt werden können.

Mohn: Ursprünglich aus Asien stammende Pflanze, die wegen des aus den unreifen Kapseln gewonnenen Opiums mittlerweile weltweit angebaut wird.

Mit kleinen schwarzen Mohnkörnchen wurden in früheren Zeiten Kinder beruhigt, heute finden sie als Brotzusatz Verwendung.

Im morgendlichen Frischkornmüsli wirkt ein Teelöffel frisch gequetschter Mohn neutralisierend auf die durch die unterschiedlichen Verdauungszeiten von rohem Getreide und Obst entstehenden »Verdauungsspannungen«.

Möhre: Wichtiges und häufig verwendetes Wurzelgemüse in der Vollwertküche. Möhren sind reich an Carotin, das im Körper in Vitamin A umgewandelt wird. Darüber hinaus enthalten sie viele Mineralstoffe und weitere Vitamine, wie zum Beispiel Niacin.

Molke fällt bei der Käseherstellung als Abfallprodukt an. Unterschieden werden die Süßmolke, die bei der Herstellung von Süßmilchkäse anfällt, und die Sauermolke, die durch Milchsäurebakterien entsteht.

Molke dient nicht nur der Nahrungsmittelindustrie als Grundstoff für viele Produkte, sondern sie wird auch zur Herstellung von umweltfreundlichen Wasch- und Reinigungsmitteln sowie für kosmetische Zwecke eingesetzt.

Im Handel wird auch Trinkmolke angeboten, die in der vollwertigen Ernährung allerdings überflüssig ist.

Mozzarella: Aus Italien stammender frischer Weichkäse von äußerst mildem Geschmack.

Der ursprünglich nur aus Büffelmilch hergestellte Frischkäse wird heute auch aus Kuhmilch gewonnen. Mozzarella schmeckt auf Brot, in Rohkostsalaten und eignet sich auch zum Überbacken von Quiche, Pizza u. a.

Multi-Vitamin-Saft: Ein aus verschiedenen Säften und Vitaminzusätzen gemischter Fruchtcocktail.

Der erst seit einigen Jahren angebotene Saft erfreute sich schnell allseitiger Beliebtheit. Doch das Image dieser Säfte entspricht nicht ihrem gesundheitlichen Wert. Neben heimischen Obstsorten werden zwar vorwiegend vitaminreiche Tropenfrüchte verwendet. Multi-Vitamin-Saft wird jedoch auch erhitzt und bis zu dreimal pasteurisiert und sterilisiert. Durch die zusätzliche Anreicherung mit synthetischen Vitaminen entsteht ein Produkt, dessen Inhaltsstoffe – besonders die Vitamine – völlig aus ihrem natürlichen Gleichgewicht geraten sind.

Unmittelbare gesundheitliche Gefährdungen sind zwar bis jetzt nicht bekannt geworden, außer, daß er bestimmte Krankheiten, wie beispielsweise Neurodermitis ungünstig beeinflußt. Multi-Vitamin-Säfte zählen jedoch zu den erhitzten Extrakten, die innerhalb einer vollwertigen Ernährung möglichst gemieden werden sollten.

Mungbohne (grüne Sojabohne): Eine Sojabohnenart, die besonders zum Keimen und Heranziehen von Sprossen geeignet ist. Mungbohnen sind besonders reich an Eiweiß, enthalten Vitamin A und E sowie zahlreiche Mineralstoffe. Sie enthalten aber auch Phasin, ein natürliches Gift, das angeblich während des Keimvorgangs zerfällt. Sicherheitshalber sollten die Sprossen aber vor dem Verzehr erhitzt werden.

Mus wird aus Früchten, Kernen oder Hülsenfrüchten durch Erhitzen und anschließendes Pürieren bzw. Quetschen hergestellt. Das dünn- bis dickflüssige Mus enthält zwar noch sämtliche Pflanzenteile, ist aber durch das Erhitzen teilweise denaturiert worden. Bei Fruchtmusen, wie zum Beispiel Apfelmus, werden zudem häufig Zucker und Konservierungsstoffe zugesetzt.

Muskatblüte: Beliebtes Gewürz, das aus der getrockneten Schale der Samen des Muskatbaums gewonnen wird. Seinen charakteristischen Duft und Geschmack verdankt es ätherischen Ölen.

Muskatblüte ist im Aroma etwas milder als Muskatnuß und läßt sich vielseitig einsetzen. Sowohl Getreidegerichte, besonders Hirse, als auch verschiedene Gemüse wie Porree und Kohlrabi lassen sich durch Muskatblüte geschmacklich verfeinern.

Muskatnuß: Als Gewürz verwendete Samen des im Fernen Osten beheimateten Muskatbaumes.

Muskatnüsse bestehen etwa zu je 40 Prozent aus Fett und Kohlenhydraten und bis zu zehn Prozent aus ätherischen Ölen. In geringen Mengen enthalten sie auch das toxische Myristicin (wie unser heimischer Fliegenpilz). Bei normaler Dosierung, wie etwa zum Würzen verschiedener Gerichte, ist frisch geriebene Muskatnuß jedoch ungefährlich. Vielmehr verfeinert sie durch ihr angenehm würziges Aroma sowohl Getreidespeisen als auch Gemüsebeilagen und Gebäck.

Müsli: Aus verschiedenen Getreidesorten, Kernen und Trockenobst bestehende Mixtur, die mit frischen Früchten ergänzt und wahlweise mit Milch, Sahne, Joghurt oder Kefir angemacht werden kann.

Unterschieden wird in: konventionelle, zuckergesüßte Fertigmüslis aus dem Supermarkt, honiggesüßte Fertigmüslis aus dem Naturkostladen oder Reformhaus und das selbst kreierte Frischkornmüsli. Dieses aus frischen Zutaten zubereitete Frischkornmüsli bildet nicht nur einen wichtigen Pfeiler der Vollwertkost, sondern stellt auch das Müsli schlechthin dar. Die Klassifikation »Frischkornmüsli« wurde erst als Abgrenzung zu den zahlreichen industriell hergestellten Fertigmüslis erforderlich, die im eigentlichen Sinn mit Müsli kaum noch etwas gemeinsam haben.

Im Unterschied zum selbstkreierten Müsli weisen alle fertigen Müslimischungen eine Gemeinsamkeit auf. Keine von ihnen besteht aus frischen Zutaten. Der weitaus größte Teil der im Handel angebotenen Müslis besteht aus Getreideflocken, die zur Konservierung erhitzt und teilweise entkeimt wurden. Dadurch wurden die hitzeempfindlichen Vitamine zerstört, Aromastoffe und andere wichtige Vitalstoffe oxidierten, was die biologische Wertigkeit dieser Müslis erheblich beeinträchtigte. Hinzu kommt, daß die im Supermarkt angebotenen Fertigmüslis meist gezuckert sind. Die im Naturkostladen erhältlichen Müslis sind zwar nicht gezuckert und meist aus kontrolliert biologischen Zutaten. Mit dem selbst zubereiteten Frischkornmüsli sind jedoch auch sie nicht vergleichbar. Fertig gekaufte Müslis können daher nur empfohlen werden, wenn sie anstelle von Brot oder Brötchen genossen werden sollen. Sie sind jedoch in keinem Fall ein Ersatz für das Frischkornmüsli, das aufgrund seiner naturbelassenen, frischen Zutaten noch alle lebenswichtigen Vitalstoffe enthält (siehe auch Frischkornmüsli).

Müslischnitten oder Müsliriegel sind als ein weiterer Fort-Schritt vom ursprünglichen Müsli zu verstehen, mit dem sich die Nahrungsmittelindustrie dem veränderten Ernährungsbewußtsein des Verbrauchers anzupassen versucht. Unter dem Deckmantel einiger Körnchen werden zuckersüße Müslischnitten und -riegel als gesunde Snacks verkauft. Durch die subtile, nicht differenzierende Angabe von Inhaltstoffen, wie zum

Beispiel »mit Honig«, »Fruchtzukker« und ähnliches, gelingt die gewünschte Irritation bestens, denn nur die wenigsten Verbraucher können noch (oder bereits) differenzieren zwischen dem, was wirklich gesund, und dem, was nur zukkersüß ist. Eine generelle Entscheidungshilfe hinsichtlich der meist aus Flocken, Sesamkörnchen und gehackten Nüssen oder Mandeln bestehenden Schnitten ist nur schwer zu geben. Die in den Naturkostläden angebotenen Müslischnitten werden in der Regel zumindest sehr bewußt ausgewählt und enthalten keinen weißen Zukker. Doch auch diese Schnitten sind nicht mehr als vollwertiges Lebensmittel zu bezeichnen.

Mu-Tee: Jahrtausendealte Gewürzteemischung, die erst durch die Makrobiotik bei uns eingeführt und bekannt wurde.

Die dazu verwendeten Kräuter und Gewürze stammen noch heute teilweise von wildwachsenden Gebirgspflanzen. Neben Ginseng enthält Mu-Tee u. a. auch Saflor, Ingwer, Zimt, Zyperngras, Zypresse, Orangenschale und Süßholz.

Mu-Tee hat einen süßlich-erfrischenden Geschmack und wirkt leicht anregend. Er ist im Naturkostladen grob in Gewürzbeuteln und als feines Instantpulver erhältlich.

Mutterkorn: Vorwiegend auf Roggen aber auch auf Weizen vorkommender giftiger Pilz, der zu den Schmarotzerpflanzen gezählt wird. Die dunkelvioletten bis schwarzen Mutterkörner entwikkeln sich besonders in nassen Jahren meist auf den Fruchtknoten junger Roggenblüten. Die reifen Körner fallen dann ab und bilden im Frühjahr neue Keime und Fruchtkörper, die durch den Wind verstreut werden und somit ganze Felder mit dem Mutterkorn durchwuchern können.

Die im Mutterkorn enthaltenen giftigen Alkaloide können zu Juckreiz, Übelkeit, Gliederschmerzen und Störungen im Nervensystem führen. Medizinisch werden Mutterkorn-Alkaloide hingegen erfolgreich bei Migräne und Durchblutungsstörungen eingesetzt und dienen auch als blutstillendes Mittel in der Nachgeburtsphase.

In den modernisierten Reinigungsanlagen wird das Getreide heute jedoch so gesäubert, daß es weitestgehend frei von Mutterkorn ist. Wiederholte Warnungen vor Mutterkorn (und somit vor Vollkorngetreide) stammen meist aus Industriekreisen, die durch eine Verbreitung der Vollwertkost um den Absatz ihrer minderwertigen Auszugsmehlprodukte besorgt sind.

Muttermilch: Die natürliche und somit optimale Nahrung für das neugeborene Menschenkind. Im Gegensatz zur Kuhmilch, die für junge Kälber bestimmt ist, enthält die Muttermilch alle für den Säugling lebenswichtigen Vitalstoffe in genau der Zusammensetzung, die benötigt wird. Neben artgerechtem Eiweiß bietet sie auch leicht verwertbare Fette, Kohlenhydrate, Vitamine und Mineralstoffe in optimalem Verhältnis. Darüber hinaus nimmt das Neugeborene über die Muttermilch wichtige (mütterliche) Immunstoffe und andere biologische Wirkstoffe auf, die sein Organismus benötigt, um später mit den vielfältigsten Umweltgiften fertig zu werden.

Daß in den letzten Jahren auch in der Muttermilch Rückstände zahlreicher Umweltgifte und Agrochemikalien entdeckt wurden, ist nicht weiter verwunderlich, sondern nur ein weiteres Zeichen dafür, daß wir in einem in sich geschlossenen System leben, in dem das eine das andere beeinflußt und nichts isoliert existiert. Dennoch haben die Meldungen über hohe Rückstände an DDT, Lindan und Chlorkohlenwasserstoffen Empörung und Resignation hervorgerufen und viele Mütter verunsichert. Trotz dieser keineswegs harmlosen Schadstoffbelastung ist und bleibt die Muttermilch die natürlichste Nahrung für den Säugling. Praktische Erfahrungen aus der ärztlichen Sprechstunde, die durch zahlreiche Untersuchungen bestätigt wurden, zeigen u. a., daß nicht gestillte, mit Fabrikpräparaten oder Kuhmilch ernährte Kleinkinder weitaus anfälliger reagieren als solche, die gestillt wurden.

N

Nacktgerste → Gerste
Nackthafer → Hafer
Nährstoffe: Die Inhaltstoffe der Lebens-, Nahrungs- und Futtermittel, die sowohl dem menschlichen als auch dem tierischen Organismus als Stoffwechselquelle dienen.
Zu den Hauptnährstoffen zählen Eiweiß, Fett und Kohlenhydrate. Vitamine, Mineralstoffe und Aromastoffe werden nicht dazu gerechnet, da sie keine meßbare Energie liefern, die in Kalorien, Joule oder einer anderen Maßeinheit ausgedrückt werden könnte. Ebenso gehören auch alle noch nicht erforschten (aber spürbaren) Wirkstoffe nicht dazu.
Dieses äußerst begrenzte Klassifikationsschema der dominierenden traditionellen Ernährungswissenschaft ist entscheidend mitverantwortlich für das gegenwärtig breite Angebotsspektrum an denaturierten Nahrungsmitteln und die daraus resultierende Vielzahl ernährungsbedingter Zivilisationskrankheiten. Trotz besseren Wissens wird weiter versucht, die wahren Ursachen dieser Erkrankungen zu vertuschen. Diese Überbewertung einiger weniger Nährstoffe, die sich in der landläufigen, am Kalorienwert ausgerichteten Kost widerspiegelt, sowie die damit einhergehende Vernachlässigung der Vitamine, Spurenelemente, Ballaststoffe und vieler weiterer Wirkstoffe ist erst durch die Propagierung der Vollwertkost einer breiteren Öffentlichkeit bewußt geworden.
Für die Nährstoffe gilt aus der Sicht des Vollwertköstlers dasselbe Prinzip wie für alle übrigen Inhaltstoffe: Sie sollen möglichst unbearbeitet, das heißt in ihrer (nur in unveränderten Lebensmitteln vorkommenden) natürlichen Zusammensetzung aufgenommen werden.
Nahrungsmittel werden in der Vollwertkost von »Lebensmitteln« unterschieden. Ein Nahrungsmittel ist, entsprechend der Theorie von Professor Werner Kollath, ein durch Hitze, Konservierung oder

Extraktion verändertes Lebensmittel, das aufgrund dieser Veränderung seinen Vollwert einbüßt.
Während ein frischer ganzer oder geraspelter Apfel aufgrund seiner Naturbelassenheit ein lebendiges Lebensmittel darstellt, ist eingekochtes Apfelmus oder Apfelsaft bereits ein denaturiertes Nahrungsmittel, das durch die Hitzeeinwirkung in seiner natürlichen Zusammensetzung verändert wurde. Der damit verbundene Vitalstoffverlust ist kennzeichnend für das denaturierte Nahrungsmittel.

Nahrungsmittel-Allergien haben in den letzten Jahren stark zugenommen, wobei die Dunkelziffer der Allergien, deren letztliche Ursachen noch nicht wissenschaftlich erforscht wurden bzw. deren Zusammenhang zur Ernährungsweise nicht anerkannt wird, beträchtlich sein dürfte.
Nahrungsmittel-Allergien sind Überreaktionen des Organismus auf bestimmte Nahrungsmittel und deren Zusatzstoffe sowie auf Konservierungsstoffe und Rückstände von Pflanzenschutzmitteln. Da allein die für Nahrungsmittel gesetzlich zulässigen Zusatzstoffe und Rückstände von Agrochemikalien und Umweltgiften fast unüberschaubar geworden sind, ist weder eine Erhellung noch eine Lösung des Problems in absehbarer Zeit zu erwarten.
Letzte Ursache der meisten Nahrungsmittel-Allergien sind nicht bestimmte Stoffe wie Phosphat, Gluten oder tierisches Eiweiß, auch nicht der mangelhaft funktionierende Stoffwechsel, sondern *eine langjährige Fehlernährung!*
Anders gesagt: Eine Substanz wird erst dann zum Reizstoff oder Allergen, und löst somit die Allergie aus, wenn sie auf einen durch alle möglichen Vorsichtsmaßnahmen »verwöhnten« und durch Fehlernährung degenerierten Organismus trifft, der es »verlernt« hat, spezifische Abwehrstoffe, sogenannte Antikörper, zu produzieren, bei dem die Allergen-Antikörper-Reaktion somit ausbleibt oder zu schwach abläuft.
Die natürlichste und einfachste Art, Nahrungsmittel-Allergien vorzubeugen (besonders auch für Menschen, die erblich vorbelastet sind) ist und bleibt eine ausgewogene Vollwertkost, die den Organismus mit allen lebenswichtigen Vitalstoffen versorgt, somit die körpereigenen Abwehrkräfte stärkt und die Stoffwechselfunktionen aufrechterhält.

Natto: Ganze fermentierte Sojabohnen, die, gewürzt mit Ingwer und Tamari, in Japan ungekocht als Gemüsebeilage gegessen werden. Natto-Bohnen werden auch – wie bei uns eingelegte Gurken – einfach zum Garnieren verschiedener Getreidespeisen verwendet.

Natrium: Lebenswichtiger Mine-

ralstoff mit alkalischer (basenbildender) Wirkung. Natrium und Kalium sind als wichtige Bestandteile der intra- bzw. extrazellulären Körperflüssigkeiten unentbehrlich für einen ausgeglichenen Wasserhaushalt des Organismus.
Natrium kommt in fast allen Nahrungsmitteln vor. Doch obwohl tierische Nahrung mehr Natrium enthält als pflanzliche, wirken tierische Produkte paradoxerweise stärker säurebildend (siehe auch Säure-Basen-Verhältnis).

natriumarme Nahrungsmittel zählen aufgrund ihres geringeren Salzgehalts zu den diätischen Nahrungsmitteln. Natriumarme Nahrungsmittel werden meist dann erforderlich, wenn eine Kost über längere Zeit zu natriumreich bzw. zu salzhaltig war. Dies kommt immer häufiger vor, da heute fast alle Industrie-Nahrungsmittel Natrium bzw. Kochsalz enthalten. Zu diesen versteckten Salzen kommt dann meist noch das Nachsalzen in der eigenen Küche hinzu.
Die im Handel erhältlichen »natriumarmen« oder »kochsalzarmen« Produkte dürfen auf 100 Gramm nicht mehr als 120 Milligramm Natrium enthalten. »Streng natriumarme« oder »streng kochsalzarme« Nahrungsmittel müssen dagegen unter 40 Milligramm Natrium pro 100 Gramm Nahrung liegen.
Bei einer vollwertigen Ernährung, die überwiegend aus frischen pflanzlichen Lebensmitteln besteht, braucht dem Natriumgehalt einzelner Lebensmittel keine besondere Aufmerksamkeit gewidmet zu werden.

Naturata: Zusammenschluß von Produzenten, Händlern und Verbrauchern, die ihre Aufgabe in der Erzeugung, Vermarktung und Verwendung gesunder Lebensmittel sehen. Landwirte, die Naturata beliefern, haben sich verpflichtet, nach den Prinzipien des ökologischen Anbaus zu arbeiten. Auf Pflanzenschutzmittel und Mineraldünger wird gänzlich verzichtet.
Naturata-Produkte sind in fast allen Bioläden erhältlich.

Nature et Progrès: In Frankreich ansässige Gemeinschaft, die nicht nur ökologischen Landbau betreibt, sondern sich auch mit Fragen gesunder Ernährung und ganzheitlicher Lebensweise auseinandersetzt und versucht, hier neue Perspektiven aufzuzeigen.
Nature et Progrès gehören zahlreiche biologisch arbeitende Betriebe an. Von ihren Produkten werden in unseren Naturkostläden vorwiegend Obst und Gemüse angeboten.

Naturland: Einer der jüngsten Anbauverbände, deren Ziel die Erzeugung und Vermarktung biologischer Produkte ist. Naturland ist gleichzeitig das Markenzeichen für Produkte aus »naturgemäßem

Landbau«. Zum Verband gehören landwirtschaftliche Betriebe, Händler und Verbraucher, vorwiegend aus dem Großraum München, die nach ökologischen Grundsätzen Getreide, Obst, Gemüse, Milchprodukte und Fleisch erzeugen.

Naturreis oder Vollkornreis ist unpolierter brauner Reis, der außer der äußeren ungenießbaren Schale noch alle wertvollen Pflanzenteile wie Samenhaut, Aleuronschicht und Keimling besitzt. Naturreis ist reich an Vitaminen und Mineralstoffen. Er wurde schon vor Jahrtausenden von buddhistischen Mönchen geschätzt und hat auch noch aufgrund seines ausgewogenen Yin-Yang-Verhältnisses seinen festen Platz in der makrobiotischen Küche.

Auch innerhalb der Vollwertkost wird ausschließlich unpolierter Naturreis verwendet.

Nektarine: Steinobstart, die zu den Pfirsichen gezählt wird. Nektarinen unterscheiden sich von Pfirsichen durch ihre glatte Schale und festeres Fruchtfleisch. Sie weisen auch höhere Vitamin- und Mineralstoffgehalte auf und sind reich an Fruchtsäuren und Aromastoffen.

Nelken: Getrocknete Blütenknospen des auf Sri Lanka, Madagaskar und den Komoren beheimateten Gewürznelkenbaums. Die nagelähnlichen kleinen braunen Nelken haben aufgrund ihres hohen Gehalts an ätherischen Ölen einen scharfen Geschmack und sind äußerst sparsam zu verwenden. Nelken sind auch in einigen Gewürzmischungen enthalten und werden bei uns hauptsächlich für Gewürzkuchen und -brot sowie für Kleingebäck verwendet.

Neuform: Warenzeichen der Neuform-Genossenschaft. Die in Reformhäusern angebotenen Neuform-Produkte sollen »soweit wie möglich aus einer ungeschädigten, naturbelassenen Umwelt (ökologisch-biologischer Vertragsanbau) stammen«. Neuform-Produkte werden zwar auf Pestizidrückstände überprüft, stammen jedoch nicht immer aus ökologischem Anbau. Die besonders bei Frischwaren wie Obst und Gemüse vorzufindende Bezeichnung »rückstandskontrolliert« ist zudem nichtssagend, da für den Verbraucher nicht zu erkennen ist, ob es sich um Produkte aus biologischem Anbau handelt oder um konventionelle Ware.

Niacin (Nicotinsäureamid, Nicotinsäure) ist ein wasserlösliches Vitamin, das zum Vitamin-B-Komplex gerechnet wird. Niacin kommt in allen Körperzellen vor und ist auch Bestandteil eines Enzyms, das den Eiweiß-, Fett- und Kohlenhydratstoffwechsel regelt. Es wird mit der täglichen Nahrung aufgenommen, kann aber auch vom Körper selbst aus der Aminosäure Tryptophan gebildet werden.

Obwohl Niacin am konzentriertesten in Fleisch enthalten ist, kann es bei einer vollwertigen, vegetarischen Ernährung zu keinem Niacin-Mangel kommen.

Nickel: Spurenelement, dessen Wirkungsweise auf den menschlichen Organismus noch weitestgehend unerforscht ist.

Nigari: Bittersalz, das bei der Tofu-Herstellung als Gerinnungsmittel verwendet wird.

Nitrat: In der Umwelt natürlich vorkommendes Salz der Salpetersäure; für Pflanzen ein lebenswichtiger Nährstoff zur Synthese von Proteinen. Bei zu langer Aufbewahrung von Nahrungsmitteln an der Luft können sich Nitrate zu Nitrit umwandeln. Nitrit, das sehr giftig ist und die Sauerstofftransportfunktion des Blutes behindert, begünstigt auch die Bildung von stark krebserregenden Nitrosaminen im Verdauungstrakt. Die Symptome einer Nitratvergiftung können von leichter Übelkeit und Müdigkeit bis zu Erbrechen und Atemnot reichen; extrem gefährdet sind Säuglinge und Kleinkinder.

Verantwortlich für überhöhte Nitratwerte in Nahrungsmitteln, Grund- und Trinkwasser ist in erster Linie die Landwirtschaft, und zwar durch ihren massiven Einsatz von chemischen Stickstoffdüngern und übermäßigen Güllegaben. Nach geltendem Recht darf in Deutschland der Nitratgehalt des Trinkwassers nicht über 50 Milligramm pro Liter liegen. In einem Trinkwassertest, den das Magazin »Öko-Test« 1989 (siehe Dezemberausgabe 1989) durchführen ließ, wurden in Privathäusern in 325 deutschen Städten Wasserproben entnommen. Zitat: »Dreimal war das Wasser mit über 50 mg Nitrat pro Liter so hoch belastet, daß es nur mit Ausnahmegenehmigung abgegeben werden darf. Den strengeren Richtwert der EG (25 mg/l) überschreiten 49 Proben. In über hundert Orten liegt der Nitratwert über 10 mg. Wenn diese Menge in einem Mineralwasser gefunden wird, dann darf der Hersteller nicht mehr behaupten, daß damit auch Babynahrung zubereitet werden kann.«

Umgekehrt ist der Nitratgehalt vieler Mineralwässer so hoch, daß sie als Leitungswasser nicht mehr zulässig wären. Besonders stark mit Nitrat belastet sind auch verschiedene Gemüsearten wie Blattsalat und Spinat, deren Nitratwerte noch um einiges höher liegen, wenn sie aus Treibhäusern stammen.

Die zur Zeit einzige Chance, so wenig Nitrat wie möglich mit der täglichen Nahrung aufzunehmen, besteht in einem bewußten Verzicht auf alle Treibhausprodukte sowie auf Gemüse aus konventionellem Anbau. Als Alternative bietet sich nur Gemüse und auch Obst aus kontrolliert biologischem Anbau an – oder der eigene (biologische) Gemüsegarten.

Nitrit: Giftiges Salz, das aus Nitraten gebildet wird. Führt zu schweren Sauerstofftransportstörungen im menschlichen Organismus, indem Hämoglobin in Methämoglobin umgewandelt wird. Besonders Säuglinge, deren noch nicht ausgebildetes Enzymsystem das entstandene Methämoglobin nicht zu Hämoglobin reduzieren kann, sind durch Nitratvergiftungen akut gefährdet.

Es wird daher auch von Ärzten immer wieder empfohlen, Säuglingen in den ersten drei Monaten keinen Spinat zu geben, da dieser in der Regel extrem hohe Nitratwerte aufweist. Generell gilt: Keinen Spinat aufwärmen, da dies zu einer beschleunigten Nitritbildung führt.

Nori: Kultivierte Rotalge (siehe Algen).

Nudeln → Vollkornnudeln

Nüsse: Sammelbegriff für Haselnüsse, Walnüsse, Cashewnüsse, Paranüsse, Mandeln, Pistazien und Pinienkerne.

Nüsse sind sehr fett- und eiweißreich und weisen einen hohen Gehalt an den fettlöslichen Vitaminen A und E auf. Besonders hervorzuheben sind auch die in ihnen zahl reich enthaltenen Mineralstoffe wie Kalium, Calcium, Magnesium, Eisen, Kupfer, Zink, Mangan und Jod. Nüsse sind aufgrund ihres außergewöhnlich hohen Vitalstoffgehalts ideale Lebensmittel, die in der

Vergleichende Tabelle: Vital- und Nährstoffe von Nüssen und Milch (Anteil auf 100 Gramm)

Nußart	Mineralstoffe (in Milligramm)						Vitamine (in Milligramm)				Fett (in Gramm)	Eiweiß (in Gramm)
	Natrium	Kalium	Calcium	Phosphor	Magnesium	Eisen	A	E	B_1	B_2		
Cashewnuß	15	552	31	375	270	2,8	30	–	0,5	0,25	46	17
Erdnuß, frisch	5	706	59	372	163	2,1	30	–	0,5	0,1	25	15
Kokosnuß, frisch	35	379	20	94	39	2,0	–	0,8	0,05	0,02		
Mandel	20	835	252	454	170	4,7	23	15	0,25	0,9	54	19
Haselnuß	2	630	225	330	150	3,8	4	21	0,4	0,2	61	13
Paranuß	2	644	130	674	160	3,4	3	6,5	1	0,1	67	14
Walnuß	2	570	87	410	135	2,1	10	1,5	0,35	0,1	64	15
Vollmilch	48	157	120	92	12	0,1	30	0,1	0,04	0,18	3,6	3,3

Zahlenmaterial aus: Elmadga; Fritzsche; Cremer: Die große GU Vitamin- und Mineralstoff-Tabelle. Gräfe und Unzer, München 1984; Billen-Girmscheid; Schmitz: Das Öko-Lexikon unserer Ernährung. Wolfgang Krüger Verlag, Fischer Verlag, Frankfurt 1986.

Vollwertkost sehr geschätzt werden.

Nußmus wird aus unterschiedlichen Nußarten ohne jegliche Zusätze hergestellt. Im Handel erhältlich sind Haselnußmus, Mandelmus, Cashewnußmus, Erdnußmus und Mischmus, das aus mehreren Nußarten besteht.

Nußmus eignet sich vorzüglich als Brotaufstrich und zum Verfeinern von Süßspeisen. Da es jedoch vor dem Quetschen leicht erhitzt wird, hat es nicht mehr den Vitalstoffgehalt von rohen Nüssen.

Im Naturkostladen ist Nußmus auch aus kontrolliert biologischem Anbau erhältlich.

O

Obst: Sammelbegriff für eßbare Früchte. Obst in Form von wildwachsenden Beeren, Früchten und Nüssen gehörte schon zu den Nahrungsmitteln unserer frühen Ahnen. Und noch heute kommt dem Obst, auch dem kultivierten, aufgrund seines ausgewogenen Vitalstoffgehalts eine besondere Bedeutung zu. Ob süß und saftig oder leicht säuerlich-erfrischend – frisches Obst schmeckt aromatisch und wirkt äußerst belebend. Früchte sind reich an Vitaminen, Ballaststoffen, Frucht- und Traubenzucker sowie Fruchtsäuren und Aromastoffen. Hinzu kommt ihr hoher Gehalt an Mineralstoffen wie Kalium, Calcium, Magnesium, Eisen, Phosphor. Unterschieden werden die einzelnen Obstsorten in:
Beerenobst: Erdbeeren, Johannisbeeren, Brombeeren, Himbeeren, Heidelbeeren;
Kernobst: Äpfel, Birnen;
Steinobst: Pflaumen, Kirschen, Pfirsiche, Aprikosen;
Schalenobst: Haselnüsse, Walnüsse, Mandeln;
Südfrüchte: Zitrusfrüchte, Bananen, Kiwis, Ananas.
Die verschiedenen Obstsorten spielen in der Vollwertkost eine zentrale Rolle. Im morgendlichen Frischkornmüsli schmecken Äpfel, Birnen, Bananen und – je nach Jahreszeit – heimische Beeren sowie Nüsse und Mandeln am besten und sind auch am bekömmlichsten. Für gemischte Obstsalate eignen sich auch alle anderen Früchte; sie sollten jedoch möglichst immer roh verwendet werden.
Je nach Herkunft unterscheidet man Kulturobst und Wildfrüchte, je nach Erntezeit Früh- und Sommer- sowie Herbst- und Winterobst.
Gigantische Gewächshauskulturen und Importe aus warmen Ländern machen es allerdings möglich, besonders in Supermärkten unabhängig von der jeweiligen Jahreszeit, fast jede Obst- und Gemüsesorte kaufen zu können. Das oft durch Spiegel und Spezialbeleuchtung künstlich geschaffene Schlaraffenland ihrer Obst- und Gemüseabtei-

Die natürliche Reifezeit von Obst und Gemüse

(● Haupterntezeit ○ Nebenangebot)

Obst	Jan.	Febr.	März	April	Mai	Juni	Juli	Aug.	Sept.	Okt.	Nov.	Dez.
Äpfel	●	●	●	●	○	○	○	○	●	●	●	●
Apfelsinen	●	●	●	●	●	○	○	○	○	○	●	●
Aprikosen					○	○	●	●	○			
Birnen	○	○	○	○	○	○	○	●	●	●	○	○
Brombeeren							○	●	●	○		
Clementinen/Mandar.	●	●	○								○	●
Erdbeeren				○	●	●	●	○				
Grapefruits	●	○	○	○	○	○	○	○	○	○	●	●
Heidelbeeren							○	●	●			
Himbeeren						○	●	●	○			
Holunderbeeren									○	●	○	
Johannisbeeren						○	●	●	○			
Kirschen					○	●	●	○	○			
Kiwis	○	○			○	○	●	●	●	●	●	●
Melonen	○	○	○	○	●	●	●	●	●	●	●	○
Pfirsiche				○	○	●	●	●	○			
Pflaumen/Zwetschen						○	●	●	●	○		
Preiselbeeren								○	●	○		
Quitten									○	●	○	
Stachelbeeren						○	●	○				
Weintrauben	○	○	○	○	○	○	○	○	●	●	●	○
Gemüse												
Artischocken	●	●	●	●	●	○			○	●	●	●
Blumenkohl	○	○	○	○	○	○	●	●	●	●	○	○
Broccoli	●	●	●	○	○					○	●	●
Chicorée	●	●	○	○						○	●	●
Chinakohl	○	○	○	○				○	●	●	●	
Eisbergsalat	○	○	○	○	○	●	●	●	●	●	●	●
Endiviensalat	○	○					○	●	●	●	●	○
Erbsen, grün						○	●	●	○			
Feldsalat	●	●	○	○					○	●	●	●
Fenchelgemüse	●	●	○	○					○	●	●	●
Grüne Bohnen						○	●	●	●	○		
Grünkohl	●	●	●	○						○	●	●
Kohlrabi	○	○	○	○	○	●	●	●	○	○	○	○
Kopfsalat	○	○	○	○	●	●	●	○	○	○	○	○
Kürbis							○	●	●	●	○	

Obst	Jan.	Febr.	März	April	Mai	Juni	Juli	Aug.	Sept.	Okt.	Nov.	Dez.
Maiskolben							○	●	●	○		
Meerrettich	●	●	○							○	●	●
Möhren	●	●	●	○	○	○	○	●	●	●	●	●
Paprikaschoten	○	○	○	○	○	○	●	●	●	●	●	○
Petersilie	●	●	●	●	○	○	○	○	○	○	○	○
Porree	○	○	○	○	○	○	●	●	●	●	●	○
Radieschen	○	○	○	○	●	●	●	○	○	○	○	○
Rettich	○	○	○	●	●	●	●	●	●	○	○	○
Rhabarber			○	●	●	●	○					
Rosenkohl	●	●	○	○					○	●	●	●
Rote Bete	●	○							○	●	●	●
Rotkohl	●	●	○	○	○	○	●	●	●	●	●	●
Salatgurken					○	○	●	●	●	○		
Schwarzwurzeln	●	●	○						○	○	○	●
Sellerieknollen	●	●	○					○	○	●	●	●
Spargel			○	○	●	●	○					
Spinat			○	●	●	●	○	○	●	●	○	
Spitzkohl			○	○	●	●	○					
Staudensellerie	○	○	○				○	○	○	●	●	○
Steckrüben	●	●	○						○	●	●	●
Tomaten	○	○	○	○	○	○	●	●	●	○	○	○
Weißkohl	●	●	●	○	○	○	○	●	●	●	●	●
Wirsingkohl	●	●	○	○	○	○	●	●	●	●	●	●
Zucchini	○	○	○	○	○	●	●	●	●	○	○	○
Zwiebeln	●	●	●	●	●	○	○	●	●	●	●	●

Aus: A. Meyer, Die neue Rohkost-Diät. TAOASIS, Lemgo 1990.

lungen läßt meist vergessen, daß die hier angebotenen Erzeugnisse unter enormem Aufwand an Heizenergie und Chemikalien heranwachsen. Diese Produkte erfüllen in erster Linie die äußeren Kriterien der Handelsklassen, die bei einer vollwertigen Ernährung ohnehin sekundär sind, weil man hier sowohl Obst als auch Gemüse aus kontrolliert biologischem Anbau bevorzugt. Allein der wässrige Geschmack bestimmter Früchte, israelischer Erdbeeren zum Beispiel, zeigt, daß sie unreif geerntet und chemisch behandelt wurden und es ihnen an Aroma und Vitalstoffen mangelt.

Es ist daher ratsam, die einheimischen Ernten abzuwarten und den Speisezettel allmählich so zu gestalten, daß auf Gewächshausprodukte und Importfrüchte weitestgehend verzichtet werden kann.

Die obige Tabelle gibt einen Überblick über die natürlichen Erntezeiten der verschiedenen Obst- und Gemüsesorten.

Obstessig → Essig

Obstkonserven werden in unseren Breiten vorwiegend aus Äpfeln, Birnen, Kirschen und Mirabellen hergestellt. Da das Obst durch die industrielle Verarbeitung (Erhitzen, Haltbarmachen) den größten Teil seiner Vitalstoffe einbüßt, zählen Obstkonserven in Dosen oder Gläsern zu den denaturierten Nahrungsmitteln, die in der Vollwertkost möglichst gemieden werden. Ferner wirken sich Weichblechdosen, die von innen verzinnt sind, negativ auf ihren Inhalt aus. Beschädigungen, wie beispielsweise Beulen, können zu stark erhöhten Zinnwerten in den konservierten Früchten führen. Konserven sind auch wegen der Müllproblematik nicht empfehlenswert.

Ökologie: Wissenschaft von den wechselseitigen Beziehungen zwischen den Organismen und zwischen ihnen und ihrer Umwelt, die jahrzehntelang vernachlässigt wurde. Erst seit etwa 15 Jahren, als die Kritik an unserem rücksichtslosen Fortschritt um jeden Preis zunehmend lauter wurde, befassen sich Wissenschaftler auch mit der Erforschung unseres multidimensionalen ökologischen Systems und versuchen u. a. die Beziehung Mensch – Natur und die Auswirkungen menschlichen Wirkens auf die Natur zu ergründen.

Obwohl sich die ökologische Forschung noch in der Anfangsphase befindet, haben ihre aktuellen Ergebnisse bereits die schlimmsten Befürchtungen bestätigt bzw. noch übertroffen. Der jahrzehntelange rücksichtslose Umgang mit der Natur sowie der leichtfertige Einsatz unzähliger hochgiftiger Verbindungen einerseits und das völlig unterschätzte vielschichtige Zusammenwirken natürlicher Kreisläufe und Gesetzmäßigkeiten andererseits haben dazu geführt, daß uns Luft zum Atmen und Wasser zum Trinken langsam knapp werden. Auch die Erde, deren fruchtbare Oberfläche uns zum Anbau unserer Nahrung dient, wird zunehmend verseuchter und verwandelt sich fast unbemerkt immer rascher in trostloses Ödland.

Die Erde und ihre Biosphäre sind ein äußerst sensibler Organismus, der den bemerkenswerten eigenen Gesetzen folgt, nichts zu verwerfen oder abzusondern, sondern alles, auch das Vergehende, wieder in neue Lebensenergie zu verwandeln. In der Natur gibt es keinen Müll. Alles, was aus ihr hervorgegangen ist und Form angenommen hat, vergeht wieder und wird von ihr vollständig resorbiert. Durch das wundersame Zusammenspiel von Erde und Sonne, Wasser und Trockenheit, Licht und Schatten, Wärme und Kälte ist in Jahrmillionen ein Planet entstanden, der unzählige Organismen beherbergt und ernährt.

Alle sogenannten Umweltprobleme, von der Trinkwasserverseuchung bis hin zum Ozonloch, und die aus ihnen resultierenden Krankheiten sind einzig und allein vom Menschen geschaffen. Aus seinem Unverständnis für die ökologische Ordnung seines Lebensraumes hat sich eine Gleichgültigkeit gegenüber der Natur entwickelt, die durch sein Gewöhntsein an unnatürliches, aber komfortables Leben genährt wird.

Unsere destruktive Technik hat dem Ökosystem nicht nur irreparable Schäden zugefügt, sondern auch bereits eine Eigendynamik entwickelt, die kaum noch zu kontrollieren ist. Es ist daher lebensnotwendig geworden, daß jeder von uns die komplizierten ökologischen Zusammenhänge verstehen lernt und für die Erhaltung und die Reparation und Rekonstruktion unseres Lebensraumes selbst Verantwortung übernimmt.

In bezug auf unsere Ernährung bedeutet dies, daß das, was für unseren Körper am gesündesten ist, auch für die Umwelt am natürlichsten und somit verträglichsten ist. In anderen Worten: Je natürlicher unsere Nahrung ist, desto besser. Die belasteten, überdüngten und geschmacklosen Nahrungsmittel vom Speiseplan zu streichen und durch frische, gesunde Lebensmittel aus kontrolliert biologischem Anbau zu ersetzen, erfordert von jedem einzelnen nur einen geringen Aufwand, hätte aber gesamtökologisch eine enorme Wirkung. Denn die am stärksten belasteten Nahrungsmittel belasten auch die Umwelt am meisten. Eine Einschränkung des Verzehrs von Milchprodukten und der bewußte Verzicht auf Fleisch wären weitere Maßnahmen, mit denen zur Wiederherstellung des ökologischen Gleichgewichts beigetragen werden könnte.

Ökologischer Landbau → (Bioland/biologisch-dynamische Wirtschaftsweise)

Öko-Wein: Wein aus ökologischem bzw. kontrolliert biologischem Anbau

Öle: Die meisten Pflanzenöle werden heute mit Hilfe chemischer Lösungsmittel gewonnen, meist mit dem giftigen Hexan, das aus Petroleum hergestellt wird und sich von dem damit extrahierten Öl nur noch sehr schwer ganz trennen läßt. Deshalb muß auf diese Weise gewonnenes Öl anschließend raffiniert, entschleimt, zentrifugiert, filtriert und desodoriert werden. Heraus kommt ein klares, geruchloses und absolut geschmacksneutrales Öl, das praktisch unbegrenzt haltbar ist.

Für die Extraktionsmethode sprechen ausschließlich wirtschaftliche Gründe: Bei dem ursprünglichen

Preßverfahren verbleiben etwa zwei bis vier Prozent »Restöl« im Ölkuchen, während beim Extraktionsverfahren der totalen Ausbeute nur noch etwa ein Prozent Restöl im Wege stehen.

Daß in extrahierten Ölen allerdings sämtliche lebenswichtigen Vitalstoffe wie die ungesättigten Fettsäuren zerstört sind, interessiert die meisten Hersteller natürlich wenig. Die durch Erhitzen über 200 Grad erzielte fast unbegrenzte Haltbarkeit wird mit der Zerstörung der biologischen Wertigkeit erkauft.

Im Gegensatz zu extrahierten Ölen, die den weitaus größten Teil der im Handel angebotenen Öle ausmachen, enthalten die kaltgepreßten, unraffinierten und nicht konservierten Öle wertvolle essentielle Fettsäuren wie Linolsäure sowie Lezithin und Vitamin E. Öle, die mit »kaltgepreßt« deklariert sind, können jedoch durchaus auch unter Hitzeeinwirkung gepreßt worden sein, da bis jetzt vom Gesetzgeber noch keine klare Definition des Qualitätsmerkmals »kaltgepreßt« vorliegt.

Die im Naturkostladen erhältlichen Pflanzenöle werden – je nach Sorte – bei der Pressung auf 30 bis 75 Grad erhitzt. Bei Olivenöl werden die niedrigsten Temperaturen (30 bis 42 Grad) und bei Distelöl die höchsten Temperaturen (70 bis 75 Grad) erreicht. Mit Ausnahme des Maiskeimöls stammen alle Öle aus kontrolliert biologischen Ölfrüchten. Die in der Vollwertkost bedeutendsten und gebräuchlichsten sind Sonnenblumenöl, Olivenöl und Distelöl.

Oliven: Früchte des im Mittelmeerraum heimischen Olivenbaums. Die relativ kleinen, bizarr verknöcherten Olivenbäume können mehrere hundert Jahre alt werden. Ihre Früchte werden entweder als schwarze Oliven reif oder als grüne Oliven unreif geerntet. Der weitaus größte Teil der Ernte wird für die Produktion von Olivenöl verwendet; ein relativ kleiner Teil wird in Salzlauge eingelegt, wodurch die Oliven weich werden und ihren bitteren Geschmack verlieren. Durch anschließendes Einlegen in einer Gewürzlösung aus Nelken, Zimt, Koriander und Muskat werden sie für Jahre haltbar gemacht.

Olivenöl wird aus Oliven gewonnen und ist in den Mittelmeerländern das am meisten verwendete Speiseöl.

Die fetthaltigen Oliven werden mit Kern zumeist kaltgepreßt, wobei zunächst das sogenannte »Jungfernöl« entsteht. Der verbleibende Ölkuchen wird dann erhitzt; über mehrere chemische Verfahrensstufen entstehen die nunmehr minderwertigen Öle.

Kaltgepreßtes, unraffiniertes Olivenöl enthält 76 Prozent einfach ungesättigte und acht Prozent

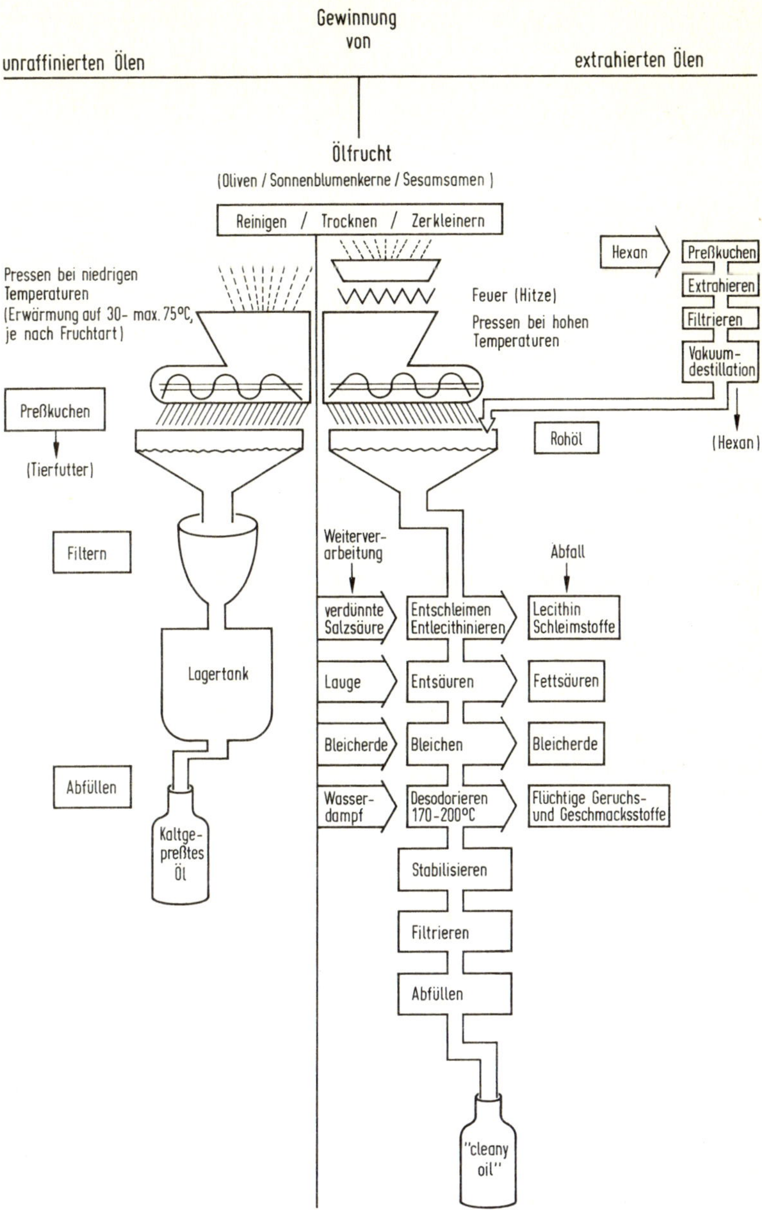
Gewinnung
von
unraffinierten Ölen
extrahierten Ölen
Ölfrucht
(Oliven / Sonnenblumenkerne / Sesamsamen)
Reinigen / Trocknen / Zerkleinern
Pressen bei niedrigen Temperaturen (Erwärmung auf 30- max. 75°C, je nach Fruchtart)
Preßkuchen
(Tierfutter)
Filtern
Lagertank
Abfüllen
Kaltgepreßtes Öl
Feuer (Hitze)
Pressen bei hohen Temperaturen
Hexan
Preßkuchen
Extrahieren
Filtrieren
Vakuumdestillation
(Hexan)
Rohöl
Weiterverarbeitung
Abfall
verdünnte Salzsäure
Entschleimen Entlecithinieren
Lecithin Schleimstoffe
Lauge
Entsäuren
Fettsäuren
Bleicherde
Bleichen
Bleicherde
Wasserdampf
Desodorieren 170-200°C
Flüchtige Geruchs- und Geschmacksstoffe
Stabilisieren
Filtrieren
Abfüllen
"cleany oil"

zweifach ungesättigte Fettsäuren (Angaben beziehen sich auf den Anteil an Gesamtfettsäuren). Es eignet sich hervorragend für die Zubereitung pikanter Dressings für Rohkostsalate und für Dips.

Ölsaaten: Sammelbegriff für stark ölhaltige Samen und Kerne wie Leinsamen, Sesam, Sonnenblumenkerne, Soja-, Raps- und Baumwollsamen, die zur Gewinnung pflanzlicher Öle dienen. Die nach der Pressung anfallenden Abfälle werden in der Regel als Futtermittel verwendet.

Oolong Tee: Halbfermentierte, aromatische Teesorte aus Taiwan.

Orange (Apfelsine) ist in Deutschland die bedeutendste Zitrusfrucht. Die Orange, die ursprünglich aus China stammt, wird bereits seit über 2000 Jahren im gesamten Mittelmeerraum angebaut. Heute wird sie auch im Süden Nordamerikas und in Mittelamerika kultiviert.

Orangen sind reich an Fruchtsäuren, Aromastoffen, Vitaminen und Mineralstoffen; ihr Vitamin-C-Gehalt wird jedoch immer hochgespielt. Von heimischen Früchten, die importierten Zitrusfrüchten möglichst vorgezogen werden sollten, weisen rote Johannisbeeren und Stachelbeeren vergleichbare Vitamin-C-Werte auf; Erdbeeren enthalten fast doppelt soviel und schwarze Johannisbeeren mehr als fünfmal soviel Vitamin C. Im Vergleich zu heimischen Gemüsesorten, die – alternierend – mittlerweile fast ganzjährig angeboten werden, entspricht das in 100 Gramm Orangen enthaltene Vitamin C (36 Milligramm) in etwa dem Vitamin-C-Gehalt von Weißkohl, Rotkohl, Wirsing und Spinat (ebenfalls auf 100 Gramm bezogen). Auch die Vitamin-C-Werte von anderem Gemüse sowie die von Petersilie liegen um ein Vielfaches über dem von Orangen (allerdings werden davon natürlich nicht so große Mengen verzehrt).

Orangen werden wie viele andere Zitrusfrüchte auch in riesigen Monokulturen angebaut, die nur unter Einsatz enormer Mengen von Agrochemikalien wie den giftigen chlorierten Kohlenwasserstoffen zu den gewünschten Erträgen geführt werden können. Hinzu kommt, daß die Orangen zwecks Konservierung in ein Fungizidbad getaucht, also oberflächenbehandelt werden. Ihre vergifteten Schalen, die dann »für den Verzehr nicht mehr geeignet« sind, gehörten korrekterweise auf den Sondermüll! Wer dennoch auf Orangen nicht verzichten möchte, der sollte lieber zu unbehandelten Bio-Orangen greifen. Im Naturkostladen gibt es – wenn auch nicht ganzjährig – unbehandelte Orangen, die auf Teneriffa kontrolliert biologisch kultiviert werden.

Orangensaft wird zum weitaus größten Teil aus Orangensaftkonzentrat hergestellt. Durch das Einkochen und Eindicken, das bereits in den Anbauländern vorgenommen wird, reduziert sich der Wassergehalt um etwa die Hälfte. Bei diesem Verfahren, das ausschließlich wirtschaftliche Vorteile hat, werden die meisten Vitalstoffe zerstört.

Wenn überhaupt, sollte nur frisch gepreßter Orangensaft getrunken werden. Doch auch dieser ist, unter dem Aspekt vollwertiger Ernährung, lediglich ein Teilnahrungsmittel, da er nicht mehr alle Pflanzenteile unverändert beinhaltet.

organisch-biologischer Landbau → Bioland

Orthophenylphenol: Chemisches Schimmelverhütungsmittel, das zur Oberflächenbehandlung von Zitrusfrüchten eingesetzt wird.

Oshawa, Georges (1893–1966): Hat sich sehr für das Verständnis der makrobiotischen Ernährung und ihrer philosophischen Grundlagen in der westlichen Welt eingesetzt. Noch heute gilt er als Begründer der modernen Makrobiotik (siehe auch Makrobiotik).

ovo-laktovegetabile Ernährungsweise: Eine Variante des Vegetarismus, bei der neben Milchprodukten auch Eier gegessen werden.

Oxalsäure: Nahrungsbestandteil, der im Darm durch Komplexsalzbildung die Calciumaufnahme beeinträchtigt.

Beträchtliche Mengen Oxalsäure sind in Rhabarber, Spinat, Mangold und Sauerampfer enthalten.

P

Palmöl wird aus dem fetthaltigen Fruchtfleisch der in Afrika und Fernost beheimateten Ölpalme gewonnen. Das feste Fett, das sich erst ab 37 Grad verflüssigt, wird in der Speisefettindustrie vorwiegend zur Margarineherstellung verwendet.
Palmöl enthält neben Ölsäure und Palminsäure auch geringe Mengen Linolsäure. Palmöl hat jedoch neben Kokosfett mit den höchsten Anteil an gesättigten Fettsäuren (46 Prozent) und ist daher für die Vollwerternährung relativ unbedeutend.
Pampelmuse → Grapefruit
Papaya auch als Baummelone bekannt, ist die Frucht des sogenannten Melonenbaums. Papayas sind reich an Fruchtsäuren, Mineralstoffen und Vitaminen. Besonders hoch ist ihr Vitamin-A-Gehalt. Die empfindlichen Früchte werden meist aus Afrika per Luftfracht importiert. Im Vergleich zu anderen Obstsorten sind sie bei uns eher unbedeutend.
Paprikas zählen wie Tomaten und Gurken zu den Nachtschattengewächsen. Unterschieden werden die milden grünen, gelben oder roten Gemüsepaprikas von den scharfen Gewürzpaprikas. Voll ausgereift ist jedoch nur die rote Frucht, deren Vitamin-C- und Provitamin-A-Gehalt höher ist als der der anderen Paprikas. Die Grünreife ermöglicht dagegen höhere Erträge, somit ein größeres Angebot und günstigere Preise.
Paprikas sollten nach Möglichkeit aus kontrolliert biologischem Anbau stammen.
Paranüsse: Samen des Paranußbaums, der bis zu 50 Meter hoch wird und im südamerikanischen Tropenwald beheimatet ist. Da der Baum nicht kultiviert wird und die kokosnußgroßen Kapselfrüchte in für den Menschen unerreichbarer Höhe wachsen, müssen die Sammler warten, bis die Früchte von allein abfallen.
Paranüsse sind reich an Mineralstoffen, besonders an Kalium, Calcium, Phosphor, Magnesium und Eisen, und verfügen über einen au-

ßergewöhnlich hohen Fettgehalt. Von den kanpp 70 Prozent Fett sind etwa 20 Prozent ungesättigte Fettsäuren.

Aufgrund ihrer Anfälligkeit für Schimmelpilze, welche die giftigen, krebserregenden Aflatoxine bilden, sind Paranüsse in den letzten Jahren in Verruf geraten. In Österreich ist deshalb der Handel mit Paranüssen bereits seit über zehn Jahren verboten. In Deutschland ist laut Aflatoxinverordnung ein Minimum an Aflatoxin erlaubt.

Parboiled Reis: Vorgekochter, geschliffener und polierter Reis.

In einem speziellen Verfahren wird der ungeschälte Reis zunächst in warmem Wasser eingeweicht, wodurch sich ein Teil der Vitalstoffe (insbesondere die Vitamine in den Randschichten des Korns) ins Innere verlagern. Die anschließende Behandlung mit heißem Wasserdampf soll eine Art Oberflächenversiegelung bewirken und die Stärke verhärten. Nach der Trocknung wird der Reis entspelzt, geschliffen und poliert. Das Ergebnis ist ein Reis, der nach vorschriftsmäßigem Garen zwar körnig bleibt, aber im Vergleich zu unbehandeltem Naturreis keinerlei Vorzüge aufweist und als denaturiertes Nahrungsmittel innerhalb der Vollwertkost möglichst gemieden werden sollte.

Der einzige Vorteil von parboiled Reis liegt in seiner kurzen Zubereitungszeit, die allerdings eine entsprechend kurze Sättigungsdauer zur Folge hat.

Parmesan: Italienischer Hartkäse aus der Gegend um Parma. Durch jahrelange Lagerung erhält dieser Käse seinen charakteristischen würzigen Geschmack. Er ist extrem hart und eignet sich hervorragend zum Reiben bzw. Raspeln. Parmesan am Stück wird fast ausschließlich von italienischen Lebensmittelläden und Spezialitätengeschäften angeboten. Sonst ist er gerieben und in Tüten oder anderen Gefäßen abgepackt erhältlich. Frisch geriebener Parmesan ist immer zu bevorzugen. Er eignet sich gleichermaßen zum Überbacken von Aufläufen wie für verschiedene Nudelgerichte.

Paste → vegetarische Pasten

Pastete stammt vom italienischen »pasta«, was soviel wie Paste oder Teig bedeutet. Während Pasta in Italien der Inbegriff für Nudeln, Teigwaren und Gerichte daraus ist, wird Pastete bei uns für verschiedene Nahrungsmittel wie Wurst-, Teig- und Zuckerwaren verwendet. In der Vollwertküche wird Pastete im Sinne von Paste verwendet. (siehe auch vegetarische Pasten)

Pasteurisierung: Verfahren, das hauptsächlich zur Konservierung von Milch und Milchprodukten angewandt wird. Es gibt drei unterschiedliche Verfahrensweisen:

- die Kurzerhitzung (15 bis 40 Sekunden) auf 71 bis 74 Grad
- die Hocherhitzung (10 bis 15 Sekunden) auf 85 Grad
- die Dauererhitzung (30 Minuten) auf 62 bis 65 Grad

Die in der Milch enthaltenen Keime und Mikroorganismen werden durch das Erhitzen weitestgehend abgetötet. Pasteurisierung gilt allgemein als ein schonendes Verfahren, da die Vitaminverluste bei nur etwa zehn Prozent liegen sollen. Unberücksichtigt bleibt dabei aber die Tatsache, daß durch die Hitzeeinwirkung die Vitamine in ihrer Wirkkraft beeinträchtigt und die Proteine denaturiert werden.
Die Pasteurisierung, die einst zur Bekämpfung der Tuberkulose eingeführt wurde, wäre schon deshalb heute nicht mehr notwendig, da diese Krankheit heute nur noch selten vorkommt. Auch als Vorbeugungsmaßnahme gegen die Bangsche Krankheit (Brucellose) scheint das Pasteurisieren überflüssig, da auch diese Krankheit heute kaum noch auftritt.
Pastinake auch als Hammel- oder Hirschmöhre bekanntes Wurzelgemüse, das zu den ältesten bekannten Gemüsesorten überhaupt zählt. Bereits die Sammler der Steinzeit schätzten die heute noch an Wegrändern wildwachsende, etwa 40 Zentimeter lange Wurzel. Die Pastinake weist in etwa die gleichen Inhaltstoffe auf wie die Möhre. Sie hat einen höheren Vitamin-B- und -C-Gehalt, enthält aber weniger Carotin.
Pastinaken sind im Handel nur selten erhältlich, werden jedoch vereinzelt noch in Hausgärten kultiviert.
Pekanuß: Wächst in den südamerikanischen Tropenwäldern. Sie ist mit der Walnuß verwandt und reich an Linol- und Linolensäure. Aufgrund ihrer fettlöslichen Vitamine stellt sie auch in der Vollwertküche eine abwechslungsreiche Ergänzung dar.
Pektine: Gelier- und Bindemittel, die durch Extraktion aus Zitrusfrüchten, Apfelschalen und Zuckerrüben gewonnen werden. Dieses Verfahren, bei dem die Pektine mit verdünnter Salz- und Schwefelsäure aus den Früchten gelöst werden, ist sehr aufwendig, da die Geliereigenschaft erhalten bleiben soll.
Pektine werden vorwiegend als Geliermittel bei der Marmeladenherstellung sowie als Stabilisatoren für Tortengüsse, Tomatenketchup und Salatsaucen eingesetzt. Sie gelten als gesundheitlich unschädlich.
Perlhirse: Aus Afrika stammende Hirseart, die auch in Indien in größeren Mengen kultiviert wird. Der maiskolbenähnliche Fruchtstand der Perlhirse besteht aus Hunderten kleiner, perlähnlicher Körnchen. (siehe auch Hirse)
Persipan wird aus geschälten, ent-

bitterten Aprikosenkernen hergestellt, die zerquetscht und mit Zukker (bis zu 35 Prozent Masseanteil) versetzt werden. Bei der Weiterverarbeitung werden nochmals erhebliche Mengen Zucker zugesetzt, die bis zum Anderthalbfachen des Rohmassegewichts betragen dürfen. Gilt als Marzipanersatz.

Petersilie: Zu den Blattgemüsen zählendes Gewürz, das aufgrund seines besonderen Aromas sehr beliebt ist. Es gibt die krausblättrige Petersilie und die glatte Blattpetersilie; beide werden sowohl im Treibhaus als auch auf dem Freiland angebaut.

Die krausblättrige Petersilie hat jedoch aufgrund ihrer großen Oberfläche die Eigenschaft, mehr Schadstoffe aufzunehmen, weshalb Blattpetersilie, die zudem kräftiger schmeckt, bevorzugt werden sollte.

Die krause Petersilie bildet eine möhrenähnliche Wurzel, die Petersilienwurzel, aus, die auch genießbar ist. Petersilienwurzeln können zusammen mit Möhren angedünstet serviert oder auch als Rohkost zubereitet werden.

Pfeffer: Eines der bedeutendsten Gewürze auf dem Weltmarkt. Es wird aus den Steinfrüchten des Pfefferstrauchs gewonnen, der in den Tropen wächst und über zehn Meter hoch rankt. Die Pfefferpflanze bildet rote, gelbe oder grüne Beeren aus. Schwarzer Pfeffer wird aus den ungeschälten, unreifen Beeren gewonnen und luftgetrocknet. Weißer Pfeffer hingegen wird aus den ausgereiften Beeren durch Fermentation gewonnen. Es ist empfehlenswert, Pfeffer immer frisch zu mahlen, da er sehr schnell sein Aroma verliert.

Pfefferminze: Kreuzung aus Wasserminze und Grüner Minze. Die aus Asien stammende Pflanze wird seit jeher als erfrischender Teeaufguß und aromatisches Küchengewürz geschätzt. Menthol, ätherische Öle und Gerbstoffe verleihen ihr ihren typischen Geschmack.

In vielen arabischen Ländern ist frischer, heißer Minztee noch heute als Durstlöscher bei sengender Hitze beliebt.

Pfeilwurzel: Knollen der in Brasilien beheimateten Marantapflanze, aus denen das Pfeilwurzelmehl gewonnen wird. Pfeilwurzelmehl ist als natürliches Binde- und Geliermittel in Naturkostläden erhältlich (siehe auch Arrowroot/Kuzu).

Pfifferling: In Laub- und Nadelwäldern häufig vorkommender Speisepilz, der aufgrund seines charakteristischen Geschmacks besonders geschätzt wird (siehe auch Pilze).

Pfirsich: Wird zu den Steinfrüchten gerechnet, obwohl der aus China stammende Pfirsichbaum zu den Rosengewächsen zählt.

Die behaarten gelbroten Früchte werden in Deutschland nur in den wärmeren südlichen Weinbauregionen kultiviert. Importierte Pfirsiche stammen meist aus Mittelmeerländern wie Italien, Griechenland und Frankreich. Pfirsiche sind reich an Vitaminen, insbesondere jenen der B-Gruppe, und Mineralstoffen (Kalium, Phosphor, Eisen).

Pflaume: Vitaminreiche Steinfrucht des Pflaumenbaums, der ursprünglich von einem asiatischen Rosengewächs abstammt. Die einzelnen Sorten unterscheiden sich in Größe, Farbe und Form:

- Hauspflaume oder Zwetschge
- Eierpflaume (groß und saftig)
- Reineclaude (fast rund, grüngelb bis gelb)
- Mirabelle

Neben Vitaminen enthalten Pflaumen auch Fruchtsäuren und Mineralstoffe.

Pflaumenmus: Eine streichfähige Fruchtmasse, die industriell aus Pflaumenpülpe oder Pflaumenmark hergestellt wird. Zuckerzusatz ist erlaubt.

Phosphate: Die Salze der Phosphorsäure zählen zu den Mineralstoffen und erfüllen im menschlichen Körper wichtige Funktionen. Phosphate finden jedoch auch in größeren Mengen als Nahrungsmittelzusatzstoffe Verwendung: Sie dienen in Milchprodukten und Fertiggerichten als Verdickungs- und Geliermittel. Einen besonders hohen Phosphatgehalt hat Schmelzkäse, der mit Hilfe von Schmelzsalzen (Ortho-, Pyro- oder Polyphosphate) zubereitet wird. Weiter enthalten Wurst, Fleisch, Fischstäbchen und auch Cola-Getränke Phosphatzusätze.
Es ist unumstritten, daß wir mit der Nahrung zuviel Phosphat aufnehmen. Eine übermäßige Phosphatzufuhr kann zu einer Entkalkung der Knochen führen, was besonders für Kinder gefährlich werden kann, wenn sie gleichzeitig zuwenig Calcium aufnehmen.

Phosphor: Ein für viele Stoffwechselprozesse benötigter Mineralstoff; ist besonders für die Energiegewinnung und -transformation im Organismus unentbehrlich. Die in der Nahrung gebundenen Phosphorverbindungen müssen im Darm mit Hilfe von Enzymen aufgespalten werden, damit sie absorbiert werden können.
Phosphor-Mangelerscheinungen sind kaum bekannt geworden, da im allgemeinen zu viel Phosphor aufgenommen wird, was wiederum mit einer gestörten Calciumresorption in Verbindung gebracht wird. In größeren Mengen ist Phosphor besonders in Fleisch- und Wursterzeugnissen sowie in Fisch, Eiern und Milch enthalten. Weiter begünstigt der Verzehr industriell verarbeiteter Nahrungsmittel, wie beispielsweise Schmelzkäse, Fischstäbchen und Cola-Getränke, eine zu hohe Phosphoraufnahme.

Bei einer Vollwertkost, die auf frischen, unbearbeiteten Lebensmitteln basiert, braucht der Phosphoraufnahme keine besondere Beachtung geschenkt zu werden.

Pilze: Zählen zu den artenreichsten eßbaren Pflanzen. Von der außergewöhnlichen Vielfalt sind jedoch nur etwa 0,1 Prozent für den Verzehr geeignet. Von diesen etwa 50 eßbaren Pilzen sind bei uns Wald- und Wiesenchampignons, Maronenpilz, Steinpilz, Pfifferling, Hallimasch und Rotkappe am bekanntesten.

Pilze spielen ernährungsphysiologisch kaum eine Rolle; sie sind hauptsächlich wegen ihres Geschmacks so beliebt. Da sie die Eigenschaft besitzen, Schadstoffe aus Wasser, Luft und Boden zu speichern, sollten sie mit Vorsicht und in Maßen genossen werden.

Pinienkerne: Kleine, längliche Kerne der vorwiegend im Mittelmeerraum beheimateten Pinie. Sie zählen zu den Ölsamen, haben jedoch eine harte Samenschale, was eine mühevolle Ernte bei niedriger Ölausbeute bedeutet. Das ist auch der Grund dafür, warum diese wohlschmeckenden Kerne recht teuer sind.

Pistazie auch als grüne Mandel, Pistazienmandel oder Pimpernuß bekannt, ist die Steinfrucht des im Mittelmeerraum wildwachsenden Pistazienstrauchs. Die ovalen, würzig-süßen Kerne sind reich an Eiweiß und Mineralstoffen, insbesondere an Calcium und Magnesium.

Im Handel werden Pistazien vorwiegend gesalzen und geröstet in der Schale angeboten. Da die Schale schon leicht aufgesprungen ist, sind sie leicht zu knacken.

Pomeranze oder auch Bitterorange, ist eine aus China stammende Wildform der Orange, die bei uns zum Frischverzehr kaum angeboten wird. Pomeranzen werden überwiegend zur Herstellung von Orangeaden, Marmeladen und Süßwaren verwendet.

Popcorn wird aus Mais hergestellt. Bei der Erhitzung entsteht durch den Wasserdampf ein so hoher Druck, daß die Schale der Maiskörner aufplatzt und die weiche Maisstärke herausquillt. In den peruanischen Anden wurden prähistorische Tongefäße gefunden, die darauf schließen lassen, daß Popcorn bereits in ganz frühen Kulturen hergestellt wurde.

Porree → Lauch

Porridge: Traditionelles englisches Breigericht aus Haferflocken, Milch und Zucker. Da die Haferflocken in der Milch solange gekocht werden, bis sie über eine breiartige Konsistenz verfügen, hat Porridge nur einen geringen ernährungsphysiologischen Wert. Alternierend können die Haferflocken mit lauwarmer Milch übergossen und mit Honig gesüßt werden.

Pottasche oder Kaliumcarbonat, wird als Triebmittel insbesondere bei schweren Teigen, wie zum Beispiel Lebkuchen, verwendet.

Preiselbeere: Beerenfrucht, die vorwiegend auf feuchten Moorböden und sandigen Heideböden wild gedeiht. Frische Preiselbeeren sind reich an Vitamin C, Mineralstoffen und Pektin, werden wegen ihres säuerlich-herben Geschmacks jedoch überwiegend zu Marmelade weiterverarbeitet bzw. mit Zucker konserviert.

Propolis oder Bienenkittharz, besteht aus Harzen von Blatt- und Blütenknospen, welche die Bienen neben dem Nektar mitsammeln und mit ihren Körpersekreten vermischen. Neben Harzen enthält Propolis auch Wachse, Pollen, ätherische Öle, organische Säuren und Spurenelemente. Es zeigt leicht antibiotische Eigenschaften und wird in der Naturheilkunde als entzündungshemmende Salbe verordnet.

Protein oder Eiweiß. Hochmolekulare Verbindungen mit Aminosäuren als Grundbausteine des lebendigen Körpers. Seine Organe, sein Blut und seine Muskeln bestehen größtenteils aus Eiweiß. Auch Hormone und Enzyme setzen sich aus Proteinen zusammen. Da im Organismus nur einige Aminosäuren synthetisiert werden, muß der Rest, die sogenannten »essentiellen Aminosäuren«, mit der Nahrung aufgenommen werden.

Durch eine jahrelange Überbewertung und Fehleinschätzung der Eiweißzufuhr, zu der die Deutsche Gesellschaft für Ernährung maßgeblich beigetragen hat, haben sich Ernährungsgewohnheiten entwickelt, die gelegentlich einer Eiweißmast nahekommen. Noch heute nimmt die DGE mit ihrer Empfehlung von 80 Gramm Protein pro Tag auch im internationalen Vergleich einen Spitzenplatz ein – und das, obwohl die Warnungen vor einer überhöhten Eiweißzufuhr von wissenschaftlicher und ärztlicher Seite immer lauter werden.

Das zuviel zugeführte, zum größten Teil tierische Eiweiß wird vom Körper zwar »verbrannt«, die nicht »verbrennbaren« Rückstände können sich jedoch in Form von Harnsäure ablagern und den Stoffwechsel erheblich belasten. Eine der häufigsten Folgeerscheinungen einer »Eiweißmast« ist Gicht. Wird die erhöhte Eiweißzufuhr begleitet von einer vitalstoffarmen Normalkost aus Tüten und Dosen, führt dies mit zu den zahlreichen rapide ansteigenden Zivilisationskrankheiten wie Rheuma, Arteriosklerose und Arthritis sowie auch zu Psoriasis und Neurodermitis. Eine denaturierte Ernährung mit einem hohen Anteil an tierischem Eiweiß steht sogar im Verdacht, das Krebsrisiko zu erhöhen.

Von besonderer Bedeutung ist auch, in welcher Form Eiweiß aufgenommen wird. Beispielsweise verliert es seine Löslichkeit, wenn die jeweilige Nahrung über 60 Grad erhitzt oder mit Säuren versetzt wird. Als naheliegendstes Beispiel bietet sich das Hühnerei an, dessen Eiklar (Eiweiß) im rohen Zustand durchsichtig und löslich, nach dem Kochen jedoch fest und unlöslich ist. Die Verwertung der Proteine im Körper ist also weitestgehend auch davon abhängig, ob sie nativ (unverändert) oder denaturiert sind.

In der deutschen Durchschnittskost ist der größte Teil der aufgenommenen Proteine tierischen Ursprungs (Fleisch, Fisch, Eier, Milch und Milchprodukte). Das pflanzliche Eiweiß stammt meist aus Kartoffeln und Getreide. In Anbetracht der Tatsache, daß der überwiegende Teil der Menschheit vegetarisch lebt, scheinen die den tierischen Eiweißbedarf betreffenden »Empfehlungen« eine mehr oder minder versteckte Werbung für die Fleischindustrie zu sein. Der Fleischkonsum in unseren Breiten hat sich in weniger als einem Jahrhundert verachtfacht; über ihn werden heute etwa 40 Prozent der täglichen Eiweißaufnahme realisiert. Ein Zusammenhang mit der im selben Zeitraum stark angestiegenen Rate bestimmter Zivilisationskrankheiten kann jedoch weder von der DGE noch von anderen öffentlichen Stellen gesehen werden – und das, obwohl in Ländern mit geringem tierischen Eiweißverzehr nachweislich einige dieser Krankheiten entweder unbekannt sind oder viel seltener vorkommen.

Innerhalb einer vollwertigen vegetarischen Ernährung regelt sich die tägliche Deckung des Eiweißbedarfs von allein, und zwar über einen hohen Anteil Frischkost (rohes Obst, Gemüse, Getreide und Kerne).

Provitamine: Vorstufen der Vitamine. Bisher sind nur die Provitamine für Vitamin A (Carotin) und Vitamin D (Ergosterin) bekannt. Der Körper kann im intermediären Stoffwechsel die Provitamine in Vitamine verwandeln. Häufig wird empfohlen, provitaminreiche Lebensmittel, wie zum Beispiel Möhren, in Kombination mit Fett zu essen. Begründet wird das mit der Fettlöslichkeit von Vitamin A. Die Umwandlung von Provitamin A in Vitamin A benötigt jedoch keine zusätzliche Fettzufuhr, da der Organismus selbst über genügend Fett verfügt, um die Umwandlung zu ermöglichen. Solche Empfehlungen sind meist das Ergebnis von Laboruntersuchungen, welche die Komplexität des menschlichen Organismus völlig außer acht lassen.

Pudding: Vorwiegend aus Stärke bestehende Nachspeise. Das handelsübliche Puddingpulver enthält meist eine ganze Reihe Zusatzstoffe wie Farb- und Aromastoffe. Die im Naturkostladen oder Reformhaus angebotenen Puddingpulver enthalten zwar keine oder ausschließlich natürliche Zusätze, bestehen aber auch nur aus Maisstärke. Eine vollwertige Alternative zum Pudding ist der Getreidebrei, der sich mit Milch und feingemahlenem Weizenvollkornmehl ebenso schnell und schmackhaft zubereiten und variieren läßt.

Pumpernickel: Spezialbrot, das aus gemahlenem und geschrotetem Roggen mit Sauerteig hergestellt wird. Das Charakteristische an Pumpernickel ist seine dunkle, fast schwarze Farbe, die früher durch die lange Backzeit (bis zu 24 Stunden) bei niedriger Temperatur erreicht wurde. Heute wird Pumpernickel meist mit Zuckercouleur eingefärbt, wodurch eine Verkürzung der Backzeit erreicht wird.

Q

Quark zählt zu den beliebtesten und am häufigsten verzehrten Frischkäsezubereitungen. Er kann entsprechend der Käseverordnung in allen Fettstufen hergestellt werden, wird jedoch zum größten Teil in der Magerstufe angeboten.
Quark ist reich an Eiweiß und Calcium. Da er jedoch aus pasteurisierter Milch hergestellt wird, bietet er nicht mehr den vollen Vitalstoffgehalt der Rohmilch.

Quellen: Eigenschaft des Getreides, die – in Verbindung mit Wasser – eine Verkleisterung der Stärke bewirkt und durch das absorbierte Wasser das Kornvolumen vergrößert. Für die Zubereitung von Frischkornmüslis kann Getreide in kaltem Wasser gequollen oder auch durch Kochen zum Quellen (Garen) gebracht werden. Durch Quellen werden auch andere stärkehaltige Lebensmittel wie Hülsenfrüchte leichter verdaulich.

Quellwasser: Laut Mineralwasser- und Tafelwasserverordnung Wässer, die aus unterirdischen Wasservorkommen stammen und aus einer oder mehreren natürlich fließenden oder künstlich erschlossenen Quellen entnommen werden.
Obwohl bei der Verarbeitung von Quellwässern strengere Richtlinien eingehalten werden müssen als bei Mineralwässern, braucht das Quellenumland absurderweise nicht besonders vor Verunreinigungen geschützt zu werden und darf sogar geringe Rückstände an Schwermetallen, organischen Halogenverbindungen und anderen, zum Teil krebserregenden Substanzen aufweisen.

Quinoa: Getreideart, die bereits vor etwa 5000 Jahren in den peruanischen Anden von den Inkas kultiviert wurde. Quinoa zählt botanisch zu den Gänsefußgewächsen, wurde von den Inkas jedoch als heiliges »Mutterkorn« verehrt. Verglichen mit anderen Getreidearten ist es äußerst reich an Eiweiß, Fett und Mineralstoffen. Sein Eiweißgehalt liegt mit etwa 16 Prozent noch über dem des Weizens; sein Fettgehalt ist mit etwa sieben Prozent dem des Hafers vergleichbar.

Quinoa ist leicht und schnell zuzubereiten. Die winzigen Körnchen quellen während der 15minütigen Garzeit um das vier- bis fünffache. Das in Deutschland noch relativ unbekannte Getreide ist in Naturkostläden erhältlich.

Quitte: Ein Kernobst, das in Deutschland von geringer Bedeutung ist, da die Früchte nur in den warmen südlichen Ländern ihr süßes Aroma entfalten; im kalten Norden bleiben sie jedoch säuerlich-herb.

R

Raclette: Aus der Schweiz stammender würziger Bergkäse, dessen günstige Schmelzeigenschaft im bekannten Raclettegericht Würdigung findet und die Industrie zur Herstellung von allerlei Raclettegeräten veranlaßt hat.

Radicchio: Rotbraune, würzige Salatsorte, die zu den Zicchorien gezählt wird. Ihr Vitamin- und Mineralstoffgehalt entspricht in etwa dem von Kopfsalat.

Raffination: Überwiegend in der zucker- und fettverarbeitenden Industrie angewandtes Verfahren zur Entfernung unerwünschter Rückstände, wie beispielsweise Kohlenhydrate und Zellulose. Die Raffination führt zu chemisch reinen Nahrungsmitteln, die aber durch die Zerstörung fast aller lebensnotwendigen Vitalstoffe bis zur Unkenntlichkeit denaturiert sind und in der Vollwertkost gemieden werden.

Bedauerlicherweise machen raffinierte Nahrungsmittel noch immer einen beträchtlichen Teil der landläufigen Normalkost aus, obwohl sie nachweislich für zahlreiche ernährungsbedingte Krankheiten mitverantwortlich sind.

Rahm: In bestimmten Regionen verwendeter Begriff für Sahne (siehe Sahne).

Rapsöl: Eines der wenigen Öle, die auch in unseren Breitengraden produziert werden. Es enthält etwa 50 Prozent einfach ungesättigte Fettsäuren und etwa 20 Prozent Linolsäure (zweifach ungesättigt). Rapsöl aus konventionellem Anbau wird meist zur Margarineherstellung verwendet. In Naturkostläden und Reformhäusern ist auch kaltgepreßtes, unraffiniertes Rapsöl aus kontrolliert biologischem Anbau erhältlich.

Reformhäuser: Gingen zum Ende des 19. Jahrhunderts aus der Lebensreformbewegung hervor. Die Gründer der ersten Reformhäuser waren Kaufleute, die die Notwendigkeit einer Reformierung der konventionellen Ernährungsweise erkannt hatten. Zunächst erweiterten diese Händler ihr Sortiment um verschiedene Getreidesorten, Vollkornbrot und Trockenfrüchte; nach und nach stellten dann immer mehr Läden ihr Sortiment auf Reformkost um. 1925 wurde dann die »Vereinigung Deutscher Reformhäuser« ins Leben gerufen, aus der nur zwei Jahre später die zunächst als Einkaufsgenossenschaft gedachte »Neuform« hervorging.

Das Warenangebot der Neuform, das heute mehrere tausend Artikel umfaßt, folgt jedoch nur noch zum Teil den Prinzipien der Vollwertkost. Der weitaus größte Teil des Angebots besteht aus Extrakten, veredelten Produkten und speziellen Nahrungsmitteln, zum Beispiel für Diabetiker. Durch den geringen Anteil an Ware von kontrolliert biologischer Herkunft genügen die Reformhäuser, die einst Vorreiter einer gesunden Ernährung waren, heute nur noch zum Teil den Ansprüchen der modernen Vollwertkost.

Reformkost: Eine Ernährungsweise, die sich zum Ende des letzten Jahrhunderts aus der Lebensreformbewegung entwickelt hat. Als Begründer der Reformkost gilt der deutsche Arzt Werner Kollath, der mit seinem Grundsatz »Laßt unsere Nahrung so natürlich wie möglich« auch als Mitbegründer der modernen Vollwertkost anerkannt ist (siehe Einleitung).

Den ursprünglichen Grundsätzen der Reformkost, wie zum Beispiel geringer Verarbeitungsgrad, Naturbelassenheit, hoher Rohkostanteil sowie biologische Qualität, wird heute nur noch zum Teil gefolgt. Isolierte Kohlenhydrate wie brauner Fabrikzucker, Auszugsmehle und andere Extrakte sind heute fester Bestandteil des Reformkostangebots. Frisches Obst und Gemüse aus kontrolliert biologischem Anbau sind dagegen nur zum Teil im Standardangebot.

Reineclaude: Gelb-, grün- oder rotschalige Pflaumenart, die zum Steinobst gezählt wird. Die aromatischen Früchte werden in Deutschland jedoch nur in geringem Umfang kultiviert und als heimisches Obst angeboten.

Reis: Weltweit die bedeutendste Getreidepflanze. Fast die Hälfte der Erdbevölkerung ernährt sich von Reis.

Auf traditionelle Weise wird der Reis noch in den feuchtheißen Klimazonen Asiens angebaut, wo er nach wie vor zu den unentbehrlichen Grundnahrungsmitteln zählt. In den USA dagegen wird Reis von der Saat bis zur Ernte vollautomatisch kultiviert. Riesige Monokulturen machen den massiven Einsatz von Agrochemikalien unumgänglich.

Die einzelnen Reissorten werden nach Form, Größe und Herkunft unterschieden:

Langkornreis: Sechs bis acht Millimeter lang und etwa zwei Millime-

ter dick. Die harten, glasigen Körner ergeben nach dem Kochen ein lockeres, körniges Reisgericht.
Rundkornreis: Maximal nur etwa fünf Millimeter lang, jedoch zweieinhalb Millimeter dick. Die weichen Körner sondern beim Kochen Stärke ab und verkleistern. Rundkornreis ist auch als (beliebter) Milchreis bekannt.
Mittelkornreis: Nicht ganz so dick wie Rundkornreis. Er wird u. a. aus Italien importiert.
Wilder Reis: Hat sehr lange, dünne dunkelbraune bis schwarze Körner und wird nicht kultiviert. Wildreis hat einen nußartigen Geschmack und stellt eine Delikatesse besonderer Art dar.

Reis zählt zu den Spelzgetreiden, das heißt, seine Körner sind so eng mit der Samenschale verbunden, daß sie beim Dreschen mit den Spelzen ausfallen. Das Entfernen der Spelzen (Entspelzen) ist bei jeder Reissorte erforderlich, um sie genießbar zu machen. Der entspelzte, sonst nicht weiter bearbeitete Reis wird als Natur-, Vollkorn- oder brauner Reis bezeichnet. Er unterscheidet sich von allen anderen Reissorten (mit Ausnahme des Wildreis) dadurch, daß er nicht weiter bearbeitet wurde und alle wertvollen Vitalstoffe in ihrem natürlichen Verhältnis enthält.

Das einst einem übertriebenen ästhetischen Empfinden entsprungene Polieren des natürlichen braunen Reiskorns und die daraus entstandene Massenproduktion weißer Reissorten haben entscheidend zur Verbreitung der Beri-Beri-Krankheit beigetragen. Denn die mit dem Polieren (Schleifen) einhergehende Entfernung von wertvollem Keimling, Silberhäutchen und Aleuronschicht des Grundnahrungsmittels Reis führte in den asiatischen Ländern zu einem Vitalstoffmangel, der durch andere Nahrungsmittel nicht kompensiert wurde und die bis dahin unbekannte Krankheit begünstigte.

In der Vollwertküche werden nur braune Reissorten verwendet, die zwar eine längere Garzeit haben, dafür aber alle natürlich enthaltenen Vitalstoffe aufweisen und von nußartigem, herzhaftem Geschmack sind (siehe auch Naturreis).

Reisessig: Aus Reiswein hergestellter Essig, der vorwiegend in der makrobiotischen Küche Verwendung findet.

Reisflocken werden sowohl aus braunem Naturreis als auch aus weißen Reissorten hergestellt. Vorzuziehen sind die aus braunem Reis gewonnenen Flocken; sie sind in Naturkostladen und Reformhaus erhältlich. Diese Flocken enthalten noch alle wertvollen Randschichten des Reiskorns, sind allerdings auch leicht hitzegeschädigt. Reisflocken eignen sich als Suppeneinlage und zu anderen erhitzten Speisen. Im Müsli stellen sie jedoch keinen vollwertigen Ersatz für frisch geschrotete Getreidekörner dar.

Reissirup oder Reismalz ist ein mild schmeckendes, honigähnliches Süßmittel, das vorwiegend in der makrobiotischen Küche Verwendung findet. Reissirup wird aus Naturreis unter Zusatz von Gerstenmalz hergestellt. Dabei wandeln die in der Gerste enthaltenen Enzyme die Reisstärke in Maltose um. Die klebrige Masse wird anschließend gefiltert und im Vakuumverfahren eingedickt.

Rettich zählt zu den Wurzelgemüsen und ist reich an Vitaminen und Mineralstoffen. Der Saft des schwarzen Rettichs gilt auch als Heilmittel bei chronischem Bronchial- und Darmkatarrh.

Rhabarber zählt zu den Stengelgemüsen und wird vorwiegend von Mai bis Juli zu Süßspeisen oder zu Marmelade verarbeitet. Rhabarber hat einen hohen Gehalt an Vitamin C, aber auch an Oxalsäure, die im Magen und Darm Calcium bindet. Die Rhabarberblätter sind giftig und somit für den Verzehr nicht geeignet.

Frischer Gartenrhabarber hat eine leicht abführende Wirkung.

Riboflavin → Vitamin B_2

Roggen zählt zu den bedeutendsten heimischen Getreidearten. Roggen gedeiht – im Gegensatz zu Weizen – auch auf ärmeren Böden und wird vorwiegend in nördlichen Ländern kultiviert.

Roggen enthält neben zahlreichen Mineralstoffen auch Vitamine der B-Gruppe. Wenn Roggenschrot mit Wasser vermengt wird, setzt nach zwei bis drei Tagen eine Gärung ein. Der auf Roggen basierende Sauerteig ist eines der ältesten Treibmittel zur Herstellung würziger Roggenvollkornbrote. Als frischer Schrot kann Roggen jedoch auch dem morgendlichen Müsli beigemengt werden.

Roggenflocken werden aus Roggen hergestellt. Wie andere Getreideflocken werden auch sie wärmebehandelt. Sie bilden daher keinen vollwertigen Ersatz für frisch geschroteten Roggen.

Rohkost: Eine Ernährungsform, bei der nur frische, rohe Lebensmittel wie Obst, Gemüse, Getreidekeimlinge und Kerne gegessen werden. Einer der konsequentesten und bekanntesten Vertreter dieser Kostform war Walter Sommer, der in seinem 500-Seiten-Werk »Das Urgesetz der natürlichen Ernährung« Vorgeschichte und Prinzipien der Rohkosternährung umfassend darstellt.

Die Rohköstler gehen davon aus, daß der Mensch zu Urzeiten ein Sammler war und sich ausschließlich von Beeren, wilden Früchten und Kernen ernährte und somit die rohe Nahrung die ursprüngliche

Kostform des Menschen darstellt. Seit der Entdeckung des Feuers ist die Ernährung des Menschen zunehmend denaturierter geworden.
In jüngster Zeit haben Ernährungswissenschaftler den hohen ernährungsphysiologischen Wert der Rohkost (auch Frischkost genannt) wiederentdeckt. Tatsache ist, daß eine aus frischem Obst, Gemüse, Getreidekeimlingen und Kernen bestehende Kost alle lebenswichtigen Vitalstoffe wie Vitamine, Mineralstoffe und Spurenelemente in ihrem natürlichen Gleichgewicht anbietet und darüber hinaus noch reich an hochwertigem, cholesterinfreiem Pflanzeneiweiß ist.
Da in der heutigen Zeit kaum noch ein Mensch in der Lage ist, sich sein ganzes Leben konsequent von Rohkost zu ernähren, bietet sich diese Kostform aufgrund ihres hohen Ballaststoffanteils besonders für befristete Diäten zur Gewichtsregulierung und Entschlakkung und in der Rekonvaleszenz an.

Rohmilch: Frische, unbehandelte Kuhmilch, die lediglich durch Watte gefiltert und anschließend gekühlt wird. Da sie nicht erhitzt wird, ist Rohmilch nur äußerst begrenzt haltbar.
Trotz der unvermeidbaren Schadstoffrückstände ist Rohmilch mit ihrer Vielzahl an Vitaminen, Proteinen und Mineralstoffen eigentlich die von Natur aus beste Nahrung für das heranwachsende Kalb; sie wird aber auch als vollwertiges Lebensmittel angesehen und gehandelt. Rohmilch hat zwar eine höhere biologische Wertigkeit als pasteurisierte Milch und ist dieser in jedem Fall vorzuziehen, doch sie ist und bleibt für den Menschen ein artfremdes Produkt (siehe auch Milch).

Rohrzucker wird meist aus Zukkerrohr hergestellt. Er zählt jedoch ebenso wie der weiße Industriezucker zu den isolierten Kohlenhydraten, die von Vollwertköstlern abgelehnt werden.
Seit neuestem ist in Naturkostläden ein Vollrohrzucker aus kontrolliert biologischem Anbau erhältlich, der für lebhafte Diskussionen gesorgt hat. Während die strengen Vollwertköstler auch ihn als isoliertes Kohlenhydrat den Präparaten zuordnen und ihn deshalb kategorisch ablehnen, wird unter gemäßigten Vollwertköstlern die Frage diskutiert, ob er zum Bakken und für erhitzte Speisen nicht doch ein Ersatz für den ohnehin nur in begrenzten Mengen zur Verfügung stehenden Honig sein könnte.
Da die biologische Wertigkeit von naturbelassenem, kaltgeschleudertem Honig durch die Hitzeeinwirkung beim Backen zerstört wird und dies zu recht als Vergeudung eines hochwertigen Lebensmittels

betrachtet werden kann, ist dieser Vollrohrzucker, der nicht vergleichbar ist mit konventionell hergestelltem, für viele zur akzeptierten »Ausnahme von der Regel« geworden.

Im Gegensatz zum konventionellen braunen Zucker, der nicht selten durch Einfärben von weißem Zucker hergestellt wird, gewinnt man diesen Vollrohrzucker aus dem Saft kontrolliert biologisch angebauten Zuckerrohrs.

Nach dem Pressen mit einfachen Walzen wird der Saft gefiltert und auf dem Holzfeuer durch Kochen geklärt und eingedickt. Anschließend wird er auf Blechen getrocknet. Die groben Zuckerklumpen werden zuletzt durch ein Sieb passiert.

Dieser Rohrzucker aus kontrolliert biologischem Anbau enthält aufgrund des schonenden Herstellungsverfahrens mehr Mineralstoffe als anderer Rohrzucker oder brauner Zucker. Dennoch stellt auch er ein isoliertes Kohlenhydrat dar (siehe auch Zucker).

Rosenkohl: Ein beliebtes Kohlgemüse, das ab Spätherbst den ganzen Winter über im Handel angeboten wird. Frosteinwirkung schadet ihm nicht, sondern macht ihn noch zarter und schmackhafter.

Rosenkohl ist reich an den Mineralstoffen Kalium, Phosphor und Eisen sowie an Vitamin C.

Rosinen: Sammelbegriff für getrocknete Weinbeeren. Sie werden aus mehreren Mittelmeerländern sowie aus Kalifornien importiert.

Man unterscheidet zwischen:

Korinthen: meist kernlos und ungeschwefelt; aus Griechenland stammend (nach der Stadt Korinth benannt);

Sultaninen: ebenfalls kernlos, gelb, großbeerig; werden geschwefelt;

Eleme-Rosinen: gelbbraun

Muskateller-Rosinen: schwarz

Trauben- oder Tafelrosinen: großbeerige Rosinen aus Mallaga-Trauben, die zum Teil noch Stilansätze enthalten; werden auch geschwefelt.

Im Naturkostladen sind auch ungeschwefelte Rosinen aus kontrolliert biologischem Anbau erhältlich.

Rosmarin: Aus dem Mittelmeerraum stammendes Küchengewürz, das auch als Heilmittel geschätzt wird. Sein aromatischer Geschmack wird durch ätherische Öle sowie Gerb- und Bitterstoffe bewirkt.

Rosmarin kann auch bei uns kultiviert werden, muß jedoch im Winter einen frostgeschützten Platz bekommen.

Rote Bete oder Rote Rübe, zählt zu den Wurzelgemüsen. Rote Bete ist reich an Mineralstoffen, besonders an Eisen, und hat einen hohen Vitamin-C-Gehalt. Rote Bete kann als Gemüsebeilage serviert oder zu verschiedensten Salaten zubereitet werden.

Rotkohl: Kohlart, deren charakteristische Farbe die Namensgebung beeinflußte. Rotkohl ist reich an Vitaminen und Mineralstoffen und läßt sich auf vielfältige Weise zubereiten.

Rotwein → Wein

Rübenzucker → Zucker

S

Saccharin: Chemisch: Ortho-Benzoesäure-Sulfimidnatrium. Ein künstlicher, energiefreier Süßstoff, der fast die 500fache Süßkraft von Zucker (Saccharose) besitzt. Saccharin wird vorwiegend in diätetischen Nahrungsmitteln verarbeitet. In den USA, in denen Saccharin wegen seiner möglichen krebserregenden Wirkung bereits einmal verboten war, darf es auch heute nur mit Warnhinweis verkauft werden.

Saccharose → Zucker

Safran: Botanisch: Crocus sativus. Gehört zur Familie der Schwertliliengewächse, die ursprünglich aus Asien stammen. Die gelblich-orange gefärbten Blütennarben werden getrocknet und in winzigen Mengen (ein Gramm) abgepackt. Da für ein Kilogramm getrockneten Safran etwa 100000 Blüten erforderlich sind, ist er relativ teuer und wird nicht selten verfälscht.

Zu seinen Inhaltsstoffen zählen ätherische Öle sowie der Farbstoff Krocin. In Asien wird gekochter Reis oft mit Safran gelb gefärbt. In Sri Lanka färben Mönche ihre Kutten traditionell mit Safran.

In der heimischen Küche wird Safran vorwiegend für Gebäck verwendet.

Saft → Frucht- bzw. Gemüsesäfte

Sago: Ursprünglich aus dem Mark der Sagopalme gewonnenes Verdickungsmittel. In Deutschland findet heute eher die sagoähnliche Kartoffelstärke Verwendung, hauptsächlich zum Andicken von Suppen und Saucen.

Sahne wird aus Vollmilch durch Abtrennen der Magermilch gewonnen. Die handelsübliche Sahne ist immer erhitzt worden. Ihr Mindestfettgehalt beträgt zehn Prozent (siehe auch Rahm/Sauerrahm).

Salat: Sammelbegriff für Kopfsalat, Eisbergsalat, Feldsalat etc. sowie für fertig zubereitete Gemüsekombinationen.

In der Vollwertküche spielt der Rohkostsalat, der aus frischen, unerhitzten Gemüsesorten zubereitet wird, die Hauptrolle (siehe auch Einleitung und Rohkost).

Salbei: Aus den Mittelmeerregionen stammendes Küchenkraut, das sowohl zum Würzen verschiedener Gerichte (in der Vollwertkost vor allem von Getreidespeisen) als auch als heilender Tee, besonders bei Husten und Halsschmerzen, Verwendung findet.
Der typischerweise etwas herbe Geschmack von Salbei wird durch ätherische Öle bewirkt.
Salz: Umgangssprachliche Bezeichnung für das handelsübliche Kochsalz (Natriumchlorid). Kochsalz ist mittlerweile in fast allen Fertigprodukten enthalten; dementsprechend hoch ist bei uns der tägliche Kochsalzverbrauch. Er beträgt mit durchschnittlich etwa zwölf Gramm mehr als das Doppelte des täglichen Bedarfs! Als Folgen dieser überhöhten Salzaufnahme können sich Bluthochdruck und verschiedene daraus resultierende Herz-Kreislauf-Erkrankungen entwickeln.
Kochsalz wird unter Tage aus Jahrmillionen abgelagerten Steinsalzschichten gewonnen und durch verschiedene Verfahren so lange gereinigt und behandelt, bis Natriumchlorid übrigbleibt.
Salz ist für den Organismus lebensnotwendig, es sollte aber, wie in der Vollwertkost praktiziert, nur Meersalz verwendet werden und das auch nur in verträglichen Dosen. Meersalz unterscheidet sich vom Kochsalz in erster Linie durch seine zahlreichen Mineralstoffanteile (siehe auch Meersalz).
Sanddorn: Die zum Beerenobst zählende orange- bis rotgefärbten Früchte des Sanddornstrauchs, der auf sandigen Böden auch wild gedeiht. Die Beeren haben einen säuerlichen, sehr aromatischen Geschmack. Bekannt ist Sanddorn durch seinen sehr hohen Vitamin-C-Gehalt.
Im Reformhaus wird sowohl zukker- als auch honiggesüßter Sanddornsaft angeboten.
Sauerkraut: Durch Milchsäuregärung haltbar gemachter Weißkohl. Zur Sauerkrautherstellung werden speziell dafür gezüchtete Spätkohlsorten bevorzugt, wodurch die durch die Säuerung bewirkte Haltbarkeit noch erhöht wird. Sauerkraut kann auch leicht selbst hergestellt werden, ist sechs bis neun Monate haltbar und in den kalten Wintermonaten eine vollwertige gesunde Ergänzung des Speiseplans, zum Beispiel pur oder als Salat genossen.
Sauerrahm oder saure Sahne wird, mit etwa drei Prozent Säurewekkerkulturen (Lactobazillen) versetzt, aus Sahne (Rahm) hergestellt. Sein Mindestfettgehalt beträgt zehn Prozent. Sauerrahm ist in der Regel cremiger als saure Sahne und eignet sich hervorragend für die Zubereitung verschiedenster Salatdressings.
Sauerteig: Das natürliche Produkt

entsteht, wenn Roggenmehl mit Wasser angesetzt und zwei bis drei Tage bei Raumtemperatur ruhen gelassen wird. Sauerteig zählt zu den ältesten bekannten Treibmitteln bei der Brotherstellung. Die Sauerteig-Bakterien können jedoch nur bei Roggen ihre Wirkung entfalten (Säuerung und Lockerung des Teiges). Den beim Bäcker erhältlichen Roggen- und Roggenvollkornbroten ist meist ein hoher Anteil Weizen (bis zu 49 Prozent) beigegeben worden. Als Treibmittel dienten meist chemisch aufbereitete »Fertigsauer« oder Hefezusätze.

Sauerteigbrote sind in der Herstellung aufwendiger als Hefebrote. Aufgrund ihres erheblich geringeren Klebereiweißgehalts sind reine Roggenbrote besonders für den Hobbybäcker schwieriger zu bakken als mit Hefe getriebene Weizenbrote.

Säure-Basen-Verhältnis: Gesundheit und Vitalität des menschlichen Organismus sind von zahlreichen Faktoren abhängig. Damit die vielzähligen Körperfunktionen aufrechterhalten bleiben, muß der Stoffwechsel für möglichst gleichbleibend gute Bedingungen sorgen. Hierzu zählen u. a. ein konstanter pH-Wert von 7,4 (Säure-Basen-Gleichgewicht), eine Körpertemperatur von 37 Grad sowie ein bestimmter Blutglucosespiegel.

Das Säure-Basen-Verhältnis im Körper wird durch die aufgenommene Nahrung beeinflußt, die selbst entweder säureüberschüssig, basenüberschüssig oder neutral ist. Der Säure- bzw. Basencharakter eines bestimmten Nahrungsmittels sagt jedoch lediglich etwas darüber aus, wie »sauer« oder »basisch« dieses Nahrungsmittel ist. Ein säureüberschüssiges Nahrungsmittel wirkt im Körper nicht säurebildend – wie so oft irrtümlich angenommen wird –, sondern basenbildend. Analog dazu wirken alkalische, also basische Nahrungsmittel im Körper nicht basen-, aber säurebildend. (Sauer schmeckende Nahrung wie beispielsweise Zitronen oder saure Gurken wirken im Organismus also basenbildend, während nicht sauer schmeckende Nahrung wie Fisch und Fleisch säurebildend sind.)

Eiweißreiche Nahrungsmittel, insbesondere tierischen, aber auch pflanzlichen Ursprungs (zum Beispiel Getreide), wie Fleisch, Fisch und Eier, sind deshalb säurebildend, weil sie Schwefel und zum Teil auch Phosphor enthalten, die während der Verdauung in Schwefelsäure und Phosphorsäure übergehen. Damit diese Säuren über die Nieren wieder ausgeschieden werden können, müssen sie zunächst durch Mineralstoffe wie Kalium, Natrium und Calcium neutralisiert werden.

Früchte wirken dagegen basenbildend, da sich ihre organischen Säuren durch Oxidation in Kohlendioxid und Wasser wandeln und durch die vielen Mineralstoffe neutralisiert werden.

Der menschliche Organismus ist mit einem Puffersystem ausgestattet, welches u. a. über die Atmung Kohlensäure abgeben und somit das Säure-Basen-Verhältnis im Gleichgewicht halten kann. Die makrobiotische Ernährungslehre nun basiert auf einem umfassenden System, das alle Nahrungsmittel nach dem Säure-Basen-Prinzip von vornherein in Yin und Yang einteilt. Damit wird das Säure-Basen-Gleichgewicht bereits bei der Zusammenstellung des Speiseplans berücksichtigt und extreme Schwankungen werden vermieden. Entscheidend für die Arbeit des Puffersystems (Ausgleich der Säure-Basen-Schwankungen) ist also die biologische Qualität der einzelnen Lebensmittel. Da eine Vollwertkost alle lebenswichtigen Vitalstoffe wie Mineralstoffe, Spurenelemente, Vitamine und Enzyme enthält, die erforderlich sind, um überschüssige Säure bzw. Basen auszugleichen, findet das Säure-Basen-Gleichgewicht bei Vollwertköstlern keine sonderliche Beachtung. Sie vertrauen in der Regel auf die ausgleichende Funktion jenes körpereigenen Puffersystems.

An der Säure-Basen-Theorie werden die Unterschiede zwischen diesen beiden Ernährungslehren besonders deutlich. Doch obwohl Makrobiotik und Vollwertkost nicht nur in diesem Punkt teilweise unterschiedliche, auch entgegengesetzte Standpunkte vertreten, haben beide erstaunliche Erfolge bei der Heilung zahlreicher Krankheiten vorzuweisen.

Saure Sahne → Sauerrahm

Sautieren: Die am häufigsten angewandte Garmethode in der makrobiotischen Ernährungsweise. Dabei wird das Gemüse oder Fleisch zunächst sehr kleingeschnitten und anschließend in Öl unter Rühren kurz angebraten. Das kurze Anbraten bei hohen Temperaturen bewirkt ein schnelles Schließen der Poren und führt somit zu geringeren Vitalstoffverlusten als das herkömmliche Kochen in Wasser. Zudem wird dem Gemüse Wasser entzogen, wodurch es – nach makrobiotischer Auffassung – yangiger (basischer) wird; außerdem behält es so seinen Biß (siehe auch Makrobiotik).

Schafgarbe: Heimisches Kraut und altbewährtes Hausmittel bei Magenbeschwerden, Blähungen, Appetitlosigkeit und Darmkatarrh.

Schafskäse: Halbfester bis fester Schnittkäse, der ursprünglich in den südlichen und südöstlichen Mittelmeerländern aus Schafsmilch hergestellt wurde. Da die traditionelle Herstellung zu nur geringen

Erträgen führte, und so mit der steigenden Nachfrage nicht mithalten konnte, wird Schafskäse heute nur noch zum Teil aus Schafsmilch gewonnen; zum überwiegenden Teil besteht er aus Kuhmilch. Der gesetzlich vorgeschriebene Mindestanteil an Schafsmilch beträgt nur noch 15 Prozent.
Zu den bekanntesten weicheren Sorten zählen der griechische Feta und der französische Roquefort. Der bekannteste feste Schafskäse ist der aus Süditalien stammende Pecorino.

Schafsmilch findet fast ausschließlich zur Herstellung von Schafskäse Verwendung. Sie ist fett- und eiweißreicher als Kuhmilch und hat einen strengen Geschmack.

Schalotte: Kleine, milde Zwiebelart, die hauptsächlich zum Einlegen von Gewürzgurken, aber beispielsweise auch zum Anrichten einer Vinaigrette sowie für verschiedene andere Gerichte verwendet wird.

Schichtkäse: Unreifer Frischkäse, der in den Fettgehaltsstufen 10, 20 und 40 Prozent i. Tr. angeboten wird. Schichtkäse wird entweder aus Sahne oder wärmebehandelter Milch hergestellt.

Schimmel entsteht durch Schimmelpilze und äußert sich durch eine watteähnliche Schicht, die sich meist auf zu feucht oder zu lange gelagerten Lebensmitteln absetzt.
Von den etwa 100000 bekannten Schimmelpilzarten bildet nur ein geringer Prozentsatz giftige Mykotoxine und Aflatoxine. Letztere sind besonders gefährlich, da sie sehr hitzeresistent sind, vom Körper weder sofort abgebaut noch ausgeschieden werden können und als kanzerogen gelten. Da für den Verbraucher nicht zu erkennen ist, ob es sich bei einem Schimmelbelag um giftige oder harmlose Pilze handelt, sollten befallene Nahrungsmittel nicht mehr verzehrt werden. Unbedenklich ist der Schimmel auf zuckergesüßten Marmeladen und Konfitüren sowie der extra zugesetzte Schimmelpilz einiger Käsesorten.

Schlankheitsdiäten genießen eine proportional zur Anzahl übergewichtiger Bundesbürger stetig wachsende Popularität und haben – angesichts der Tatsache, daß jeder zweite von uns mit Gewichtsproblemen zu kämpfen hat – ungebrochen Hochkonjunktur. Mit den lästigen Pfunden hat sich ein blühendes Geschäft entwickelt, dessen Betreiber – zum Bedauern der Abspeckwilligen – primär nicht an einer natürlichen und effektiven Gewichtsreduktion der Betroffenen interessiert sind, sondern vielmehr am profitablen Absatz ihrer oft wirkungslosen Produkte und Konzepte.
Während gegenüber Schlankheitspillen und Sättigungsflocken innerhalb breiter Bevölkerungsschichten eine wachsende Skepsis zu beob-

achten ist, gelten die verschiedensten Schlankheitsdiäten und -kuren immer noch als Hoffnungsträger zum Erreichen des ersehnten Idealgewichts.
Das breite Spektrum dieser Reduktionskostformen umfaßt kohlenhydratarme und fettreiche oder auch kohlenhydratreiche und fettarme Diäten sowie eine ganze Reihe anderer absurder Kombinationen. Die Wirksamkeit dieser Diäten ist äußerst umstritten, als wissenschaftlich erwiesen gilt jedoch die Tatsache, daß der Körper auf eine reduzierte Kost, die in den meisten Fällen Einseitigkeit und Minderwertigkeit der Nahrung bedeutet, mit einer Umstellung seines Verdauungsverhaltens reagiert. Bei Schlankheitsdiäten oder sogenannten Hungerkuren schaltet der Organismus seine Verbrennung automatisch auf »Notprogramm«, was einerseits zwar zu der erwünschten Gewichtsreduktion führen kann, andererseits aber zur Folge hat, daß nach Absetzen der Diät die gewohnte Nahrung nicht richtig verbrannt wird und somit die mühsam abgespeckten Pfunde rasch wieder zugelegt werden. Mit anderen Worten: Der Organismus legt sich Depots an, um gegen neuerliche »Notzeiten« gewappnet zu sein.
Eine natürliche, dauerhafte Regulierung des Körpergewichts kann also durch eine kurzfristige, einseitige Diät nicht erreicht werden; wenn nicht von vornherein, so muß spätestens jetzt mit einer grundsätzlichen Ernährungsumstellung begonnen werden.
Eine Ausnahme bildet die Rohkostdiät, eine vollwertige Ernährungsform, bei der alles roh verzehrt wird. Die Hauptbestandteile dieser Diät sind frisches Obst, Gemüse, Getreidekeimlinge und Kerne. Den Beweis dafür, daß sogar bei Fettsucht eine überkalorische, aber vitalstoffreiche Rohkost (Frischkost) erfolgreicher ist als jede andere Reduktionskost, hat Dr. M. O. Bruker in seiner langjährigen Tätigkeit als Arzt und Ernährungsexperte erbracht.
In einer von ihm geleiteten psychosomatischen Klinik hat er an Tausenden von fettsüchtigen Patienten folgendes beobachtet: Diejenigen Patienten, die auf eine 800-Kalorien-Reduktionskost gesetzt waren, bauten relativ wenig Gewicht ab, während die Patienten, welche sich einer Frischkostdiät unterzogen (2000 bis 3000 Kalorien), rapide an Gewicht verloren.
Was sich anfänglich sowohl Patienten als auch Außenstehenden als Phänomen darstellte, enthüllte sich lediglich als Beweis dafür, daß sowohl bei Übergewicht als auch bei Fettsucht nicht die Quantität, sondern die Qualität der Nahrung den Heilungsprozeß, in diesem Fall die Gewichtsreduktion, in Gang setzt. Hiermit wurde aber nicht nur die

Behauptung vieler Ökotrophologen und anderer Wissenschaftler widerlegt, Gewichtsreduktion sei kalorienabhängig, sondern auch der weitverbreitete Irrtum, Fett mache fett. Das dem nicht so ist, kann jeder Medizinstudent bereits in den ersten Semestern lernen. Und es wird auch für den Laien verständlich, wenn er weiß, daß das über die Nahrung zugeführte Fett, ebenso wie die Kohlenhydrate, im normal funktionierenden Stoffwechsel zu Kohlensäure (CO_2) und Wasser (H_2O) abgebaut wird. Fettsucht ist also keine Krankheit, die allein durch übermäßigen Fettverzehr oder eine überkalorische Ernährung entsteht, sondern, von wenigen Ausnahmen abgesehen, eine Stoffwechselentgleisung, deren Ursache in einer langjährigen vitalstoffarmen Fehlernährung zu suchen ist (die allerdings oft mit einseitiger überkalorischer Ernährung einhergeht). Eine Heilung ist somit nur durch eine Ernährung möglich, die aufgrund ihres Gehalts an natürlichen Wirk- und Vitalstoffen in der Lage ist, die gestörten Stoffwechselabläufe zu reaktivieren und auf diese Weise die ersehnte Gewichtsregulierung herbeizuführen (siehe auch Einleitung).

Schmelzkäse wird vorwiegend aus Cheddarkäse unter Zusatz von Schmelzsalzen hergestellt, indem er bis zu 20 Minuten lang auf etwa 100 Grad erhitzt wird. Da außerdem 16 verschiedene Verdickungsmittel erlaubt sind, wird Schmelzkäse wegen seiner Zusatzstoffe und der bei der Herstellung erfolgten Denaturierung in der Vollwertkost gemieden.

Schnittlauch zählt wie Lauch zu den Zwiebelgemüsen. Die hohlen grasähnlichen Stengel enthalten neben Vitamin C eine Vielzahl an Mineralstoffen. Schnittlauch eignet sich hervorragend für die Zubereitung von Kräuterquarks, Salatdressings und zum Würzen von Getreidebratlingen.

Schokolade wird aus Zucker, Kakaomasse und Milch bzw. Trokkenmilch hergestellt. Ihr extrem hoher Zucker- und Fettanteil beschleunigt die Kariesbildung und kann einen Vitamin-B-Mangel bewirken. Sowohl in der Vollwertkost als auch in der Makrobiotik wird Schokolade abgelehnt.

Seit einiger Zeit ist im Naturkostladen Schokolade aus kontrolliert biologischen und unraffinierten Zutaten erhältlich. Wenngleich diese Schokolade aufgrund ihrer schonenderen Zubereitung und der qualitativ besseren Zutaten höher zu bewerten ist als die handelsübliche, so stellt sie dennoch nur das kleinere Übel dar.

Schrot: Vorwiegend aus Weizen, Roggen, Gerste oder Hafer gewonnenes Getreideprodukt, das durch Vermahlen der ganzen Körner entsteht. Schrot kann, je nach Einstellung der Mühle, von feiner bis grober Struktur sein. In frisch hergestelltem Schrot sind noch alle Vitalstoffe des Getreidekorns wie Vitamine, Proteine und Mineralstoffe enthalten. Schrot aus den ganzen, frisch vermahlenen Getreidekörnern spielt in der Vollwerternährung eine zentrale Rolle (fürs Morgenmüsli). Auch in der Vollkornbäckerei ist er unentbehrlich.

Schwarzwurzel: Aus den Mittelmeerländern stammendes mineralstoffreiches Wurzelgemüse. Schwarzwurzeln führen in der deutschen Küche eher ein Schattendasein, sind aber aufgrund ihres Inhaltsstoffes Insulin für die Diabetiker-Ernährung von Bedeutung.

Seitan: Ein Weizeneiweißkonzentrat, das durch Auswaschen der Stärke aus Weizen gewonnen wird. Seitan ist zwar ein Extrakt, genießt aber eine bestimmte Sonderstellung, da bei seiner Herstellung keine chemischen Verfahren angewendet und keine synthetischen Zusätze verarbeitet werden. Wegen seiner zähen, fleischartigen Konsistenz wählen es besonders jene Menschen, die gern auf Fleisch verzichten wollen, als eiweißreiches Ersatzprodukt.

Selen: Ein noch weitgehend unerforschtes und umstrittenes Spurenelement. Es soll die Wirksamkeit von Vitamin E verstärken, die zellinternen Puffersysteme unterstützen und die Abwehrkräfte des Körpers günstig beeinflussen. In größeren Mengen aufgenommen, wirkt Selen jedoch toxisch.

Sellerie zählt zu den Wurzelgemüsen. Unterschieden werden Knollen-, Bleich- oder Staudensellerie und Schnittsellerie. Die beliebteste und am weitesten verbreitete Art ist der mineralstoffreiche Knollensellerie. Er eignet sich für Rohkostsalate, kann bei Bedarf vorher blanchiert werden oder auch als sautierte Gemüsebeilage serviert werden. Noch vor den ersten Frösten sollte er geerntet und ungeputzt im Keller eingelagert werden.

Bleich- oder Staudensellerie ist in Deutschland nicht so verbreitet; er wird vorwiegend importiert und ist in der Regel nur auf dem Wochenmarkt, selten im Geschäft erhältlich. Aus seinen starken, kräftigen Blattstielen werden vorzugsweise Salate zubereitet.

Schnittsellerie, der keine Knollen ausbildet, dient in frischer oder getrockneter Form ausschließlich zum Würzen von Getreidegerichten, Rohkostsalaten und Suppen.

Senf: Ein ursprünglich aus Asien stammender Kreuzblütler; Gewürz und Speisewürze. Der typisch scharfe Senfgeschmack stammt vom Sinalbin. Die ganzen Senfkörner werden vorzugsweise zum Einlegen von Gurken verwendet. Der weitaus größte Teil der Ernte wird jedoch zu Speisesenf verarbeitet. Neben den handelsüblichen Senfsorten werden im Naturkostladen auch verschiedene Senfprodukte, wie beispielsweise Meerrettichsenf, aus teilweise biologischen Zutaten ohne jegliche Konservierungsstoffe angeboten.

Sesam: Eine einjährige Ölpflanze, die vorwiegend in Asien, Afrika und Südamerika angebaut wird. Die Sesampflanze bildet – ähnlich wie Mohn – in einer Kapsel mehrere Samen aus.

Der bekannte Spruch »Sesam, öffne dich« könnte den hohen Wert und die vitalisierende Wirkung dieser Samen symbolisieren, denn die kleinen Körnchen haben es im wahrsten Sinne des Wortes in sich. Sie bestehen zu etwa 50 Prozent aus hochwertigem Öl, das eine Vielzahl ungesättigter Fettsäuren enthält. Sein Eiweißgehalt von etwa 20 Prozent macht den Sesam zu einem wichtigen Lebensmittel der vegetarischen Vollwertküche. Aus Sesam wird u. a. das aus der Makrobiotik stammende Gomasio (Sesamsalz) sowie Tahin (Sesammus) hergestellt. Beides ist im Naturkostladen erhältlich (siehe auch Gomasio/Tahin).

Shoyu: Vitalstoffreiche Sojasauce; wird aus Sojabohnen und Meersalz nach traditionellem japanischem Verfahren hergestellt. Den gekochten und zu Brei gequetschten Sojabohnen wird jedoch, im Gegensatz zu Tamari, noch geröstetes Weizenmehl zugesetzt. Diese Masse wird anschließend mit speziellen Schimmelpilzkulturen versetzt und bis zu drei Jahren fermentiert.

Shoyu schmeckt milder als Tamari und ist etwas preiswerter. Es ist reich an Eiweiß, Vitaminen und Mineralstoffen und eignet sich vorzüglich zum Würzen von Dips, Dressings, Suppen sowie Gemüse- und Getreidegerichten aller Art.

Soba: Japanische Nudelsorte, die Spaghettis gleicht, jedoch traditionell aus Buchweizenmehl hergestellt wird.

Sojabohne: Einjährige, buschbohnenähnliche Pflanze, die ursprünglich aus Asien stammt, wo sie seit mehr als zwei Jahrtausenden zu den Hauptnahrungsmitteln zählt. Über Amerika gelangte sie auch nach Europa und Deutschland, wo ihre Produkte aufgrund zunehmender Beliebtheit fast überall erhältlich sind.

Der steigende Bedarf an Sojaprodukten hat ganz deutlich mit dem sich verändernden Ernährungsbewußtsein zu tun. Für zunehmend mehr Menschen wird eine vegetarische Kost immer aktueller und sinnvoller – besonders angesichts der fast schon periodisch auftretenden Fleischskandale.

Die Tatsache, daß der enorm gestiegene Fleischkonsum weder für die Gesundheit des Menschen noch für das globale ökologische Gleichgewicht förderlich ist, scheint, auch unterstützt durch die Massenmedien, einen Prozeß der Neuorientierung in Gang gesetzt zu haben. In dieser Ablösungsphase – von einer längst reformbedürftigen, schon dekadenten Ernährungsweise hin zu einer natürlichen Vollwertkost – bietet sich die vitalstoffreiche Sojabohne mit ihrem hohen Proteingehalt als hervorragender »Ersatzstoff« für tierisches Eiweiß an.

Das Eiweiß der Sojabohne ist besonders wertvoll durch seinen hohen Anteil an essentiellen Aminosäuren. (Das sind Substanzen, die der Organismus nicht selbst synthetisieren kann und über die Nahrung aufnehmen muß, um körpereigenes Eiweiß bilden zu können.)

Beim Kauf von Sojabohnen oder Sojaprodukten sollte jedoch darauf geachtet werden, daß sie aus kontrolliert biologischem Anbau stammen, da konventionell angebaute Sojabohnen mit einem enormen Aufwand an chemischen Dünge- und Spritzmitteln kultiviert werden.

Rohe Sojabohnen sind u. a. wegen ihres Gehalts an Saponinen, welche die Enzymarbeit im Darmtrakt hemmen, schwer verdaulich. Das betrifft teilweise auch rohe Sojasprossen, weshalb in der Regel empfohlen wird, sie vor der Zubereitung kurz zu blanchieren oder anzubraten.

Trotz ihres hohen Eiweißgehalts sind die Sojabohne und die aus ihr gewonnenen Produkte wie Sojamilch, Tofu, Miso und Tamari unter Vollwertköstlern umstritten. Von strengen Verfechtern der Vollwertkost wird Tofu sogar der Kategorie »Präparate«, zu der auch Zucker gehört, zugerechnet, da er zum einen erhitzt und zum anderen ein Teilnahrungsmittel (Extrakt) ist. Der hohe Eiweißgehalt ist für viele Vollwertköstler sekundär, da das Eiweiß durch die Hitzeeinwirkung als denaturiert betrachtet wird.

Im Gegensatz zu dieser strengen Betrachtungsweise werden Sojaprodukte mit Ausnahme des Sojafleischs (TVP) in der Makrobiotik seit Jahrhunderten geschätzt (siehe Sojafleisch).

Eine allgemeingültige, aus dem Kontext der jeweiligen Ernährungsweise gehobene Bewertung von Sojaprodukten ist kaum möglich. Sicherlich ist es aber nicht empfehlenswert, die tägliche Speisekarte so zu gestalten, daß sie ohne Sojaprodukte nicht mehr auskommt, denn es sind – aufgrund ihrer Bearbeitung – denaturierte Nahrungsmittel. Ihre besondere Bedeutung haben sie eigentlich erst durch jene oben beschriebene Funktion des Fleischersatzes erworben.

Sojafleisch (TVP [Textured Vegetable Protein]) wird nur aus konventionell angebauten Sojabohnen angeboten. Es besteht zwar etwa zur Hälfte aus Eiweiß, ist jedoch wegen seines hochkomplizierten industriellen Herstellungsverfahrens kaum noch als Nahrungsmittel zu bezeichnen.

Die Entwicklung von TVP
Die Sojabohne bietet vielfältige Verarbeitungsmöglichkeiten, ist sowohl Nahrungsmittel als auch industrieller Ausgangsstoff, und zwar in den unterschiedlichsten Bereichen: In der Medikamentenherstellung, für Dichtungsmittel, Isoliermaterial, Maschinenöl, Plastik, Schädlingsbekämpfungsmittel und in der Technik. Auch im Automobilbau wird sie verwendet, nämlich als Kunststoff für Schalthebel, Gaspedale, Hupenknöpfe und sogar für die Karosserie. Als man daran ging, Autoreifen auf Sojabasis herzustellen, wurde »zufällig« das sogenannte TVP-Sojafleisch entdeckt.

Der »moderne« Sojabohnenanbau in den USA
Das TVP wird in den USA hergestellt. Die Anbaumethoden bei Sojabohnen sind hochindustrialisiert, das heißt sie erfolgen unter massivem Einsatz von Kunstdünger und chemischen Spritzmitteln. Zur Ernte wurde früher sogar das gefährliche, berühmt-berüchtigte Herbizid »Agent Orange« (im Vietnamkrieg als Entlaubungsmittel eingesetzt) verwendet. Damit wurde erreicht, daß die Sojapflanze sofort abstarb und ihre Blätter verlor. Anschließend ließen sich dann die getrockneten Schoten mühelos mit monströsen automatisierten Vollerntemaschinen einbringen.

Die Verarbeitung
Sie beginnt mit der Ölgewinnung, bei der die Sojabohne entfettet wird. Die Bohnen werden zunächst in Hexan (benzinähnliche Kohlenwasserstoffverbindung) eingeweicht, wodurch sich die Fette gut herauslösen lassen. Anschließend wird das Hexan wieder abgedampft; die verbleibenden Reste brauchen dann nur noch per Verordnung durch die Höchströckstandsmenge geregelt zu werden. Nach der Entbenzinisierung wird der Ölkuchen (das Abfallprodukt bei der Ölherstellung) getoastet, desodoriert und fein gewaschen. Nun werden die Begleitstoffe, die die weitere Verarbeitung behindern, entfernt, bis das Soja-Eiweiß (über 50 Prozent Masseanteil) übrigbleibt. Um diesem eine fleischartige Faserstruktur zu verleihen, wird es unter hohem Druck und Temperaturen bis zu 180 Grad durch Düsen gepreßt und danach in ein Gerinnungsbad gebracht. Die Fäden werden dann verfilzt, zu Bröckchen unterschiedlicher Größe geformt, getrocknet und wieder mit Kohlenhydraten, Fetten, Mineralstoffen, synthetischen

Vitaminen und auch mit Farb- und Geschmacksstoffen versetzt. So entstehen – ganz nach Wunsch des Verbrauchers – Soja-Hähnchen, Soja-Rind und Soja-Schwein.

TVP-Sojafleisch wird sowohl von Vertretern der Vollwertkost als auch der Makrobiotik abgelehnt und gemieden.

Sojamehl: Aus Sojabohnen gewonnenes Mehl, das sowohl mit vollem Fettgehalt als auch entfettet im Handel ist. Vollfettes Sojamehl wird aufgrund seines hohen Gehalts an natürlichen Antioxidantien häufig leichtverderblichen Nahrungsmitteln zugesetzt. Sojamehl ist jedoch kaum aus kontrolliert biologischem Anbau erhältlich. Da die Rückstände in konventionell angebauten Sojabohnen beträchtlich sein können, sind andere Mehlarten in der Vollwertkost aus biologischem Anbau zu bevorzugen.

Sojaöl: Wird aus Sojabohnen zum weitaus größten Teil durch Extraktion mit Hexan hergestellt (siehe auch Schaubild Seite 167). In Naturkostladen und Reformhaus ist jedoch auch unraffiniertes, kaltgepreßtes Sojaöl erhältlich, das sich durch seinen hohen Gehalt an einfach und mehrfach ungesättigten Fettsäuren auszeichnet. Aufgrund dieser Eigenschaft ist es aber auch nur begrenzt haltbar.

Sojasoße: Aus Asien stammende eiweißreiche Würzsoße, die schon seit Jahrtausenden durch einen komplizierten Fermentationsprozeß aus Sojabohnen hergestellt wird.

Die Sojabohnen werden gekocht und – je nach Art der gewünschten Sojasoße noch mit geröstetem Weizenmehl bestreut oder nur mit Wasser und Meersalz versetzt. Anschließend wird durch einen Gäransatz aus Milchsäurebakterien die Gärung in Gang gesetzt. Diese kann bis zu drei Jahren dauern. Vor dem Abfüllen wird die Sojasoße dann gereinigt, gekocht und gefiltert.

Ein Großteil der im Handel angebotenen Sojasoßen wird allerdings nicht mehr nach diesem traditionellen Verfahren hergestellt, sondern mit chemischen Hilfsmitteln in wenigen Monaten produziert. Als Geschmacksverstärker wird oft Natriumglutamat und zur Konservierung Natriumbenzoat zugesetzt.

Die auch in der Makrobiotik verwendeten traditionell hergestellten Sojasoßen Tamari und Shoyu sind im Naturkostladen erhältlich. Während Tamari nur aus Sojabohnen und Meersalz hergestellt wird, enthält das etwas dünnflüssigere, mildere Shoyu noch Weizen.

Sonnenblumenkerne: Die länglichen, grauen Samen der Sonnenblume wurden in Deutschland noch vor nicht allzu langer Zeit hauptsächlich an Vögel verfüttert. Mit der Verbreitung der Vollwertkost und seit dem Bekanntwerden

des hohen Vitalstoffgehalts dieser Kerne sind immer mehr Leute dazu übergegangen, sie Müslis oder Salaten beizugeben. Beliebt sind heute auch die Vollkornbrote mit Sonnenblumenkernen.
Sonnenblumenkerne enthalten alle essentiellen Aminosäuren. Sie bestehen bis zu 60 Prozent aus Fett, das sich wiederum zu etwa 90 Prozent aus mehrfach ungesättigten Fettsäuren zusammensetzt. Ebenfalls nicht unbeträchtlich sind der Eiweißgehalt von bis zu 40 Prozent, der Anteil an den Vitaminen A, B und E sowie an den Mineralstoffen Kalium, Eisen, Kupfer und Magnesium.
Das Interesse der Wirtschaft gilt jedoch hauptsächlich der Herstellung von Sonnenblumenöl.
Sonnenblumenöl wird zum weitaus größten Teil durch Extraktion mit Lösungsmitteln hergestellt. Das so gewonnene Öl ist neben Palm- und Sojaöl von größter Bedeutung für die Margarineherstellung.
In Naturkostladen und Reformhaus ist jedoch auch unraffiniertes, kaltgepreßtes Sonnenblumenöl erhältlich, das zum Teil sogar aus kontrolliert biologisch kultivierten Sonnenblumen gewonnen wird. Sonnenblumenöl besteht zu etwa 75 Prozent aus zweifach ungesättigten und zu etwa 13 Prozent aus einfach ungesättigten Fettsäuren. Es bietet sich in der Vollwertküche sowohl für die Zubereitung von frischen Rohkostsalaten als auch zum Sautieren von Gemüsebeilagen an (siehe auch Schaubild Öl/Sonnenblumenöl, Seite 167).
Sorbit: Zuckeraustauschstoff, dessen Brennwert (kalorischer Energiegehalt) in etwa dem der Saccharose entspricht. Da die Verwertung von Sorbit im menschlichen Stoffwechsel nicht vom Insulin abhängig ist, findet es hauptsächlich in der Diabetikerkost Verwendung. Als verträgliche Höchstmenge werden etwa 40 Gramm pro Tag angegeben.
Sorbit wird auch zur industriellen Herstellung von zuckerfreien Kaugummis und Süßigkeiten verarbeitet, die weniger kariesfördernd wirken sollen.
Spargel: Auf Sand wachsendes Stengelgemüse, das – wahrscheinlich wegen seines hohen Preises – oft auch als königliches Gemüse bezeichnet wird. Aus der Perspektive der Vollwertkost ist das allerdings ein unpassender Begriff, denn Spargel ist, abgesehen von seinem Eiweißgehalt, relativ vitalstoffarm und spielt somit, und auch wegen seiner äußerst begrenzten Erntezeit, eine untergeordnete Rolle. (Bekannt ist die harntreibende Wirkung von Spargel.)
Spinat: Vitalstoffreiches Blattgemüse. Neben einem relativ hohen Eiweiß- und Vitamin-C-Gehalt bietet er auch Carotin und zahlrei-

che Mineralstoffe an. Demgegenüber stehen sein Gehalt an Oxalsäure, die bekanntlich Calcium bindet, und die teilweise sehr hohen Nitratrückstände, die hauptsächlich auf den Einsatz von Mineraldünger zurückzuführen sind. Spinat kann auch sehr gut als Rohkost zubereitet werden, sollte aber – wenn nicht im eigenen Garten angebaut – möglichst aus kontrolliert biologischem Anbau stammen.

Sprossen → Keime

Spurenelemente: Anorganische, mineralische Stoffe, die nur in winzigen Mengen (unter 0,005 Prozent) im menschlichen und tierischen Organismus vorkommen. Dennoch erfüllen sie für den Menschen lebenswichtige Funktionen: Während beispielsweise Eisen als Baustein für den Blutfarbstoff gebraucht wird, ist Jod für Aufbau und Funktion der Schilddrüsenhormone unentbehrlich.

Zu den essentiellen Spurenelementen zählen neben Eisen und Jod auch Kupfer, Kobalt, Mangan, Molybdän und Zink. Die Aufgaben und die Bedeutung weiterer Spurenelemente wie Chrom, Fluor, Nickel, Selen, Silicium, Vanadium und Zinn sind noch weitgehend unerforscht. Durch zunehmende Umweltverschmutzung gelangen durch Luft, Nahrung und Trinkwasser zudem immer mehr giftige Spurenelemente wie Aluminium und Barium sowie die Schwermetalle Blei, Quecksilber und Cadmium in den menschlichen Körper.

Einige Spurenelemente, wie beispielsweise Fluor und Nickel, können in größeren Konzentrationen auch eine schädigende Wirkung haben.

Stabilisatoren: Zusatzstoffe, die bei industriell hergestellten Nahrungsmitteln Emulsionen aus Fett und Wasser über längere Zeit stabil halten sollen.

Gelier- und Verdickungsmittel sowie Säureregulatoren und Phosphate, die ebenfalls zu den Stabilisatoren gerechnet werden, sind deklarationspflichtig.

Stachelbeere: Zum Beerenobst zählende, vitamin-C-reiche Früchte. Aufgrund ihres geringen Fruchtzuckergehalts werden sie seltener frisch genossen und vorwiegend zur Marmeladenherstellung verwendet.

Stärke: In pflanzlichen Lebensmitteln wie Kartoffeln und Getreide natürlich und sehr häufig vorkommendes Kohlenhydrat. In der Nahrungsmittelindustrie wird isolierte Stärke zur Herstellung von Soßen- und Puddingpulver und für Backwaren verwendet. Innerhalb der Vollwertkost wird isolierte Stärke nicht gebraucht.

Steckrüben oder Kohlrüben: Vitamin- und mineralstoffreiches Wurzelgemüse, das leicht anzubauen ist und relativ hohe Erträge

bringt. Ein echtes »Notzeitengemüse« – wie viele Menschen sich gewiß noch erinnern werden.
Steckrüben eignen sich für Rohkostsalate und können auch, paniert oder in Teig getaucht, in Fett ausgebacken werden.

Steinobst: Sammelbezeichnung für fleischige Kernfrüchte wie Aprikosen, Kirschen, Pflaumen etc. Steinobst hat meist ein saftiges Fruchtfleisch und ist reich an Vitaminen der B-Gruppe.

Steinpilz: Vorwiegend in Nadel- und Laubwäldern vorkommende, sehr schmackhafte Pilzart. Neben Champignons und Pfifferlingen sind Steinpilze die mit am häufigsten verzehrten Pilze.

Sterilisation: Konservierungsmethode, bei der leicht verderbliche Nahrungsmittel in luftdichten Behältern auf etwa 120 Grad erhitzt werden. Dabei werden jedoch nicht nur die fäulniserregenden Mikroorganismen abgetötet, sondern auch Enzyme, Vitamine und andere Wirkstoffe zerstört. Auch Eiweiß, Fett und Kohlenhydrate werden dabei völlig denaturiert, weshalb sterilisierte Nahrungsmittel zurecht als tot zu bezeichnen sind. In der Vollwerternährung werden sterilisierte Nahrungsmittel gemieden.

Sternanis wird aus dem in China und Südostasien beheimateten Sternanisbaum gewonnen. Sternanis, dessen charakteristischer Geschmack durch ätherische Öle bewirkt wird, wird ähnlich wie Anis hauptsächlich für alkoholische Getränke und Backwaren, insbesondere in der Weihnachtsbäckerei, verwendet.

Südfrüchte: Sammelbezeichnung für alle Früchte, die nur in subtropischen und tropischen Klimazonen gedeihen. Dazu zählen neben Zitrusfrüchten u. a. auch Bananen, Feigen und Datteln. Zu den mehr exotischen Südfrüchten werden Ananas, Cherimoyas, Kiwis, Mangos und Papayas gerechnet.
Südfrüchte sind fast alle sehr vitaminreich, sollten aber eher selten verzehrt werden, da bei ihrer Kultivierung enorme Mengen an chemischen Spritz- und Düngemitteln zum Einsatz kommen. Ebenso bedenklich ist, daß durch den wachsenden Bedarf an Südfrüchten bei uns in den meist armen Erzeugerländern immer größere Flächen für ihren Anbau genutzt werden, wodurch sich die Anbaumöglichkeiten für lebensnotwendige Grundnahrungsmittel immer weiter reduzieren. Es ist leicht vorstellbar, welche Konsequenzen das hat: Die ohnehin arme Bevölkerung wird sukzessiv ihrer Existenzgrundlage beraubt.
Im Naturkosthandel sind jedoch auch einige Südfruchtarten wie Orangen und Bananen erhältlich, die nicht nur aus kontrolliert biologischem Anbau stammen, sondern

häufig auch von förderungswürdigen kleinen Familienbetrieben erzeugt werden. Der entsprechend höhere Preis dieser Südfrüchte, die weder chemisch gedüngt noch gespritzt und zum größten Teil in Handarbeit geerntet werden, ist durchaus gerechtfertigt.

Sultanine: Vorwiegend aus kalifornischen Weinbeeren gewonnene Rosinensorte. Da die Produkte aus konventionellem Weinanbau in der Regel mit schwefeliger Säure behandelt werden, sollte man nach »ungeschwefelten« Sultaninen Ausschau halten.

Suppen werden aus einer Vielzahl von Lebensmitteln zubereitet, die sowohl pflanzlichen als auch tierischen Ursprungs sein können. In der Vollwerternährung bereitet man Suppen zum weitaus größten Teil aus Gemüse, Getreide oder Flocken zu. Fertigsuppen werden meist gemieden.

Susine oder Japanische Pflaume. Bis zu 100 Gramm schwere Pflaumenart, die erst seit wenigen Jahren aus verschiedenen Mittelmeerländern importiert wird und ausschließlich für den Frischverzehr bestimmt ist.

T

Tahin (Tahini): Eiweißreiches Sesammus, das aus gerösteten und zerquetschten Sesamsamen hergestellt wird. Tahin gibt es aus 100 Prozent ungeschältem Sesam sowie aus zur Hälfte geschältem und ungeschältem Sesam. Es ist sowohl aus konventionell angebautem als auch aus kontrolliert biologischem Anbau, gesalzen und ungesalzen erhältlich. Tahin eignet sich nicht nur als Brotaufstrich, sondern auch für Saucen, Dips und Suppen (siehe auch Sesam).

Tamari: Eiweißreiche Sojasoße. Ihre Herstellung erfolgt nach alten, traditionellen Rezepten aus vermahlenen Sojabohnen, die mit einer speziellen Schimmelpilzkultur angereichert werden. Der dadurch in Gang gesetzte Fermentationsprozeß dauert zwei bis drei Jahre. Tamari enthält außer Sojabohnen nur noch Meersalz und ist äußerst vitamin- und mineralstoffreich. Es eignet sich zum Würzen von Getreidespeisen genauso wie für Dressings, Suppen und Soßen (siehe auch Sojasoße).

Tangelo: Eine Kreuzung aus Tangerine (Mandarinenart) und Grapefruit (Pampelmuse); sie wird zu den Zitrusfrüchten gezählt.

Tee wird heute meist als Sammelbegriff sowohl für schwarze und grüne Teesorten als auch für die zahlreichen Kräuter- und Früchtetees gebraucht.

Mit Tee im ursprünglichen Sinn ist ein anregendes, coffeinhaltiges Aufgußgetränk gemeint, das aus den Blättern des vorwiegend in Indien, Ceylon und Indonesien kultivierten Teestrauches gewonnen wird.

Die Hauptanbaugebiete der Teepflanze liegen in 1000 bis 2000 Meter Höhe. Dementsprechend werden Hochland- und Tieflandtees unterschieden. Nach der Ernte, die mehrmals im Jahr erfolgt, werden die Teeblätter entweder fermentiert und zu schwarzem Tee oder durch einfaches Dämpfen über kochendem Wasser zu grünem Tee verarbeitet. Der charakteristische Teegeschmack wird von Aroma- und Gerbstoffen erzeugt.

Bei Tee gibt es erhebliche Qualitätsunterschiede, die zwar auch gebietsabhängig sind, in erster Linie jedoch davon bestimmt werden, welche Pflanzenteile verarbeitet wurden. Unterschieden wird grundsätzlich in Blattees und Brokentees. Während bei letzterem auch die Stengel verarbeitet werden, enthalten die Blattees nur Blätter bzw. Blatttriebe und Knospen. Je jünger diese Blatttriebe sind, desto aromatischer und wertvoller ist der daraus gewonnene Tee.

Bei der Vielzahl aromatisierter Tees handelt es sich in den meisten Fällen um Sorten von minderwertiger Qualität, die dann zum Beispiel mit künstlichem, »naturidentischem« Brombeer-, Vanille- oder Zimtaroma aufgewertet werden sollen.

Bedauerlicherweise werden fast alle auf dem Weltmarkt erhältlichen Teesorten in riesigen Monokulturen angebaut, die den massiven Einsatz chemischer Spritz- und Düngemittel unumgänglich machen. Da wirklich reiner, rückstandsfreier Tee nicht mehr erhältlich ist, kann nur auf jene Sorten im Naturkostladen oder Reformhaus zurückgegriffen werden, die noch am wenigsten belastet sind.

Eine Alternative zu schwarzen und grünen Tees sind die zahlreichen Kräuter- und Früchtetees, die sehr aromatisch schmecken und kein Coffein enthalten (siehe auch Früchte- bzw. Kräutertees).

Teigwaren: Sammelbezeichnung für Nudeln, wie Spaghetti, Makkaroni, Lasagne, Tagliatelle, Spätzle u. ä.

Teigwaren werden meist aus Hartweizen, aber auch aus Buchweizen hergestellt. Sie sind mit Ei und ohne Ei erhältlich und lassen sich – auch aus Vollkorn – leicht selbst zubereiten und sind bis zu einem Jahr lagerfähig.

Tekka: Spezialzubereitung aus Lotus, Klettenwurzel, Karotten, Sesamöl und Miso. Wird in der makrobiotischen Küche als Gewürz für Getreide- und Gemüsegerichte aller Art verwendet. Tekka kann aber auch als würziger Brotbelag gegessen werden.

Tempeh: Das fermentierte Sojaprodukt hat seinen Ursprung in Indonesien, wo es noch heute in zahlreichen kleinen Familienbetrieben aus gekochten und enthülsten gelben Sojabohnen hergestellt wird. Nach alter Tradition werden die Sojabohnen mit einer auf Hibiskusblättern wachsenden Starterkultur versetzt und anschließend, in Bananenblätter eingewickelt. Die Bohnen werden nun so lange der feuchtwarmen Luft überlassen, bis der Schimmelpilz sie zu einem schnittfesten Kuchen gebunden hat.

Bei der heutigen europäischen Tempehproduktion werden die Sojabohnen mit einer Pilzkultur geimpft und in einem Wärmeschrank bei etwa 31 Grad drei Tage fermentiert. Tempeh ist reich an Eiweiß (20 Prozent) und wird vorwiegend in der makrobiotischen Küche verwendet. Sein Geschmack ist gewöhnungsbedürftig.

Thiabendazol: Chemischer Konservierungsstoff, mit dem die Schalen von Zitrusfrüchten und Bananen gegen Schimmelpilzbildung oberflächenbehandelt werden. Er wird zu den Zusatzstoffen gerechnet und muß mit der EG-einheitlichen E-Nummer E 223 deklariert werden.

Thiamin → Vitamin B

Thymian: Ursprünglich im Mittelmeerraum beheimatetes Gewürz und Heilkraut. Ätherische Öle geben ihm sein charakteristisches Aroma. In der Küche kann er frisch und getrocknet zum Würzen von Getreidespeisen, Salaten und Dressings verwendet werden. In der Volksheilkunde wird Thymian in Form von Tinktur, Aufgüssen und Extrakten seit jeher als wirkungsvolles Hausmittel bei Magen- und Darmkatarrh eingesetzt.

Tiefkühlen wird noch immer als eine der schonendsten Konservierungsmethoden betrachtet. Bekanntlich werden die mikrobiologischen Veränderungen in den Nahrungsmitteln durch niedrige Temperaturen stark gehemmt. Dennoch ist das Tiefkühlen innerhalb der Vollwerternährung umstritten, da die dadurch bewirkte Denaturierung unterschiedlich interpretiert wird. So behaupten beispielsweise einige Befürworter dieses Verfahrens, daß durch die Proteindenaturierung das Eiweiß besser verdaulich würde. Als weiteres Argument wird die um etwa 30 Prozent reduzierte Garzeit von Tiefkühlkost angegeben.

Zur Frage der Denaturierung der Tiefkühlkost, die zudem noch nicht ausreichend geklärt sein dürfte, tritt noch ein weiteres Problem, nämlich daß die Methode des Tiefkühlens einen von den Jahreszeiten unabhängigen Speiseplan provoziert. Das bedeutet, daß die verschiedenen Obst- und Gemüsesorten immer seltener zu ihren natürlichen Reifezeiten genossen werden. Unter diesem Aspekt betrachtet, erscheint das Tiefkühlen eher als eine widernatürliche Konservierungsmethode.

Naturgemäßer als Tiefkühlen ist das Einlagern von Wintergemüse wie Rot- und Weißkohl, Möhren, Rote Bete, Steckrüben u. ä.

Tilsiter: Nach dem Ort Tilsit benannter, relativ streng schmeckender gelber Schnittkäse, der zur Hälfte aus Wasser besteht. Um auf den wirklichen Fettgehalt des Tilsiters zu kommen, muß man also den angegebenen Fettgehalt i. Tr. halbieren.

Tocopherole → Vitamin E

Tofu: Der Sojakäse wird aus gelben Sojabohnen unter Zusatz des natürlichen Gerinnungsmittels Nigari hergestellt. Tofu stammt ursprünglich aus China und Japan, gehört dort bereits seit Jahrtausenden zu den Grundnahrungsmitteln. Seit etwa zehn Jahren ist Tofu auch bei uns fast überall erhältlich. Tofu ist äußerst eiweißreich, hat einen milden Eigengeschmack und kann gebraten, paniert und fritiert zu jedem Gericht als Beilage serviert werden. Tofu kann für den Hausgebrauch auch leicht selbst zubereitet werden.

Die Herstellung

Drei Tassen ganze gelbe Sojabohnen waschen und in sechs Tassen Wasser etwa zehn Stunden einweichen. Bei warmem Wetter kühlstellen, um ein Ansäuern zu verhindern.

Nach der Einweichzeit, wenn die Sojabohnen etwa doppelt so groß geworden sind, nochmals in einem Durchschlag waschen. Danach zweieinhalb Tassen heißes Wasser und eine Tasse eingeweichte Sojabohnen im Mixer zu einem feinen Brei pürieren und in einen großen Topf geben. Bei mittlerer Hitze aufkochen lassen, gelegentlich umrühren. Vorsicht! Die Milch kocht leicht über! Sobald sie zu kochen anfängt, die Kochstelle herunterschalten und bei schwacher Hitze 15 bis 20 Minuten köcheln lassen.

Einen Durchschlag mit einem dünnen Baumwoll- oder Leinentuch auslegen und in einen großen Topf hängen. Die gekochte Sojamilch hineingießen. Den in dem Tuch verbleibenden Brei (Okara) gut auspressen. Zwei Tassen Wasser über den Brei gießen und nochmals auspressen. In dem Topf befindet sich jetzt fertige Sojamilch, die im Wasserbad abgekühlt werden kann. (Sie schmeckt gekühlt und heiß und läßt sich gut mit Früchten, Gewürzen oder Säften zu schmackhaften, sahnigen Milchshakes verarbeiten.)

Wenn die Milch gefiltert und noch sehr heiß ist, wird das Gerinnungsmittel zugesetzt. Das traditionelle Mittel ist Nigari (Bittersalz), das in einem speziellen Verfahren aus Meersalz gewonnen wird. Mit Nigari erhält man einen schönen, festen Tofu, der zugleich noch mit Mineralien ergänzt wurde.

Wenn kein Nigari zur Verfügung steht, kann auch Apfelessig oder Zitronensaft zur Gerinnung verwendet werden. Die Tofu-Ausbeute ist dann aber nicht so groß.

Für obengenannte Sojabohnenmenge (1 Tasse) werden folgende Mengen benötigt:

$1^1/_2$–2 TL Nigari oder
$^1/_4$ Tasse Zitronensaft oder
$^1/_4$ Tasse Apfelessig, verdünnt mit 1–2 Tassen Wasser

Essig bzw. Zitronensaft entwickelt zunächst weiche Gerinnungsflokken, die aber nach einigen Minuten beim Kochen ziemlich fest werden.

Die Menge des Gerinnungsmittels ist abhängig von der Sojabohnensorte, der Milchtemperatur (sie sollte etwa 85 Grad haben), der Stärke des Gerinnungsmittels und der angewandten Gerinnungsmethode. Wer ein paarmal selbst Tofu hergestellt hat, bekommt schnell ein Gefühl dafür, wieviel Gerinnungsmittel hinzugefügt werden muß, um eine optimale Ausbeute zu erhalten.

Die Gerinnung

Die frische, heiße Sojamilch von der Kochstelle nehmen und langsam ein Drittel der Nigarilösung hineinrühren. Dabei auch in beide Richtungen und vor allem am Boden und den Wänden des Topfes rühren. Die Milch mit dem Holzlöffel zum Stehen bringen und ein weiteres Drittel des Gerinnungsmittels über die Rückseite des Löffels auf die Oberfläche der Milch tropfen lassen. Den Topf zudecken und drei Minuten einwirken lassen.

Den Rest der Nigarilösung noch einmal gut umrühren und wieder über den Löffelrücken auf der Sojamilch verteilen. Dann langsam und vorsichtig fünfzehn Sekunden an der Oberfläche rühren. Den Topf zudecken und weitere drei Minuten ruhen lassen. Dann die Sojamilch noch einmal kurz an der Oberfläche rühren. Das Eiweiß sollte vollständig geronnen sein. Man erkennt es daran, daß sich die Sojamilch in große, weiße Flocken (Quark) und blaßgelbe Molke getrennt hat. Ist die Gerinnung noch nicht vollständig, den Topf noch einmal eine Minute zudecken und anschließend leicht an der Oberfläche rühren. Sieht die Sojamilch immer noch milchig aus, kann noch ein weiteres Viertel der ursprünglichen Menge des Gerinnungsmittels in etwas Wasser aufgelöst und direkt über die noch nicht geronnene Milch gegossen werden.

Das Pressen

Zunächst muß die Molke abgeschöpft werden.

Dazu ein Baumwolltuch in den Topf geben und warten, bis die Molke übersteht. Dann mit einer Schöpfkelle soviel wie möglich von der Molke abschöpfen. Jetzt die Tofuflocken mit einem Holzlöffel in die mit einem Tuch ausgelegte Presse geben. Sollte kein Tofuset mit Presse zur Verfügung stehen, kann auch ein einfaches Gefäß mit Löchern im Boden und in den Wänden (zum Beispiel ein Durchschlag) verwendet werden.

Sind die Flocken in der Presse, das Tuch darübergeben und mit einem Deckel oder Teller abdecken. Als Gewicht zum Pressen kann ein Stein benutzt werden, der möglichst genau in das Gefäß passen sollte. Die Preßzeit liegt bei 20 bis 30 Minuten. Für festeren Tofu einen schwereren Gegenstand nehmen oder länger pressen.

Anschließend den fertigen Tofu vorsichtig herausheben, in einem Gefäß mit kaltem Wasser kühl aufbewahren. Täglich das Wasser wechseln, damit der Tofu frisch bleibt. So aufbewahrt hält er sich bis zu einer Woche.

In der makrobiotischen Ernährung wurde Tofu als pflanzlicher Eiweißspender schon immer sehr geschätzt, von Vollwertköstlern wird er unterschiedlich beurteilt. Diejenigen, die sich streng an der Kollath-Tabelle – »Die natürliche Ordnung unserer Nahrung« – orientieren, lehnen Tofu als erhitztes Extrakt völlig ab. Als Hauptgründe werden die relativ starke Bearbeitung des Ausgangsprodukts Sojabohne sowie die dadurch bewirkte Denaturierung des Eiweiß genannt. Weiter wird argumentiert, daß auch eine vegetarische, vitalstoffreiche Vollwertkost den täglichen Eiweißbedarf decken könne und Tofu somit überflüssig sei.

Unberücksichtigt bleibt bei diesen Betrachtungen allerdings die Schwierigkeit, die Menschen haben, wenn sie ihre gewohnte fleischhaltige Normalkost auf eine lacto-vegetarische oder gar auf eine rein vegetarische Vollwertkost umstellen wollen. Tofu – in Maßen genossen – kann diese Umstellungsphase, die von vielen ohnehin als Verzicht empfunden wird, erheblich erleichtern. Im Vergleich zu reiner Rohkost (Frischkost) ist Tofu zwar denaturiert, doch zur vitalstoffreichen Vollwertkost gehören noch zahlreiche weitere Nahrungsmittel, die durch Kochen, Backen oder Braten denaturiert worden sind. So ist auch die ausdrücklich empfohlene Butter streng genommen ein erhitztes Extrakt (siehe auch Einleitung Sojabohne).

Tomate: Zählt zur Familie der Nachtschattengewächse. Ihre ursprüngliche Heimat ist Peru. Trotz der relativ geringen ernährungsphysiologischen Wertigkeit der Tomaten liegt ihr Verzehr bei annähernd zehn Kilogramm pro Kopf und Jahr.

Ihr Vitalstoffgehalt ist zwar in geringem Maße sortenabhängig, jedoch im Vergleich zu anderen Gemüsearten gering. Entscheidend ist hier nicht die Sorte (runde Tomaten, Pflaumentomaten, Fleischtomaten etc.), sondern die Art des Anbaus. Durch diesen wird nicht nur der Vitalstoffgehalt, sondern auch der Geschmack entscheidend beeinflußt. Die ganzjährig angebotenen Treibhaustomaten, welche in vollklimatisierten Gewächshäusern in mit Hilfe von Computern gesteuerten und überwachten Nährstofflösungen in wenigen Wochen zur Reife gebracht werden, weisen einen extrem hohen Wassergehalt auf und haben somit einen fast neu-

tralen Geschmack. Dagegen sind Freilandtomaten nicht so wasserreich und schmecken wesentlich aromatischer. Vorzuziehen sind in jedem Fall Tomaten aus kontrolliert biologischem Anbau.
Die grünen Pflanzenteile der Tomate enthalten das giftige Alkaloid Solanin, was besonders beim Nachreifenlassen berücksichtigt werden sollte.
Tomatenketchup → Ketchup
Tomatenmark: Konzentrat aus eingedicktem Tomatenfruchtfleisch. Beim Eindicken werden durch die Hitze auch die letzten Vitalstoffe und Enzyme zerstört, was dann durch zugesetzte Geschmacksverstärker wieder ausgeglichen werden soll. In Naturkostläden ist auch Tomatenmark aus kontrolliert biologischen Tomaten erhältlich, das schonender hergestellt wird und keine Zusätze enthält.
Topinambur: Diese Süßkartoffelpflanze ist mit der Sonnenblume verwandt und stammt ursprünglich aus Amerika. Eßbar sind die knollenartigen Wurzeln, die sich im Boden vermehren. Topinambur enthält neben Carotin auch zahlreiche Vitamine und Mineralstoffe. Die Knollen können als Gemüse gedünstet oder als Rohkost zubereitet werden.
Trauben → Weintrauben
Traubenzucker (Glucose) zählt zu den Kohlenhydraten und ist so wie der Fruchtzucker (Fructose) ein natürlicher Bestandteil von Früchten. Reiner Traubenzucker hat nicht so eine starke Süßkraft wie Frucht- und Haushaltszucker, wird aber vom Körper schneller aufgenommen. Da für seine Verwertung das Hormon Insulin erforderlich ist, ist er nicht für Diabetiker geeignet.
Innerhalb einer vollwertigen Ernährung spielt reiner Traubenzucker keine Rolle, da er als isoliertes Nahrungsmittel zu den Präparaten gerechnet wird.
Trinkwasser → Mineralwasser/Wasser
Triticale: Kreuzung aus Roggen und Weizen. Triticale ist das Ergebnis langwieriger Forschungen und Züchtungsversuche, welche zum Ziel hatten, die Vorteile beider Getreidearten zu vereinen. Triticale ist auch bereits aus kontrolliert biologischem Anbau erhältlich.
Trockenfrüchte wurden früher oft zu Hause aus überschüssigen Früchten hergestellt. Die einfachste Methode ist die Lufttrocknung, bei der die entsprechenden Früchte (zum Beispiel Äpfel) in Scheiben geschnitten und auf gezogene Schnüre aufgezogen werden. Die Raumtemperatur bewirkt ihre Trocknung und vermindert ihren Wassergehalt um 20 bis 25 Prozent. Heute werden für die Trocknung von Früchten auch Dörrgeräte angeboten. Neben Äpfeln und Birnen

eignen sich auch Pflaumen und Aprikosen für diese Art der Haltbarmachung. Der Nachteil dieser Methode besteht darin, daß die Trockenfrüchte – durch ihren verminderten Wassergehalt – konzentrierteren Zucker enthalten, der, zumindest bei übermäßigem Verzehr, die Kariesbildung fördert.

Die im Handel üblichen angebotenen Trockenfrüchte sind, mit Ausnahme von Korinthen, meist geschwefelt.

Es sollte daher beim Kauf auf den Vermerk »ungeschwefelt« geachtet werden.

TVP (Textured Vegetable Protein) → Sojafleisch

U

Udon: Klassische japanische Nudelsorte. Die aus Weizenmehl hergestellten Nudeln ähneln von ihrer Form her italienischen Tagliatelle.

Ulve: Spinatähnliche Grünalge (siehe auch Algen).

Umeboshi wird unter dem Begriff »Japanische Salzpflaume« gehandelt. In Wirklichkeit ist die Umeboshi oder Mebosi die Frucht des in China beheimateten Ume-Baumes und eine Aprikosenart.

Die traditionelle Herstellungsmethode in alten Holzfässern wird heute nur noch selten praktiziert. Da aber die Nachfrage nach Umeboshi stark angestiegen ist (man schreibt der Frucht eine allgemein stärkende Wirkung auf den Organismus zu), ist man zur industriellen Erzeugung übergegangen, bei der nicht mehr die ursprünglich wildwachsenden Aprikosen verwendet werden, sondern konventionell kultivierte Importfrüchte aus Taiwan; die alten Holzfässer sind riesigen Betonbottichen gewichen. Statt wie früher Meersalz wird häufig Kochsalz verwendet. Ferner wird die Qualität durch chemische Zusätze und Zucker abgeschwächt.

Die im Naturkostladen angebotenen Umeboshi zählen zu den qualitativ besten, die zur Zeit erhältlich sind.

Ume-su: Japanischer Aprikosenessig, der aus unreifen, vergorenen Umeboshi-Aprikosen gewonnen wird.

V

Vanille: Kapselfrucht einer in Mittel- und Südamerika beheimateten Orchideenart. Der weitaus größte Teil der Weltproduktion kommt jedoch von den Inseln Madagaskar und Réunion und von den Komoren. Das charakteristische süße Vanillearoma, das von dem in den Kapseln in äußerst geringen Mengen (zwei bis drei Prozent) vorkommenden Vanillin herrührt, entfaltet sich erst im Fermentationsprozeß (auf Wasserdampfbasis).
Unterschiede in Preis und Qualität sind bei Vanille besonders gravierend. Zu den qualitativ besten und teuersten Sorten zählen die Bourbonvanille und die Mexikanische Vanille.

vegetarische Pasten: In Naturkostläden und Reformhäusern erhältliche fleischlose Brotaufstriche. Grundlage dieser Pasten sind entweder Sojabohnen (Tofuaufstriche), Getreide (Grünkern, Dinkel etc.) oder Hülsenfrüchte (Linsen). Dieser Grundstoff wird dann mit verschiedenen Gemüsesorten (Zwiebeln, Möhren etc.) vermengt und mit Kräutern gewürzt. Die Geschmacksvarianten der Pasten reichen von cremig-mild über pikant bis feurig-scharf.
Vegetarische Pasten werden immer häufiger aus kontrolliert biologischen Zutaten angeboten. Sie lassen sich auch relativ leicht selbst herstellen, sollten dann aber innerhalb von zwei bis drei Tagen verzehrt werden.
Vorteile gegenüber Wurst und ähnlichen Aufstrichen: Vegetarische Pasten enthalten kein Cholesterin, dafür aber pflanzliches Eiweiß sowie zahlreiche Mineralstoffe und Spurenelemente.

Vegetarismus ist weder eine neuartige Ernährungsweise noch eine Modeerscheinung, sondern eine ganzheitliche, friedvolle Weltanschauung, die das Leben achtet und allen Lebewesen den ihnen gebührenden Respekt erweist. Aus diesem Grund wird jeglicher Verzehr von getöteten Tieren abgelehnt.
Die vegetarische Lebensweise ist so alt wie der Mensch selbst, der sich schon zu Urzeiten von wilden

Früchten, Beeren und Nüssen ernährte. Aus der Geschichte wissen wir, daß es zu allen Zeiten Menschen gegeben hat, die sich vegetarisch ernährten. Vor etwa 150 Jahren gründeten Vegetarier in England die wahrscheinlich erste vegetarische Vereinigung, die London Vegetarian Society. Nur drei Jahrzehnte später erfolgte in Deutschland die Gründung der Vegetarischen Gesellschaft.

Heute ist der weitaus größte Teil der Vegetarier jedoch nicht organisiert und mittlerweile in allen gesellschaftlichen Schichten und Altersgruppen anzutreffen. Diese Menschen verbindet zwar ihre gemeinsame Lebensauffassung, unter Ernährungsgesichtspunkten unterscheiden sie sich jedoch in »Puddingvegetarier«, Vegetarier mit lactovegetabiler und ovo-lactovegetabiler Kost sowie »Vegans«. Die sogenannten »Puddingvegetarier« essen, ausgenommen Fleisch, Wurst und Fisch, alles, was das Herz begehrt, also auch Auszugsmehlprodukte und Fabrikzucker. Während sich Vegetarier mit lactovegetabiler Kost in der Regel vollwertig ernähren, jedoch auf Milch und Milchprodukte nicht verzichten wollen, verzehren Vegetarier mit ovo-lactovegetabiler Kost zu den Milchprodukten auch noch Eier. »Vegans« hingegen essen keinerlei tierische Produkte.

Außer bei den »Puddingvegetariern« nimmt die Rohkost bei allen Vegetariern eine zentrale Rolle ein. Frisches Obst, Gemüse und verschiedene Kerne wie Nüsse und Sonnenblumenkerne werden gekochter Nahrung vorgezogen.

Ernährungsexperten lassen zwar keine Gelegenheit verstreichen, um immer wieder auf die ihrer Meinung nach daraus erwachsenden Mangelerscheinungen hinzuweisen, erwiesen ist jedoch, daß eine vitalstoffreiche Vollwertkost – auch ohne jegliches tierisches Eiweiß – den Menschen mit allen lebenswichtigen Wirkstoffen wie Vitaminen, Proteinen, Mineralstoffen und Enzymen versorgt, die er benötigt.

Den Beweis dafür, daß Vegetarier nicht nur kaum Mangelerkrankungen kennen, sondern – im Gegensatz dazu – in der Regel auch allgemein gesünder sind als Fleischesser, liefert die Statistik: Derzufolge leiden Vegetarier erheblich seltener an Herz-Kreislauf-Störungen, Gicht, Rheuma oder Krebs. Magen- oder Darmkrebs zum Beispiel kommt bei Pflanzenessern so gut wie gar nicht vor.

Obwohl diese Erkenntnis alles andere als neu ist, rang man sich erst nach den letzten Fleischskandalen ernsthaft dazu durch, die Nachricht zu verbreiten, Vegetarier würden gesünder leben als ihre fleischessenden Artgenossen (siehe auch Einleitung/Fleisch).

Verdickungsmittel → Bindemittel

Vitalstoffe: Zu dieser Substanzgruppe zählen neben Vitaminen, Mineralstoffen, Spurenelementen, Enzymen, Aromastoffe und auch jene Wirkstoffe, die noch nicht erforscht sind bzw. deren Existenz man lediglich erst annimmt.

Die traditionelle Ernährungswissenschaft ignoriert noch heute die Existenz von Vitalstoffen, was sich zum Beispiel in dem Sachverhalt spiegelt, daß der Begriff noch nicht einmal im Duden (19. überarbeitete Auflage) zu finden ist.

Grundprinzip der Vollwerternährung ist der von Prof. Werner Kollath geprägte Satz »Laßt unsere Nahrung so natürlich wie möglich«. Das bedeutet, Naturbelassenheit und Vitalstoffgehalt bedingen sich gegenseitig; je natürlicher, unveränderter unsere Nahrung ist, desto vitalstoffreicher und energetischer ist sie auch; je mehr sie bearbeitet wird, desto höher sind die Vitalstoff- und Energieverluste.

Unsere landläufige Normalkost, die zum weitaus größten Teil aus bearbeiteten Nahrungsmitteln und Fertigprodukten besteht, ist somit äußerst vitalstoffarm. Diese Situation, in Kombination mit einer ganzen Palette von synthetischen Zusätzen und Schadstoffrückständen, ließ diese Ernährungsweise zur Hauptursache für die rapide Zunahme verschiedenster Zivilisationskrankheiten werden.

Im Unterschied dazu bietet eine Vollwertkost, die mindestens zu einem Drittel aus Rohkost besteht, alle lebenswichtigen Vitalstoffe, hält somit den Körper gesund und schützt ihn vor der wachsenden Bedrohung durch Umweltgifte.

Vitamine: Lebenswichtige organische Verbindungen, die bis auf wenige Ausnahmen dem Organismus über die Nahrung zugeführt werden müssen.

Der Wissenschaftler Funk isolierte 1911 aus Reiskleie eine gegen Beriberi wirksame stickstoffhaltige Verbindung, die er »Vitamin« nannte. Er nahm an, daß es sich hierbei um lebensspendende Stoffe (vita = Leben) handelte, die alle stickstoffhaltig seien (Amin). Mit ersterem behielt er recht, mit letzterem nicht.

Vitamine werden im Organismus für die Verarbeitung der Nahrung benötigt; sie spielen somit für den Eiweiß-, Fett- und Kohlenhydratstoffwechsel eine entscheidende Rolle. Einige Vitamine wie die der B-Gruppe sind Bestandteile von Enzymen, die den Abbau bzw. die Umwandlung der einzelnen Nahrungsbestandteile im Stoffwechsel regulieren.

Unterteilt werden die Vitamine in fettlösliche (A, D, E, K) und wasserlösliche Vitamine (B-Gruppe, C, Niacin, Folsäure, Biotin und Pantathensäure).

Fast alle Vitamine reagieren empfindlich auf die Einwirkung von Sauerstoff, Licht, Wärme und Säuren. Häufigster Grund für Vitaminverluste und die daraus resultierenden Mangelerscheinungen ist die heute weitverbreitete Bearbeitung (Veredelung) von Lebensmitteln. Bei einer Ernährung, die zum weitaus größten Teil aus denaturierter »Regalkost« besteht, muß es zwangsläufig zu Vitaminmangelerscheinungen kommen. Eine ausgewogene Vollwertkost mit einem möglichst hohen Rohkostanteil dagegen bietet neben allen Vitaminen auch alle anderen lebenswichtigen Vital- und Wirkstoffe, die der Körper zur Gesunderhaltung benötigt.

Vitamin A (Retinol): Ein fettlösliches Vitamin, das in freier Form vorwiegend in tierischem Gewebe enthalten ist. Die Vorstufe von Vitamin A, das sogenannte Provitamin A, kommt jedoch auch in pflanzlicher Nahrung vor und kann in der Darmwand zu Vitamin A umgewandelt werden.
Vitamin A kann in größeren Mengen von der Leber gespeichert werden, so daß in den hiesigen Breiten ein akuter Vitamin-A-Mangel eher die Ausnahme darstellt.
Der Bedarf an Vitamin A wird mit etwa einem Milligramm pro Tag angegeben. Ein erhöhter Bedarf an Vitamin A entsteht jedoch während der Schwangerschaft und Stillzeit. Klassische Mangelsymptome sind verminderte Sehkraft, insbesondere beim Übergang von Hell zu Dunkel (Dunkeladaption) und eine trockene, schuppende Haut. Umgekehrt kann es zu einer sogenannten Hypervitaminose kommen, wenn zuviel Vitamin A aufgenommen wird. Dies kann sich u. a. in Knochenbrüchigkeit und Schleimhautblutungen äußern. Bei einer ausgewogenen, vitalstoffreichen Vollwertkost muß in der Regel weder mit einem Vitamin-A-Mangel noch mit einer Hypervitaminose gerechnet werden.

Vitamin B-Gruppe: Zu dieser Vitamin-Gruppe gehören Vitamin B_1 (Thiamin), Vitamin B_2 (Riboflavin), Vitamin B_6 (Pyridoxin) und Vitamin B_{12} (Cobalamin).
Wenngleich auch jedes einzelne Vitamin dieser Gruppe unterschiedliche spezifische Aufgaben im menschlichen Organismus erfüllt, so zeigen sie dennoch einige Gemeinsamkeiten: Alle Vitamine der B-Gruppe sind wasserlöslich und reagieren relativ empfindlich auf Hitzeeinwirkung und UV-Strahlen.
Der Tagesbedarf an den einzelnen B-Vitaminen ist unterschiedlich, ebenso ihr Vorkommen in Lebensmitteln. Die Deckung des täglichen Bedarfs an Vitamin B_1, B_2 und B_6 gilt auch in der vegetarischen Vollwerternährung als gesichert.

Umstritten ist bei einer vegetarischen Ernährungsweise jedoch nach wie vor die Vitamin-B_{12}-Versorgung, da dieses Vitamin hauptsächlich in tierischer Nahrung vorkommt. Auch Vitamin B_{12} ist lebensnotwendig und wird sowohl für den Aufbau der Zellkernsubstanz als auch für die Reifung der roten Blutkörperchen benötigt. Chemisch betrachtet handelt es sich um Cobalamin, ein Coenzym, welches das Spurenelement Kobalt enthält. Es gibt mehrere B_{12}-Formen, deren Wirkungsweise unterschiedlich und zum Teil noch nicht hinreichend erforscht ist. Während von seiten der traditionellen Ernährungslehre und noch stärker von seiten der Fleischindustrie auf die Gefährlichkeit einer streng vegetarischen Ernährung hingewiesen wird, da diese – ihrer Meinung nach – zwangsläufig zu einem B_{12}-Mangel führen müsse, wird die B_{12}-Frage von Verfechtern der Vollwerternährung unterschiedlich beurteilt.

Die Behauptung der traditionellen Ernährungslehre, Vitamin B_{12} käme *ausschließlich* in tierischer Nahrung vor, symbolisiert nur die starre Sichtweise einer veralteten Wissenschaft, die ihre Scheuklappen nicht ablegen und um jeden Preis an der Idee festhalten will, daß der Mensch ohne tierisches Eiweiß nicht überleben könne. Da die Fleischindustrie – immer für einen Skandal gut – die Vitamin-B_{12}-Propaganda offenbar als letzte werbewirksame Waffe einsetzt, muß auch ihre Objektivität stark angezweifelt werden. Unterstellt werden muß zudem, daß es bei dieser Polemik keinesfalls um das Wohl der Bevölkerung – darum ist es noch nie gegangen –, sondern vielmehr darum geht, den Umsatzschwund bei Fleisch und Wurst in Grenzen zu halten.

Eine in den siebziger Jahren durchgeführte wissenschaftliche Untersuchung hat ergeben, daß sogar bei einer reinen Vegankost (ohne jegliche tierische Produkte) weder ein Vitamin-B_{12}-Mangel noch andere Gesundheitsbeeinträchtigungen beobachtet wurden. Die Untersuchungsergebnisse legte Prof. Per-Arne Öckermann vor etwa zehn Jahren erstmalig Stockholmer Ärzten vor. Die Tests waren an Menschen durchgeführt worden, die sich zwischen drei und dreißig Jahren lang von reiner Vegankost ernährt hatten. Die Menge an Vitamin B_{12} war bei der von ihnen angegebenen Kost extrem niedrig und ausschließlich in milchsaurem Gemüse und in Frischkornbrei überhaupt nachweisbar. Der Vergleich mit einer normalköstigen Rentner-Kontrollgruppe ergab, daß diese zehnmal soviel Vitamin B_{12} zu sich nahmen. Das Erstaunliche war, daß im Blut der Vegans ausreichend Vitamin B_{12} vorhanden war. (In einem Nebenbefund stellte sich heraus, daß die Vegans durch ihre Kost zwei- bis dreimal mehr Kalium, Magnesium und Zink aufnahmen als die Kontrollgruppe.) Diese Feststellung bestätigt also die These, daß sich der Mensch nicht nur ohne Fleisch und Fisch, sondern auch ohne Butter, Milch und Eier gesund ernähren kann.

Wie sind diese Ergebnisse und Argumente nun zu erklären?

Vitamin B_{12} (so auch der bereits zitierte Dr. M. O. Bruker) kann nur von Mikroorganismen, also beispielsweise von Bakterien und Kleinstpilzen, produziert werden. Da vom menschlichen Organismus nur etwa ein Drittel seines ohnehin äußerst geringen täglichen Bedarfs an B_{12} (annähernd fünf Mikrogramm) über die Nahrung aufgenommen werden kann, geht man davon aus, daß die restlichen zwei Drittel (also der Hauptteil) von der Darmflora synthetisiert werden.

Da Vegetarier in der Regel über eine gut funktionierende Darmflora verfügen, besteht auch bei reiner Vegan-Kost keine Gefahr, einen Vitamin-B_{12}-Mangel zu entwickeln.

Vitamin C (Ascorbinsäure) Das wohl bekannteste Vitamin kommt in zahlreichen Pflanzen vor, insbesondere in Südfrüchten. Es ist wasserlöslich und reagiert empfindlich auf Hitze, Sauerstoff und Licht. Im Organismus hat Vitamin C mehrere wichtige Aufgaben. Es beeinflußt die Bildung und Funktionserhaltung von Knochen, Bindegewebe und Zellmembranen und ist am Abbau einiger Aminosäuren beteiligt. Außerdem verbessert es die Eisenaufnahme aus der Nahrung. Vitamin C stärkt auch die Abwehrkräfte des Organismus gegen mögliche Krankheitserreger. Durchschnittlicher Tagesbedarf 75 Milligramm.

Vitamin D (Calciferol) ist auch als »Sonnenschein-Vitamin« bekannt, da es sich unter Einfluß von ultraviolettem Licht aus den Provitaminen in der Haut bildet.

Vitamin D ist fettlöslich und kann durch Säuren, Sauerstoff und Licht leicht zerstört werden. Der Körper speichert es in Haut, Niere, Leber und Gehirn. Vitamin D beeinflußt auch die Resorption von Calcium und Phosphor, die für den Knochenaufbau eine entscheidende Funktion haben. Ein Vitamin-D-Mangel führt bekanntlich bei Kindern zu Rachitis, bei Erwachsenen zu Osteomalazie (Knochenentkalkung).

Vitamin E (Tocopherol) konnte in seiner Wirkungsweise noch nicht vollständig erforscht werden. Es zählt jedoch zu den natürlichen Antioxidantien, da es die Eigenschaft besitzt, die Oxidation von ungesättigten Fettsäuren (und somit das Ranzigwerden) zu verhindern. Vermutet wird daher, daß Vitamin E auch im menschlichen Organismus die Aufgabe hat, leicht oxidierbare Stoffe wie zum Beispiel das Vitamin A vor Oxidation zu schützen. Indirekt schützt und stabilisiert Vitamin E somit jede einzelne Zelle.

Zu einem Vitamin-E-Mangel kann es selbst bei einer normalen Ernährung nur dann kommen, wenn Funktionsstörungen der Bauchspeicheldrüse und der Gallenblase vorliegen.

Vitamin K (Phyllochinon) Hierbei handelt es sich um eine Gruppe von sieben fettlöslichen Vitaminen, welche u. a. die Blutgerinnung fördern (Mangelerkrankung: Hemmung der Blutgerinnung). Es wird sowohl von Pflanzen als auch im tierischen Gewebe gebildet, aber auch von der Darmflora synthetisiert.

Vollkornbrösel werden in der Vollwertküche anstelle von handelsüblichem Paniermehl verwendet. Sie sind in Naturkostläden und Reformhäusern erhältlich, können jedoch aus Vollkornbrot oder -knäcke leicht selbst zubereitet werden, indem ältere, schon etwas härtere Brotreste gleichmäßig zerrieben oder bei grober Einstellung in der Getreidemühle vermahlen werden.

Vollkornbrot ist mittlerweile in vielen verschiedenen Sorten erhältlich. Der entscheidende Unterschied zu anderen Broten besteht darin, daß Vollkornbrote aus dem ganzen vermahlenen Getreidekorn gebacken werden, so daß auch die Mineralstoffe der äußeren Randschichten und die im fetthaltigen Keimling enthaltenen Vitamine und Proteine erhalten bleiben. In den meisten Bäckereien werden Vollkornbrote jedoch nach wie vor auch aus Auszugsmehlen hergestellt, denen lediglich ein geringer Teil Kleie oder Schrot beigemischt wurde. Damit diese »unechten« Vollkornbrote dann wenigstens so aussehen wie echte, werden sie mit Zuckercouleur eingefärbt.

Aus dem vollen Korn gebackene Vollkornbrote sind in verschiedenen Sorten in Naturkostläden und Reformhäusern erhältlich.

Vollkornmehl wird durch Vermahlen ganzer Getreidekörner gewonnen. (Der Feinheitsgrad des Mehls wird durch Einstellung an der Getreidemühle geregelt.) Vollkornmehl ist aufgrund seines natürlichen Kleieanteils niemals so pulverfein wie weiße Auszugsmehle, es enthält jedoch auch nach dem Mahlen noch weitgehend alle Vitalstoffe des ganzen Getreidekorns.

Vollkornprodukte: Getreideprodukte, die aus dem ganzen vermahlenen, gequetschten oder gekochten Getreidekorn hergestellt werden. Je nach Art der meist schonenden Verarbeitung können aus den ganzen Körnern Brot, Gebäck, Bratlinge, Kroketten, Klöße, süße und pikante Saucen, Pasten und nicht zuletzt Müslischnitten zubereitet werden.

Darüber hinaus lassen sich die verschiedenen Getreidearten auch keimen. Diese Keime oder Sprossen können dann als vitalstoffreiche Beilage ins morgendliche Müsli gegeben oder in Rohkostsalaten gegessen werden.

Auch im Naturkostbereich ist bedauerlicherweise ein Trend zur »Veredelung« zu beobachten. Obwohl die meisten der in Naturkostläden erhältlichen Fertig- und Instantprodukte aus vollwertigen und teilweise biologisch kultivierten Zutaten bestehen, so können sie doch kein Ersatz für das lebende Getreidekorn und frisches Obst und Gemüse sein.

Vollkornreis → Naturreis

Vollmilch: Kuhmilch mit einem Fettgehalt von mindestens 3,5 Prozent. Sie ist als Vorzugsmilch, Frischmilch oder H-Milch im Handel (siehe auch Milch).

Vollreis: Polierter, meist weißer Reis, der häufig mit Vollkornreis verwechselt wird. Das »Voll« ist bei diesem Reis jedoch nur ein Hinweis darauf, daß die beim Polieren entstandenen Bruchkörner aussortiert wurden (siehe auch Reis).

Vollwerternährung → Einleitung

Vorzugsmilch: Rohmilch, die direkt vom Erzeuger, aber auch von Molkereien abgefüllt wird. Vorzugsmilch ist weder pasteurisiert noch homogenisiert. Da ihr auch keinerlei andere Konservierungsstoffe beigegeben wurden, ist sie nur sehr begrenzt haltbar. Dafür hat sie den höchsten ernährungsphysiologischen Wert von allen angebotenen Milchsorten.

Entsprechend streng sind die gesetzlichen Hygieneauflagen für die Vorzugsmilch-Produktion. Aus Angst vor einem Ansteigen des natürlichen Keimgehalts dieser Milch wird nicht selten ausgiebig zu Reinigungs- und Desfinfektionsmitteln gegriffen.

Gemindert wird der hohe ernährungsphysiologische Wert der Rohmilch durch die Gefahr von Durchfallerkrankungen, was erkennen läßt, daß auch diese Milch von Natur aus nicht für den Menschen »gedacht« ist.

W

Wacholder: In Heide und Nadelwäldern wachsender Strauch mit dunkelroten bis schwarzen Beeren. Die in den Beeren enthaltenen ätherischen Öle verleihen ihnen das unverwechselbare Aroma. Die getrockneten Beeren können auch in der vegetarischen Küche zum Würzen von Getreidegerichten und Gemüsebeilagen verwendet werden. Da sie jedoch recht streng schmekken, werden sie meist nur mitgekocht und der Speise vor dem Verzehr wieder entnommen. Wacholder wird auch in der Alkoholindustrie zur Herstellung von Likören und Branntwein verwendet.

Wakame: Dünnblättrige Braunalge, die vorwiegend in der makrobiotischen Ernährung als Suppeneinlage Verwendung findet (siehe auch Algen).

Waldmeister: In schattigen Buchen- und Mischwäldern wachsendes Kraut. Die duftenden Blätter werden zum Aromatisieren von Likören und Maibowle, aber auch für Süßspeisen und Parfüms verwendet. Durch zu hohe Dosierungen kann es durch den Inhaltsstoff Cumarin, der u. a. auch die Blutgerinnung hemmt und somit dem Vitamin K entgegenwirkt, zu Vergiftungserscheinungen kommen, die sich in Kopfschmerzen, Erbrechen und Schwindelgefühl äußern.

Bei der Zubereitung von Maibowle sollten daher die Mengenangaben streng eingehalten und auf einen Liter Wein nicht mehr als vier Gramm frische Waldmeisterblätter genommen werden.

Walnuß: Zum Schalenobst zählende Frucht des Walnußbaums. Die Früchte mit der harten, holzigen Schale enthalten neben Fett (60 Prozent) auch Eiweiß, Mineralstoffe und Vitamin C.

Walnüsse eignen sich vorzüglich als Zutat für Müslis und Rohkostsalate. In geringem Maße werden sie jedoch auch für die Ölherstellung verwendet.

Wasser zählt zu den wichtigsten und kostbarsten Lebensmitteln. Es ist nicht nur für den Menschen, sondern auch für alle Tiere und Pflanzen von existentieller Bedeutung. Wasser, der »Urstoff des Lebens«, bedeckt etwa 70 Prozent der Erdoberfläche. Der Mensch und alle höherentwickelten Tiere bestehen zu 70 Prozent, Pflanzen oft zu 90 Prozent aus Wasser.

Der tägliche Wasserbedarf, der von mehreren Faktoren, wie beispielsweise Körperstatur und Arbeitsbedingungen, abhängig ist, liegt bei etwa drei Liter, wovon ein Teil auch mit fester Nahrung aufgenommen wird. Im menschlichen Organismus erfüllt Wasser eine Reihe unentbehrlicher Funktionen. Es bewirkt den Fluß der Gewebesäfte und ermöglicht somit erst die Aufnahme und den Transport von Nahrungsstoffen. Darüber hinaus ist es auch an der Regulierung der Körpertemperatur beteiligt.

Durch eine rücksichtslose, naturentfremdete Technik und Lebensweise ist es dem Menschen gelungen, daß unzählige Tonnen giftiger Substanzen den ganzen Erdball umkreisen, die sogar die letzten noch reinen Trinkwasserreservoire nicht verschont gelassen haben. Die zentralen Wasserversorgungsunternehmen sind daher schon lange nicht mehr in der Lage, wirklich reines Trinkwasser, das keinerlei Schadstoffe enthält, zu liefern. Mit einer immer aufwendigeren Technik wird versucht, die zunehmend bedrohlichen und immer schwerer herauslösbaren Giftmengen aus dem Wasser herauszufiltern. Da dies nur zum Teil gelingt und ständig neue toxische Verbindungen auftauchen, wird schlechtes Trinkwasser mit besserem vermischt. Wenn auch dies nicht mehr genügt, um die in der Trinkwasserverordnung vorgeschriebenen Schadstoffgrenzwerte nicht zu überschreiten, werden die Grenzwerte hochgesetzt werden.

Neben den anorganischen Stickstoffverbindungen Nitrat und Nitrit, die durch den massiven Einsatz von Agrochemikalien und Gülle in das Trinkwasser gelangen, haben Wissenschaftler in Trinkwasserproben aus dem schleswig-holsteinischen Maisanbaugebiet auch das Pestizid Atrazin entdeckt. Atrazin gilt als sehr langlebig und steht im Verdacht, krebserregend zu sein. In diesen Gebieten, in denen Mais seit über acht Jahren in Monokultur (für die Massentierhaltung) angebaut wird, lagen die Atrazin-Werte bereits 1985 in zehn von vierundvierzig Trinkwasserbrunnen über 0,5 Mikrogramm pro Liter. Als Spitzenwert wurden sogar mehr als 17 Mikrogramm gemessen. (Der nach der neuen Trinkwasserverordnung von 1989 vorgeschriebene Grenzwert liegt bei 0,1 Mikrogramm pro Liter!) Unverständlicherweise werden aus diesen alarmierenden Ergebnissen keinerlei Konsequenzen gezogen. Dies geht zumindest aus der neuesten bundesweiten Untersuchung hervor,

die das Magazin »ÖKO-TEST« durchgeführt und in seiner Dezember-Ausgabe 1989 veröffentlicht hat.
Bei diesem Trinkwassertest wurden von Föhr bis Kempten Pestizide entdeckt. Von 325 Proben war jede sechste mit Atrazin, Simazin oder Propazin belastet. Der Grenzwert von 0,1 Mikrogramm wurde in sechs Fällen überschritten. Diese Wasserproben wurden direkt in Privathäusern entnommen, das heißt, dieses Wasser war bereits mit Filtern aufbereitet oder mit besserem Wasser gemischt worden. Da der Sommer 1989 sehr trocken war, kann man davon ausgehen, daß sie sonst noch höher liegen, denn in regnerischen Zeiten werden mehr Pestizide abgeschwemmt.
Bei den Nitratwerten sieht es nicht viel besser aus. Zwar lagen bei dieser Untersuchung »nur« noch drei Proben (1987: sieben Proben) über 50 Mikrogramm pro Liter (das Wasser darf nur noch mit Ausnahmegenehmigung dem Verbrauch zugeführt werden), den strengeren EG-Richtwert von 25 Mikrogramm pro Liter überschritten jedoch diesmal neunundvierzig Proben (1987: sechsundvierzig Proben). Auch insgesamt zeigt sich hier eine stetig steigende Tendenz: In hundert Orten (1987: einundsiebzig Orte) wurde ein Nitratwert von über zehn Mikrogramm pro Liter festgestellt. Das hört sich vielleicht wenig an, bedenkt man aber, daß ein Mineralwasser mit diesen Werten nicht mehr für die Zubereitung von Babynahrung empfohlen werden darf, so bekommen die Testergebnisse ein völlig anderes Gewicht.

Wein zählt zu den Genußmitteln und darf laut Weingesetz nur aus frischen Trauben oder Traubenmost durch alkoholische Gärung hergestellt werden.
Der konventionelle Anbau von Weintrauben erfolgt in großflächigen Monokulturen, die den massiven Einsatz von chemischen Spritz- und Düngemitteln notwendig machen. Dabei werden die Weinreben bis zu zwanzigmal gespritzt. Der durchschnittliche Hektar-Verbrauch an chemischen Pflanzenschutzmitteln liegt bei über 50 Kilo. Hinzu kommen noch giftige Herbizide, welche die Böden immer mehr und immer schneller auslaugen, die Bodenerosion vorantreiben und eine unabschätzbare Gefahr für das Trinkwasser darstellen.
Wenn die Trauben dann unter dem »chemischen Regen« endlich zur Reife gelangt sind, werden sie zerquetscht und der Saft aus der entstehenden Maische gepreßt. Um die Vermehrung von Schimmelpilzen und Essigbakterien zu unterdrücken, wird der Saft geschwefelt. Die eigentliche Gärung beginnt, sobald die mosteigenen Hefen den

für das Wachstum benötigten Sauerstoff aufgebraucht haben.

Im krassen Gegensatz zum primär auf Quantität getrimmten konventionellen Weinbau steht beim ökologischen Weinbau neben der Qualität die naturgemäße Pflege des Weinbergs im Vordergrund. »Unkraut« wird nicht bekämpft, sondern lediglich kurzgehalten. Die Düngung erfolgt mit möglichst wirtschaftseigenem Kompost, Stallmist und Kelterrückständen. Um die Weinmonokultur in Grenzen zu halten, werden Hecken und Raine gepflanzt und kleine Hohlwege gezogen. Als natürliche Pflanzenschutzmittel dienen u. a. Kräuterjauchen und Gesteinsmehl. Bei der Verarbeitung der Trauben zu Wein wird die Spontangärung mit betriebseigenen Hefen bevorzugt.

Weine aus kontrolliert biologischem bzw. ökologischem Anbau werden zwar auch geschwefelt, der Anteil schwefeliger Säure beträgt aber nur etwa ein Zehntel der gesetzlich zugelassenen Höchstmenge.

Im Naturkostladen und Reformhaus sind mittlerweile auch kontrolliert biologische Weine aus deutschen Landen erhältlich. Da auch dieser Wein Alkohol enthält, ist auch er nach vollwertigen und ernährungsphysiologischen Gesichtspunkten nicht empfehlenswert.

Weinbeeren: Getrocknete, kernlose Trauben, die meist aus kalifornischem oder südafrikanischem Anbau stammen (siehe Korinthen/Rosinen/Sultaninen).

Weinblätter werden vorwiegend in den Balkanländern gegessen, und zwar traditionell gefüllt mit Reis und Hackfleisch.

Weintrauben → Trauben

Weißkohl: Zum Blattgemüse zählende vitamin- und mineralstoffreiche Kohlsorte. Weißkohl enthält genausoviel Vitamin C wie Orangen! Er eignet sich vorzüglich für die Zubereitung von Rohkostsalaten. Dabei sollte das frische Weißkraut entweder mit der Hand in der Sauce geknetet oder der bereits zerschnittene Kohl vor dem Anrichten mit dem Nudelholz gewalzt werden. Dadurch können sich u. a. die Aromastoffe besser entfalten, und der Kohl wird leichter bekömmlich. Um Blähungen vorzubeugen, kann Weißkohl mit Kümmel gewürzt werden.

Weißmehl: Meist aus Weizen hergestelltes Auszugsmehl, das weder Getreideschale noch Keimling enthält, sondern nur noch den vermahlenen weißen Stärkekörper. Weißmehl zählt zu den isolierten Kohlenhydraten, die in der Vollwertküche gemieden werden. Zu erkennen ist es an der auf der Verpackung deklarierten niedrigen Kennziffer der Mehltype (siehe auch Auszugsmehl/Brot/Mehl).

Weizen ist neben Reis die bedeutendste Getreideart, die ihren Ursprung in Zentralasien hat. Heute wird Weizen weltweit angebaut, obwohl er an Klima und Boden höhere Ansprüche stellt als andere Getreidearten. Weizen ist sehr reich an Eiweiß, Vitaminen und Mineralstoffen. Aufgrund seines hohen Stärkegehalts eignet er sich vorzüglich zur Herstellung von Brot und anderen Backwaren.

Darüber hinaus bietet sich Weizen auch fürs Frischkornmüsli an und läßt sich gut keimen (siehe auch Getreide/Weizengras).

Weizenflocken können aus gereinigtem Weizen mit Hilfe einer Flockenquetsche leicht und schnell selbst hergestellt und für das morgendliche Frischkornmüsli verwendet werden. Fertig gekaufte Weizenflocken sind – wie andere Getreideflocken auch –, um sie haltbar zu machen, wärmebehandelt worden und somit nicht mehr vollwertig.

Weizengras kann ähnlich wie Weizensprossen aus ganzen eingeweichten Weizenkörnern gezogen werden. Während Weizensprossen (aus dem Keimgerät) schon nach etwa zweieinhalb Tagen verzehrt werden können, dauert das weitere Heranziehen von Weizengras in Komposterde noch etwa zehn Tage. Weizengras ist außergewöhnlich reich an Vitaminen, Mineralien und Enzymen. Feingeschnitten ist es eine schmackhafte, vitalstoffreiche Zutat zu jedem Rohkostsalat.

Weizenkeime sind der vitalstoffreichste Teil des Weizenkorns; sie weisen einen hohen Eiweiß-, Fett- und Mineralstoffgehalt auf. Bei einem Großteil des Weizens, der zu Auszugsmehlen verarbeitet wird, werden die Keime entfernt und als Schweinefutter verwertet. Aus Weizenkeimen wird aber auch das hochwertige Weizenkeimöl gewonnen.

Weizenkeimöl: Aus Weizenkeimen gewonnenes Öl, das durch Extraktion mit Lösungsmittel oder durch Kaltpressung hergestellt werden kann. Das in Reformhaus und Naturkostladen erhältliche kaltgepreßte Weizenkeimöl ist reich an ungesättigten Fettsäuren und Vitamin E. Da es besonders teuer ist, empfiehlt es sich, es nur zum Anrichten von Rohkostsalaten zu verwenden.

Weizenkleie: Bezeichnung für das aus den Randschichten des Korns bestehende Abfallprodukt, welches bei der Herstellung konventioneller Auszugsmehle anfällt. Da die Kleie auch den vitamin- und fettreichen Keimling enthält, ist sie ein wertvoller Teil des Weizenkorns. Sie ist nicht nur reich an Vitalstoffen, sondern auch an Ballaststoffen, die auf natürliche Weise die Verdauung fördern.

Wildfrüchte: Die eßbaren Früchte

und Beeren wildwachsender Sträucher, Bäume und Büsche. Die bekanntesten Wildfrüchte sind Brombeeren, Himbeeren, Holunderbeeren, Heidelbeeren, Hagebutten und Walderdbeeren. Neben ihrem allgemein hohen Vitamin- und Mineralstoffgehalt ist ihr außerordentlich hoher Vitamin-C-Gehalt besonders hervorzuheben. Den höchsten ernährungsphysiologischen Wert haben Wildfrüchte, wenn sie frisch verzehrt werden. Da die Erntezeiten aber meist nur recht kurz sind, muß man sich in der Hauptsache mit Wildfruchtmarmelade oder -konfitüre begnügen. An Straßen- und Feldrändern sollten Wildfrüchte wegen der hier höheren Schadstoffbelastung nicht gepflückt werden.

Wirsing: Vorwiegend im Herbst angebotene Kohlart. Wirsingblätter sind etwas weicher als Weißkohlblätter und eignen sich gut für Rohkostsalate. Um Blähungen vorzubeugen, kann Wirsing mit etwas vermahlenem Kümmel gewürzt werden.

Wurzelgemüse → Gemüse

X

Xylit: Zuckeraustauschstoff, der selbst nicht in der Natur vorkommt, jedoch aus Xylose hergestellt werden kann, der in Früchten, Beeren und Gemüse enthalten ist. Xylit hat in etwa die gleiche Süßkraft wie Saccharose (Zucker) und ist auch für Diabetiker geeignet, da zu seinem Abbau kein Insulin erforderlich ist.

Y

Yamswurzel: Artenreiche Gattung der Yamswurzelgewächse, die in China, Afrika, Süd- und Nordamerika beheimatet sind.
Die Pflanzen bilden Knollen aus, die in Nährwert, Geschmack und Nutzung der Kartoffel ähneln; sie haben zum Beispiel einen ähnlich hohen Stärkeanteil.
Yannoh: Aus Reis, Gerste, Weizen, Zicchorien, Adzukibohnen und Kichererbsen hergestellter, coffeinfreier Getreidekaffee, dessen Rezeptur auf den Gründer der Makrobiotik, Georges Oshawa, zurückgeht. Yannoh ist in Naturkostläden als Yannoh-Aufguß und -Instant erhältlich, ist aber auch leicht selbst herzustellen.
Yogi-Tee: Aus Indien stammende Gewürzteemischung aus Zimt, Ingwer, Kardamom, Gewürznelken und Pfeffer, der in Naturkostläden erhältlich ist. In Indien wird er auch mit schwarzem Tee, Milch und Honig zubereitet.

Z

Zichorie: Zichorienwurzeln wurden früher fast ausschließlich zur Herstellung von Kaffee-Ersatz verwendet. Wenngleich der Verbrauch von Zichorienkaffee zugunsten von Bohnenkaffee stark zurückgegangen ist, so werden Zichorienwurzeln doch auch heute noch in Früchte- und Getreidekaffees verarbeitet.

Ziegenkäse darf nach der Käseverordnung bis zu 85 Prozent aus Kuhmilch hergestellt werden. Liebhaber von Ziegenkäse sollten diesen sehr pikanten Käse daher möglichst nur von bekannten, vertrauenswürdigen Produzenten kaufen, welche die Ziegenkäseherstellung aus Überzeugung betreiben.

Ziegenmilch hat annähernd die gleichen Eiweiß-, Fett- und Milchzuckerwerte wie Kuhmilch. Da Ziegenmilch einen extrem dominanten, fast stechenden Eigengeschmack hat, wird sie zum weitaus größten Teil zu Ziegenkäse weiterverarbeitet.

Zimt: Aus den Rinden des Zimtstrauchs gewonnenes Gewürz. Zimtstrauch und -baum zählen zu den Lorbeergewächsen und stammen aus Asien. Neben dem bekannten Ceylonzimt gibt es noch den Chinazimt. Das Zimtaldehyd, ein ätherisches Öl, bewirkt den charakteristischen Duft und Geschmack des Zimt.

Zimt verfeinert viele Süßspeisen und Getränke und schmeckt auch im Frischkornmüsli besonders gut.

Zink: Schwermetall und Spurenelement, das sich auf verschiedenste Organe und Gewebe verteilt. Deutliche Zinkkonzentrationen konnten in den Augen und im Sperma nachgewiesen werden. Vermutet wird ein Zusammenhang zwischen Zinkmangel und verschiedenen krankhaften Störungen, wie zum Beispiel hormonellen Disfunktionen, Diabetes, Alzheimerscher Krankheit, Wachstumsverzögerungen u. a. m. Ein durchschnittlicher Tagesbedarf konnte bisher nicht verbindlich ermittelt werden.

Zinn: Ein Schwermetall, von dem vermutet wird, daß es als Spurenelement auch für den menschlichen Organismus wichtig ist, was aber noch nicht bewiesen werden konnte. Wahrscheinlich benötigt der Körper jedoch nur äußerst geringe Mengen Zinn, und zwar vermutlich zur Unterstützung des Wachstumsgeschehens.

Zitrone: Frucht des immergrünen Zitronenbaumes, der ursprünglich aus Asien stammt, durch die Araber aber rasch verbreitet und auch im Mittelmeerraum angesiedelt wurde. Die Zitrone ist mittlerweile zum Namensgeber aller Zitrusfrüchte geworden.

Zitronen sind reich an Mineralstoffen und Vitamin C. Nur von unbehandelten Zitronen ist die Schale verwendbar. Der weitaus größte Teil der importierten Zitronen wird nach der Ernte in ein Fungizidbad getaucht und gewachst.

Zitronen aus kontrolliert biologischem Anbau sind fast nur in Naturkostläden erhältlich. Sie sehen ungleichmäßiger aus als konventionell angebaute, schmecken aber wesentlich intensiver, einfach »natürlicher«.

Zitronenmelisse: Aus Asien stammendes Kraut, das mittlerweile in fast jedem Kräutergarten anzutreffen ist. Aufgrund seines angenehm erfrischenden Duftes, der von den in ihm enthaltenen ätherischen Öle stammt, werden seine frischen oder getrockneten Blätter gern als Teeaufguß verwendet. Mit frischer, feingehackter Zitronenmelisse können aber auch Rohkostsalate gewürzt werden.

Zitrusfrüchte stammen ursprünglich aus Südostasien, werden heute jedoch in vielen Ländern, u. a. auch im gesamten Mittelmeerraum, angebaut. Zitrusfrüchte werden nach ihrer Schalenfarbe unterschieden in: orangeschalige Sorten (Orange, Mandarine, Clementine, Satsuma, Tangerine, Tangelo und Pomeranze) und in gelbschalige Sorten (Zitrone, Limette, Kumquat, Grapefruit, Zitronatzitrone und Pampelmuse).

Der konventionelle Anbau von Zitrusfrüchten erfolgt in Monokulturen unter massivem Einsatz chemischer Spritz- und Düngemittel. Da Zitrusfrüchte im Gegensatz beispielsweise zu Bananen nicht nachreifen, müssen sie reif geerntet werden. Die Exportfrüchte werden zur Pilzabtötung in ein Bad mit Orthophenylphosphat getaucht und anschließend gewachst.

Im Naturkosthandel sind auch Zitrusfrüchte aus kontrolliert biologischem Anbau erhältlich, die meist von kleinen Familienbetrieben aus Spanien oder Frankreich zu uns kommen.

Zucchini oder Zucchetti. Kürbisgemüse mit gurkenähnlichen Früchten. Zucchinis können – wenn sie nicht rechtzeitig geerntet werden – bis zu 50 Zentimeter lang werden. Sie schmecken dann, zumindest als Rohkost, nicht mehr so gut, eignen sich jedoch zum Überbacken. Zucchinis sollten möglichst nicht länger als 15 Zentimeter sein, da sie dann am zartesten sind und auch als Salat besonders gut schmecken.

Zucker zählt zweifellos zu den am meisten unterschätzten Drogen, da die bereits im Kleinkindalter entstehende Zuckerabhängigkeit als solche gar nicht erkannt und die aus dem anhaltenden Zuckerkonsum resultierenden gesundheitlichen Schäden immer wieder vertuscht werden.

Die Zuckerherstellung erfolgt in einem komplizierten industriellen Verfahren aus Zuckerrüben oder Zuckerrohr. Chemisch betrachtet ist das Zuckermolekül (Saccharose) aus zwei Monosacchariden aufgebaut und zwar zu je einem Molekül aus Fruchtzucker (Fructose) und Traubenzucker (Glucose). Nach verschiedenen chemischen Behandlungsverfahren entsteht sowohl aus Zuckerrüben als auch aus Zuckerrohr ein weißes, kristallines Präparat, das derartig denaturiert ist, daß sein Ursprung beim besten Willen nicht mehr erkennbar ist. Es ist also nicht weiter verwunderlich, daß bei solch aufwendigen chemischen Herstellungsverfahren im Endprodukt Zucker keine Vitalstoffe mehr enthalten sind. Zucker wird daher auch als isoliertes Kohlenhydrat bezeichnet.

Die Gefährlichkeit des Zuckers zeigt sich nicht nur an der »Volkskrankheit«, sondern auch daran, daß die oft schon im frühen Kindesalter einsetzende Zuckersucht in vielen Fällen zu einer völlig denaturierten Ernährungsweise führt, die auf Dauer den gesamten Organismus schwächt. Daß Zucker in der Tat süchtig macht, ist schon daran zu erkennen, daß heute jedes vierte Schulkind an Übergewicht leidet (was die meisten Eltern jedoch keineswegs dazu veranlaßt, sich einmal Gedanken über den Zuckerkonsum ihrer Kinder zu machen).

Zum Abbau von Zucker ist u. a. Vitamin B_1 erforderlich, das somit durch den Zuckerkonsum dem Körper entzogen wird. Wird dieses essentielle Vitamin über die Nahrung nicht wieder ausreichend zugeführt, kann es zu Mangelerscheinungen kommen, aus denen sich wiederum eine der zahlreichen ernährungsbedingten Zivilisationskrankheiten entwickeln kann.

Während Zucker bis ins 18. Jahrhundert hinein noch ein kostbares Gewürz war, was an dem damaligen jährlichen Pro-Kopf-Verbrauch von weniger als zwei Kilogramm deutlich wird, so ist er heute als billiger, energiereicher Zusatzstoff in unzähligen Nahrungsmitteln enthalten – sogar in solchen, die nicht süß schmecken, wie beispielsweise Tomatenketchup oder Erbsenpüree. Dementsprechend liegt der derzeitige jährliche Pro-Kopf-Verbrauch bei fast 40 Kilogramm!

Zucker wird sowohl von fast allen Vollwertköstlern als auch von der Makrobiotik abgelehnt. Als Alternativen bieten sich frische, saftige Früchte, Honig, Nüsse, Mandeln und Trockenfrüchte an. Zum Süßen von Gebäck können auch ungezuckerte Dicksäfte verwendet werden. Jahrelanger Zuckerkonsum kann in der Umstellungsphase auf eine vollwertige Ernährung zu Unverträglichkeiten – insbesondere von Rohkost – führen. In der Regel legen sich diese Probleme jedoch nach kurzer Zeit (siehe Einleitung).

Zuckercouleur: Aus Zucker hergestellter dunkelbrauner Farbstoff, der außer für Kolagetränke und Fleischbrüheprodukte auch zum Einfärben von Weißmehlbackwaren verwendet wird, um diesen ein »vollwertiges Aussehen« zu verleihen.

Zuckermais: Kleine, süßlich schmeckende Maisart, die in der Milchreife geerntet wird. Zuckermais kann sowohl roh als auch gekocht und gebraten verzehrt werden.

Zuckerrohr: Vorwiegend in subtropischen und tropischen Regionen Asiens bzw. Süd- und Mittelamerikas kultivierte Graspflanze. Sie gehört wie das Getreide zur Familie der Gramineen und wächst innerhalb von 12 bis 16 Monaten zu einem bis zu sieben Meter hohen und fünf Zentimeter dicken Gras heran. Im Inneren des Halms befindet sich das saftige, zuckerreiche Mark.

Zuckerrohr wird fast ausschließlich zur Zuckerherstellung angebaut (siehe Rohrzucker).

Zuckerrübe: Zweijährige Kulturpflanze, die ausschließlich zu Zukker verarbeitet wird. Sowohl im rohen als auch im gekochten Zustand sind Zuckerrüben nicht für den Verzehr geeignet.

Zusatzstoffe sind laut Lebensmittelrecht »Stoffe, die dazu bestimmt sind, Lebensmitteln zur Beeinflussung ihrer Beschaffenheit oder zur Erzielung bestimmter Eigenschaften oder Wirkungen zugesetzt zu werden«.

Der anhaltende Boom von Fertigprodukten hat auch den Zusatzstoffen Hochkonjunktur verschafft. Die Liste der Zusatzstoffe umfaßt heute 480 verschiedene Substanzen, von denen allerdings nur ein kleiner Teil allgemein und ohne Mengenbegrenzung verwendet werden darf. Beim weitaus größten Teil muß der Gebrauch für bestimmte Lebensmittel ausdrücklich erlaubt sein. Zu den Zusatzstoffen, die auf der Verpackung deklariert werden müssen, zählen auch die Farbstoffe, Konservierungsstoffe und Antioxidantien. Zur Deklaration kann die genaue Bezeichnung oder die entsprechende EG-Nummer (E-Nummer) gewählt werden. Letzteres ist äußerst verbraucherunfreundlich, da nur die wenigsten Leute die Bedeutung der E-Nummern kennen.

Parallel zum »Aufstieg« von Fertigprodukten und Zusatzstoffen haben sich auch die Nahrungsmittel- und Zusatzstoff-Allergien vermehrt. Diese besonders bei Kindern immer häufiger auftretenden Krankheiten sind noch weitgehend unerforscht, ihre Auslöser (Allergene) angesichts des breiten Angebotsspektrums an Zusatzstoffen und denaturierten Nahrungsmitteln oft schwer zu bestimmen. Als die wirksamste Heilmethode muß hier die vitalstoffreiche Vollwertkost angesehen werden, da sie erstens frei von Farb- und Konservierungsstoffen ist und zweitens die körpereigene Abwehr stärkt, indem sie den Organismus in ausreichendem Maß mit allen lebenswichtigen Vitaminen, Proteinen, Enzymen und Mineralstoffen versorgt und den derangierten Stoffwechsel normalisieren hilft.

Zwetschge: Pflaumenart mit länglichen, bläulich-violetten Früchten, die sich sowohl für den Frischverzehr als auch zum Einkochen, zur Herstellung von Marmeladen u. a. m. eignet.

Zwieback zählt zu den Dauerbackwaren. Seine Haltbarkeit wird durch zweimaliges Backen bzw. Rösten erreicht. Hergestellt wird Zwieback meist aus einem mit Hefe angesetzten Weizenteig. Meist wird auch Zucker verwendet. Bei dem in Naturkostladen und Reformhaus erhältlichen Zwieback wird Weizenvollkornmehl verwendet. Gebacken wird in Kastenformen. Danach werden die Brote in ein Zentimeter dicke Scheiben geschnitten und nochmals gebacken. Zwieback ist u. a. aufgrund seines geringen Wassergehalts in der Regel leicht verdaulich.

Zwiebel: Ein ursprünglich aus Asien stammendes Liliengewächs. Von der Gemüsepflanze werden die Knollen verzehrt, die schwefelhaltige Aromastoffe enthalten, welche auch das Tränen der Augen bewirken. Unterschieden werden die kleinen, scharfen Gewürzzwiebeln von den großen, milden Gemüsezwiebeln. Beide Zwiebelsorten eignen sich sowohl für die Zubereitung von Salatsaucen als auch für verschiedene erhitzte Speisen.

ANHANG

E-Nummern-Liste der Lebensmittel-Zusatzstoffe

E-Nummer	Name	Herkunft
E 102	Tartrazin	
E 104	Chinolingelb	
E 106	Riboflavin-5-Phosphat	Phosphatverbindung des Vitamins B_2
E 110	Gelborange S	
E 120	echtes Karmin, Karminsäure, Cochenille	
E 122	Azorubin	
E 123	Amaranth	
E 124	Cochenillerot A	
E 127	Erythrosin	
E 131	Patentblau V	
E 132	Indigotin I (Indigo-Karmin)	
E 140	Chlorophylle a und b	Blattgrün
E 141	kupferhaltige Komplexe der Chlorophylle und Chlorophylline	Blattgrün
E 142	Brillantsäuregrün	
E 150	Zuckercouleur	aus Zucker
E 151	Brillantschwarz BN	
E 153	Carbo medicinalis vegetabilis	Pflanzenkohle
E 160	Carorinoide:	Pflanzenfarbstoffe
E 160a	alpha-, beta-*), gamma-Carotin	Provitamin
E 160b	Bixin, Norbixin, Annato, Orlean	aus Samen des Bixo-Baumes
E 160c	Capsanthin, Capsorubin	aus roten Paprikaschoten
E 160d	Lycopin	Farbstoff der Tomate
E 160e	beta-apo-8'Carotinal	
E 160f	beta-apo-8'Carotinsäure-Äthylester	
E 161	Xanthophylle:	
E 161a	Flavoxanthin	
E 161b	Lutein	
E 161c	Kryptoxanthin	
E 161d	Rubixanthin	gelbe und rote Pflanzenfarbstoffe (E 161b – E 162)
E 161e	Violaxanthin	
E 161f	Rhodoxanthin	
E 161g	Canthaxanthin	
E 162	Betenrot*)	
E 163	Anthocyane	Farbstoff der Roten Beete
E 170	Calciumcarbonat	Blüten- und Beerenfarbstoffe
E 171	Titandioxid	Kreide
E 172	Eisenoxid und Eisenhydroxide	
E 173	Aluminium	

*) Gelten nach dem Lebensmittelgesetz nicht als Zusatzstoffe.

E-Nummer	Name	Herkunft
E 174	Silber	
E 175	Gold	inerte Metalle zur Oberflächenfärbung
E 180	Rubinpigment (Litholrubin)	

Antimikrobiell wirkende Stoffe (Konservierungsmittel)

E 200	Sorbinsäure	kommt u. a. in Preiselbeeren vor
E 201	Natriumsorbat	
E 202	Kaliumsorbat	Salze der Sorbinsäure
E 203	Calciumsorbat	
E 210	Benzoesäure	kommt in Benzoeharz vor
E 211	Natriumbenzoat	
E 212	Kaliumbenzoat	Salze der Benzoesäure
E 213	Calciumbenzoat	
E 214	p-Hydroxibenzoesäureäthylester	
E 215	p-Hydroxibenzoesäureäthyl-ester-Natriumverbindung	
E 216	p-Hydroxibenzoesäure-n-propylester	
E 217	p-Hydroxibenzoesäure-n-propylester-Natriumverbindung	als PHB-Ester bekannt
E 218	p-Hydroxibenzoesäuremethyl-ester	
E 219	p-Hydroxibenzoesäuremethyl-ester-Natriumverbindung	
E 220	Schwefeldioxid	
E 221	Natriumsulfit	
E 222	Natriumhydrogensulfit	
E 223	Natriumdisulfit	
E 224	Kaliumdisulfit	Salze der schwefligen Säure
E 226	Calciumsulfit	
E 227	Calciumhydrogensulfit	
E 230	Biphenyl (Diphenyl)	flüchtige Verbindung; zur Oberflächenbehandlung von Citrusfrüchten
E 231	Orthophenylphenol	»
E 232	Natriumorthophenylphenolat	»
E 233	Thiabendazol	»
E 236	Ameisensäure	Abwehrstoff der Ameisen; wird synthetisch gewonnen
E 237	Natriumformiat	feste Verbindung von E 236
E 238	Calciumformiat	»

E-Nummer	Name	Herkunft
Stoffe, die u. a. auch konservierend wirken		
E 251	Natriumnitrat	
E 252	Kaliumnitrat	(Salpeter)
E 260	Essigsäure	neben Salz und Rauch ältestes Konservierungsmittel
E 261	Kaliumacetat	Salze der Essigsäure
E 262	Natriumdiacetat	Salze der Essigsäure
E 263	Calciumacetat	Salze der Essigsäure
E 270	Milchsäure*)	durch Bakterien in Milch und Sauerkraut erzeugte Säure, wird synthetisch gewonnen
E 280	Propionsäure	Konservierungsmittel für Brot
E 281	Natriumpropionat	Salze der Propionsäure
E 282	Calciumpropionat	Salze der Propionsäure
E 283	Kaliumpropionat	Salze der Propionsäure
E 290	Kohlendioxid	gasförmige Kohlensäure
Antioxidationsmittel		
E 300	L-Ascorbinsäure*)	Vitamin C
E 301	Natrium-L-Ascorbat	Verbindungen der Ascorbinsäure
E 302	Calcium-L-Ascorbat	Verbindungen der Ascorbinsäure
E 304	6-Palmitoyl-L-Ascorbinsäure	Verbindungen der Ascorbinsäure
E 306	stark tocopherolhaltige Extrakte natürlichen Ursprungs*)	Tocopherol = Vitamin E
E 307	synthetisches alpha-Tocopherol	Tocopherol = Vitamin E
E 308	synthetisches gamma-Tocopherol	Tocopherol = Vitamin E
E 309	synthetisches delta-Tocopherol	Tocopherol = Vitamin E
E 310	Propylgallat	Verbindungen der Gallussäure
E 311	Octylgallat	Verbindungen der Gallussäure
E 312	Dodecylgallat	Verbindungen der Gallussäure
E 320	Butylhydroxianisol (BHA)	
E 321	Butylhydroxitoluol (BHT)	
Stoffe, die u. a. auch antioxidierend wirken		
E 322	Lezithine	natürliche Begleitstoffe von tierischen und pflanzlichen Speisefetten
E 325	Natriumlactat	Salze der Milchsäure
E 326	Kaliumlactat	Salze der Milchsäure
E 327	Calciumlactat	Salze der Milchsäure

* Gelten nach dem Lebensmittelgesetz nicht als Zusatzstoffe.

E-Nummer	Name	Herkunft
E 330	Citronensäure*)	wird biologisch durch Biosynthese erzeugt; Vorkommen in Früchten
E 331	Natriumcitrate	Salze der Citronensäure
E 332	Kaliumcitrate	
E 333	Calciumcitrate	
E 334	L-(+)-Weinsäure*)	kommt in Wein und Früchten vor, wird aus Weinrückständen gewonnen
E 335	Natriumtartrate	Salze der Weinsäure
E 336	Kaliumtartrate	
E 337	Natrium-Kaliumtartrat	
E 338	Orthophosphorsäure	
E 339	Natriumorthophosphate	Salze der Phosphorsäure
E 340	Kaliumorthophosphate	
E 341	Calciumorthophosphate	
Verdickungs- und Geliermittel, Stabilisatoren		
E 400	Alginsäure	wird aus Algen gewonnen
E 401	Natriumalginat	Salze der Alginsäure
E 402	Kaliumalginat	
E 403	Ammoniumalginat	
E 404	Calciumalginat	
E 405	Propylenglykolalginat	
E 406	Agar-Agar	wird aus Algen gewonnen
E 407	Carregeen	wird aus Rotalgen gewonnen; heißt nach irischer Stadt Carraghen
E 410	Johannisbrotkernmehl	aus Früchten des Johannisbeerbaumes
E 412	Guarkernmehl	aus den Samen der Guarpflanze, einer Leguminose
E 413	Traganth	Absonderung verschiedener Traganthsträucher
E 414	Gummi arabicum	aus der Gummi-Akazie, einer Leguminose
E 415	Xanthan	durch Biosynthese aus Traubenzucker
E 420	Sorbit	Zuckeralkohol, findet sich in Birnen, Äpfeln, Kirschen
E 421	Mannit	dito, findet sich in Algen und Gräsern
E 422	Glycerin	Bestandteil des Moleküls der Speisefette
E 440a	Pektine	Gelierstoffe verschiedener Früchte: Citrus, Apfel, Rübe
E 440b	amidierte Pektine	chemisch veränderte Pektine

E-Nummer	Name	Herkunft
E 450a	Diphosphate, Natrium- und Kalium	
E 450b	Triphosphate, Natrium- und Kalium	
E 450c	Polyphosphate, Natrium- und Kalium	
E 460	mikrokristalline Zellulose, gemahlene Zellulose	aus Holz gewonnen
E 461	Methylzellulose	chemisch veränderte Zellulose
E 466	Carboximethylzellulose	
Emulgatoren		
E 470	Natrium-, Kalium- und Calciumsalze der Speisefettsäuren	aus Speisefetten gewonnen
E 471	Mono- und Diglyceride von Speisefettsäuren	aus Speisefetten gewonnen
E 472	Mono- und Diglyceride von Speisefettsäuren, verestert mit:	
E 473a	– Essigsäure	
E 472b	– Milchsäure	
E 472c	– Citronensäure	Umsetzungsprodukte von Speisefetten mit Genußsäuren
E 472d	– Weinsäure	
E 472e	– Monoacetyl- und Diacetyl-Weinsäure	
E 472f	– Essigsäure und Weinsäure	
E 475	Polyglycerinester von Speisefettsäuren	Umsetzungsprodukte aus Glycerin und Fett

In einer neuen EG-Richtlinie vom 22. Juni 1983 sind für 131 weitere Zusatzstoffe Ziffern festgelegt. Einige davon können in Zukunft auf den Zutatenlisten stehen:

Vorläufige E-Nummer	Name der Zutaten	hauptsächliche Verwendung
101a	Riboflavin-5'-phosphat	Farbstoff, Vitamin B_2
262	Natriumacetat	Salz der Essigsäure
296	L- und DL-Apfelsäure	Genußsäure
297	Fumarsäure	Genußsäure
350	Natriummalate	
351	Kaliummalat	Salze der Apfelsäure
352	Calciummalat	
363	Bernsteinsäure	Genußsäure
442	Ammonphosphatide	

Vorläufige E-Nummer	Name der Zutaten	hauptsächliche Verwendung
500	Natriumcarbonate, Soda	
501	Kaliumcarbonate	Säureregulatoren
503	Ammoncarbonate	
504	Magnesiumcarbonat	
508	Kaliumchlorid	Härtungsmittel
509	Calciumchlorid	Härtungsmittel
510	Ammoniumchlorid	Geschmacksstoff in Lakritz
514	Natriumsulfat	
515	Kaliumsulfat	
516	Calciumsulfat	
520	Aluminiumsulfat	
523	Aluminiumammonsulfat	Säureregulatoren
524	Natriumhydroxid	
525	Kaliumhydroxid	
526	Calciumhydroxid	
527	Ammoniumhydroxid	
530	Magnesiumoxid	
535	Natriumferrocyanid	zur Rieselfähigkeit von Tafelsalz
536	Kaliumferrocyanid	zur Rieselfähigkeit von Tafelsalz
540	Dicalciumdiphosphat	Trennmittel
550	Natriumsilikat	
551	Siliciumdioxid, Kieselsäure	
552	Calciumsilikate	
553b	Talkum	Trennmittel
570	Stearinsäure	
572	Magnesiumstearat	
574	Glukonsäure	Säuerungsmittel
575	Glucono-delta-lacton	
579	Eisenglukonat	zum Färben von Oliven
620	L-Glutaminsäure	
621	Natriumglutamat	
622	Kaliumglutamat	
627	Natriumguanylat	
628	Kaliumguanylat	Geschmacksverstärker
631	Natriuminosinat	
632	Kaliuminosinat	
636	Maltol	
637	Äthylmaltol	

Vorläufige E-Nummer	Name der Zutaten	hauptsächliche Verwendung
901	Bienenwachs	Überzugsmittel
902	Candillilawachs	
903	Carnaubawachs	
904	Schellack	
905	Mineralöle, Paraffine	
906	Benzoeharz	
907	Mikrokristalline Wachse	
920	L-Cystein, auch als Hydrochlorid	Mehlbehandlungsmittel
921	L-Cystin	Mehlbehandlungsmittel

Quelle: Maurice Hansen: Die E-Nummern-Liste der Lebensmittelzusatzstoffe. Hörnemann Verlag, Bonn 1987, 3. Auflage.

Literaturhinweise

Aihara, H.: Säuren und Basen. Verlag Mahajiva, Holthausen 1988

Billen-Girmscheid, G.; Schmitz, O.: Das Öko-Lexikon unserer Ernährung. Wolfgang Krüger Verlag/Fischer Verlag, Frankfurt 1986

Bruker, M. O.: Ärztlicher Rat aus ganzheitlicher Sicht. Emu Verlag, Lahnstein 1989

Bruker, M. O.: Fett macht nicht fett (Fett). Emu Verlag, Lahnstein (Kleinschrift ohne Erscheinungsdatum)

Bruker, M. O.: Vitamin B_{12}. Emu Verlag, Lahnstein (Kleinschrift ohne Erscheinungsdatum)

Elmadfa; Fritsche; Cremer: Die große GU Vitamin- und Mineralstoff-Tabelle. Gräfe und Unzer, München 1989

Goetz, R.: Naturkost – ein praktischer Warenführer, Bd. 1 und 2. Pala Verlag, Schaafheim 1987

Hansen, M.: Die E-Nummern-Liste der Lebensmittelzusatzstoffe. Hörnemann Verlag, Bonn 1987, 3. Auflage

Katalyse: Das Ernährungsbuch. Kiepenheuer und Witsch, Köln 1986

Katalyse, Institut für angewandte Umweltforschung e. V.: Chemie in Lebensmitteln. Zweitausendeins, Reinbek 1988

Nakamura, J.; Arnoldi, M.: Makrobiotische Ernährungslehre nach Oshawa. Verlag Fritz Gebhard, Heidelberg 1973

Sommer, W.: Das Urgesetz der natürlichen Ernährung. Sommer Verlag, Ahrensburg 1972

Wirths, W.: Kleine Nährwert-Tabelle. Umschau Verlag 1982